ERNST MECKELBURG

HYPERWELT

Erfahrungen mit dem Jenseits

WILHELM HEYNE VERLAG
MÜNCHEN

HEYNE SACHBUCH
19/609

Bildnachweis

Archiv Autor: 1, 1a, 6, 7, 8, 10, 12, 13, 15, 16, 22, 23, 24;
Busch: 14; CETL/Malkhoff: 27, 30; Gerken: 11;
Ghost Club: 26; Harry Price Collection, University of London: 25;
Homes: 5, 5a; Mary Evans Picture Library: 20, 35;
Meek, METASCIENCE: 3, 4, 28, 29; Richardson: 21;
Reinhard: 31, 32, 33, 34; Rymuszko: 17, 18, 19;
Schwarz: 2; Webster: 9.

*Für meinen unvergeßlichen Freund Gerhard Steinhäuser (†),
wo immer Du jetzt auch sein magst*

Umwelthinweis:
Dieses Buch wurde auf chlor-
und säurefreiem Papier gedruckt.

Ungekürzte Taschenbuchausgabe im
Wilhelm Heyne Verlag GmbH & Co. KG, München
Copyright © 1995 by Albert Langen/Georg Müller Verlag
in der F. A. Herbig Verlagsbuchhandlung GmbH, München
Printed in Germany 1998
Umschlagillustration: Imagine, Hamburg
Umschlaggestaltung: Atelier Adolf Bachmann, Reischach
Satz: Schaber Datentechnik, Wels
Druck und Verarbeitung: Presse-Druck, Augsburg

ISBN 3-453-14134-2

Dank

In meinen Überlegungen und Theorien fühle ich mich besonders eng verbunden mit meinen Freunden Dr. med. Vladimir Delavre, Facharzt und Redakteur der Zeitschrift »Transkommunikation«, Frankfurt; Dr. Brenda Dunne, Labor-Managerin des Princeton Engineering Anomalies Research Laboratory (PEAR), Princeton University, Princeton (USA); Professor Robert G. Jahn (PEAR), Princeton University, Princeton; Peter Krassa, Journalist und Autor, Wien; George W. Meek, METASCIENCE, Franklin, NC (USA); Dr. med. Hans Naegeli-Osjord, Spezialarzt FMH für Psychiatrie und Psychotherapie, Basel; Professor Dr. Dr. P. Andreas Resch, Institut für Grenzgebiete der Wissenschaft, Innsbruck, und Dozent an der Lateran-Universität, Vatikanstadt; Professor Dr. Ernst Senkowski, Physiker, Gesellschaft für Psychobiophysik e.V., Mitherausgeber von »Transkommunikation« und Autor, Mainz; Dr. Berthold Schwarz, Facharzt für Psychiatrie, Vero Beach, Kalifornien (USA); Walter P. Uphoff, New Frontiers Center, Oregon (USA), sowie mit meiner Familie, die mich beim Zustandekommen des Werkes tatkräftig unterstützte.

Dieses Buch widme ich all denen, die sich um die Aufhellung grenzwissenschaftlicher Phänomene verdient gemacht haben: Dee Busch, Klinische Hypnotherapeutin; Erich v. Däniken, Autor; Ed Dames, Major (Ret.), Präsident PSI TECH; Gert Geisler, Chefredakteur »esotera«; Rainer Holbe, Autor und TV-Moderator; Dipl.-Physiker Illobrand v. Ludwiger, Systemanalytiker und Autor; Univ.-Professor Dipl.-Ing., Dr.tech. Franz E. Moser, Technische Universität, Graz; Dr. Dean Radin, Consciousness Research Laboratory, University of Nevada, Las Vegas; Professor Dr. A. Stelter, Physiker.

Sehr herzlich danke ich meinem Verleger, Herrn Dr. Herbert Fleissner, und der Verlagsleiterin Frau Dr. Brigitte Sinhuber, die sich neuen, ungewöhnlichen Themen gegenüber stets aufgeschlossen zeigen, sowie meinem Lektor Hermann Hemminger, der mit viel Geduld und Fachwissen ganz wesentlich zum Gelingen dieses Werkes beigetragen hat. Mein Dank gilt nicht zuletzt den Damen und Herren des Außendienstes, die mit Fleiß und Kompetenz dem Buchhandel und dessen Kunden meine Ideen nahebringen.

Ernst Meckelburg

Inhalt

Gedanken vorab – Unsterbliches Bewußtsein

In jüngster Zeit schenkt man in den USA der Einflußnahme des Bewußtseins auf den Betrieb von Computern
und anderen, meist elektronischen Einrichtungen starke
Beachtung, da diese in ungünstigen Fällen folgenschwere
Störungen verursachen kann. So befassen sich das in meinen früheren Büchern häufig zitierte Wissenschaftlerteam
unter Leitung von Professor Robert Jahn an der Princeton
University und Dr. Dean Radin vom *Consciousness Research
Laboratory*, Universität von Nevada, Las Vegas, intensiv
mit Problemen der Wechselwirkung zwischen Mensch [Be-
wußtsein] und Computern sowie, ganz allgemein, mit der
unmittelbaren Wechselbeziehung zwischen Bewußtsein
und Maschinen (DMMI: *D*irect *M*ind/*M*achine *I*nterac-
tion). Sie alle wollen festgestellt haben, daß es Personen
gibt, die wichtigen Experimenten prinzipiell fernbleiben
müssen, da sich deren bloße Anwesenheit auf Geräte und
Versuchsabläufe negativ bis katastrophal auswirken könnte.
Ihr Bewußtsein beeinflußt offenbar auf Subquantenebene
sensible elektronische Geräte, ein Phänomen, das von D. F.
Marks und R. Kammann in ihrer Publikation »The Psychology of the Psychic« (Die Psychologie der Sensitiven) mehr
scherzhaft als »Gremlin-Effekt« bezeichnet wird – die Ten-
denz mancher Dinge, zum ungünstigsten Zeitpunkt
»schiefzulaufen«.
Indem man im *Consciousness Research Laboratory* den
Ursachen der Bewußtseins-/Geräte-Interaktion nachgeht –

ihre Auslöser und Funktionsmechanismen zu ergründen versucht –, hofft man, durch gezielte Maßnahmen zukünftig Pannen an Computern und elektronischen Einrichtungen (z. B. an der Bordelektronik von Flugzeugen) vermeiden und darüber hinaus das Zusammenwirken von Bewußtsein und technischem Gerät innovativ nutzen zu können. In Japan scheint man in dieser Richtung noch intensiver zu forschen, um – so die mir vorliegenden aktuellen Informationen – bewußtseins-/gedankengesteuerte elektronische Systeme zu entwickeln.

Dies mag manchem von uns wie technisierte »Zauberei«, wie schlechte Science-fiction anmuten, was aber nicht weiter verwunderlich ist, da die strikte Trennung zwischen geistigem Prinzip und materieller Umwelt schon vor vielen Jahrhunderten vollzogen wurde und wir entsprechend »programmiert« sind. Materialistisches Denken verbaut den Blick hinter die »Kulissen« – das Wissen um die sensiblen Zusammenhänge zwischen Geist und Materie. Dabei gibt es zahllose Beispiele für eine alltägliche massive Einflußnahme des autonomen menschlichen Bewußtseins auf alles Materielle, und dies nicht nur im mikroskopischen Bereich, wie z. B. bei der mentalen Fernbeeinflussung von Bakterien, Hefe- und Pilzkulturen, Einzellern, Blut- und Krebszellen. Beachtet werden leider nur die spektakulären, skurrilen Fälle psychokinetischer Einflußnahme, von denen es mehr gibt, als man gemeinhin annehmen möchte. Diese wollen aber so gar nicht in das Schubladendenken kommerziell orientierter Wissenschaftler hineinpassen. Einige Beispiele sollen das belegen.

Da fährt ein Mann spät abends mit seinem Wagen gemächlich eine gut beleuchtete Straße entlang. Um diese Zeit ist kaum noch jemand unterwegs. Plötzlich fällt ihm auf, daß die Straßenlaternen immer dann verlöschen, wenn er sich ihnen nähert. Entfernt er sich von ihnen, funktionieren sie wieder. Nach einer Weile wird der ahnungslose Fahrer von einer ihm folgenden Polizeistreife gestoppt. Die Beamten wollen wissen, mit welchem Trick er denn die Straßenbeleuchtung beeinflusse. Der Mann ist ratlos, weiß er doch selbst nicht, wie ihm geschieht. Um der Sache auf den Grund zu gehen, fahren er und die Streife auf der anderen Straßenseite die gleiche Strecke zurück. Vor den Augen der maßlos verblüfften Beamten wiederholt sich das wundersame Spektakel.

Dem Londoner Parapsychologen Hilary Evans von der renommierten *Society for Psychical Research (S.P.R.)* liegen mittlerweile mehr als hundert solcher Fälle von »*Street Lamp Interference*« (SLI: Straßenlaternen-Beeinflussung) vor, die wegen ihrer Häufigkeit jetzt registriert und wissenschaftlich untersucht werden sollen. Für Parapsychologen handelt es sich bei diesem Phänomen eindeutig um Psychokinese, die (hier: unbewußte) Einflußnahme des menschlichen Bewußtseins auf materielle Objekte.

Einer meiner amerikanischen Korrespondenten, der angesehene Psychiater und Parapsychologe Dr. Berthold Eric Schwarz, Mitarbeiter des *American Board of Psychiatry and Neurology* und Mitglied der *American Psychiatric Association,* experimentiert seit einigen Jahren mit einem der fähigsten amerikanischen Psychokinese-Medien, Joey Nuzum, dessen jüngsten Erfolge in einem Videostreifen zu sehen sind. Berthold ließ mir eine Kopie dieses Videobandes zugehen, die ich mir immer wieder anschauen muß, um das Staunen nicht zu verlernen.

Eines von Joeys Experimenten fasziniert mich ungemein: das berührungslose (psychokinetische) Herausdrehen eines Schraubenbolzens aus einer zuvor aufgeschraubten Mutter. Die Experimentatoren haben das Versuchsobjekt durch einen umgestülpten Glasbecher gegen zufälliges oder gar absichtliches Berühren abgeschirmt. Der Abstand zwischen Nuzums nach innen gewandten Handflächen und der Becherwandung beträgt beidseitig etwa zehn Zentimeter. Er starrt gebannt auf das Schraubenpaar, scheint mit diesem förmlich zu verschmelzen.

Plötzlich: zwei ruckartige Bewegungen, die die Ausgangsposition der Schraube merklich verändern. Joey hat das Objekt offenbar psychokinetisch voll im Griff. Ich sehe ganz deutlich, wie sich der Schlitz im Schraubenkopf nach links bewegt, der Schraubenbolzen langsam aus der ruhenden Mutter herausdreht, bis schließlich die Trennung beider Komponenten vollzogen ist. Das Unglaubliche hat sich vor meinen Augen abgespielt, »ohne Netz und doppelten Boden«. Hier wurde einmal mehr demonstriert, daß das menschliche Bewußtsein materielle Objekte selbst unter komplizierten Bedingungen unmittelbar zu beeinflussen vermag.

Daß eine psychische Einflußnahme auch vom transzendierten Bewußtsein Verstorbener ausgehen kann, dürfte aufgrund Tausender gut dokumentierter *Transkontakte* – Kontakte zu »jenseitigen« Wesenheiten über Radio, Video, Computer und Faxgeräte – als erwiesen gelten. Einer der erfolgreichsten deutschen Experimentatoren ist Adolf Homes aus Rivenich bei Trier, der, ohne besonderes Zutun, seine Jenseitsmitteilungen über einen alten Computer vom Typ *Commodore C 64* ausgedruckt bekommt.

Es ist Sonntag, der 19. März 1995, gegen 08.45 Uhr: Adolf Homes schläft noch. Seine Ehefrau Rosi steht auf, will das Frühstück herrichten. Wie immer, wirft sie zuerst einen Blick ins Studio ihres Mannes, um nachzuschauen, ob ein neuer Computerausdruck seines Trans-»Partners« vorliegt. Sie stellt fest, daß der Computer über Nacht automatisch eine weitere Mitteilung in Seitenlänge ausgeworfen hat: »Kontakt zu R4 ›MAJO‹ Frequenz« steht da – ein Kode, mit dem alle Transmitteilungen an Homes beginnen. »MAJO« ist Homes' spirituelle Kontaktperson in der zeitlosen HYPERWELT – angeblich ein verstorbener Schamane, der während der Herrschaft von Dschingis Chan (1155–1227) im usbekischen Samarkand gelebt haben will.

Homes' Ordner und Disketten füllen Hunderte solcher Transtexte – intelligente, wenn auch meist schwer verständliche Botschaften, mit denen »MAJO« ganz unterschiedliche Themen aufgreift und gelegentlich auch Fragen beantwortet, die zuvor dem C 64 eingegeben wurden.

Mit der im ersten Bildteil dieses Buches abgebildeten Transbotschaft hat es eine ganz besondere Bewandtnis. In ihr bezieht sich »MAJO« auf zwei Fragen, die von einem Außenstehenden Monate zuvor zwar formuliert, aber dann doch nicht an Homes abgeschickt worden waren – die Hinweise »Aaron 25. 2. 1994« und »A. Einstein vom 25. 6. 1994«. Hieraus läßt sich ableiten, daß der offenbar *allgegenwärtige* »MAJO« jederzeit auch ohne Computer-Unterstützung das Bewußtsein eines Fragestellers »anzapfen« kann, daß Homes' Transkontakte zweifellos echt sind.

Es erscheint geradezu widersinnig anzunehmen, daß unser gehirnunabhängiges und, da immateriell, unzerstörbares Bewußtsein, das schon zu Lebzeiten mit einer Realität höherer Ordnung – eben jener Hyperwelt – verbunden ist, beim Erlöschen der Körperfunktionen zugrunde geht. Die in diesem Buch beschriebenen mannigfachen Manifestationen »Jenseitiger«, mit denen wir auf Bewußtseinsebene innig verbunden sind, lehren uns, daß es tatsächlich eine Welt »da draußen« und ein »Nachher« gibt, daß wir als Bewußtseinswesen ewig existieren und der »totale« Tod ein tragischer Irrtum ist.

I

Dinge gibt es ...

*»Vor Gespensterchen und Geisterchen,
langbeinigen Biesterchen
und Dingen, die nächtens spuken,
verschone uns, o Herr!«*

»Old Litany«

*»Es ist durchaus möglich,
daß sich hinter unseren Sinneswahrnehmungen
ganze Welten verbergen,
von denen wir keine Ahnung haben.«*

ALBERT EINSTEIN

März 1945. Amerikanische Kampfverbände haben auf breiter Front den Rhein überschritten, sind tief auf westdeutsches Gebiet vorgestoßen. René Boulays Einheit muß für einige Tage in der Starkenburg, im Ortskern von Heppenheim/Bergstraße, Quartier beziehen, um neue Einsatzbefehle abzuwarten. Das mittelalterliche Bauwerk ist von Kriegseinwirkungen weitgehend verschont geblieben und dient vorübergehend als Divisionshauptquartier.
Die instabile Gefechtslage verlangt höchste Wachsamkeit. Sie gilt vor allem einer nahegelegenen, strategisch wichtigen Straßenkreuzung, die vom Burgwall aus gut zu überschauen ist. Der Wachplan sieht vor, daß der Wehrgang ständig von einem der dort anwesenden Männer besetzt ist. René Boulay gehört zu jenen, die abwechselnd Wachdienst

verrichten müssen – alles invasionsgestählte Soldaten, die nichts aus der Ruhe bringen kann, es sei denn die Bekanntschaft mit etwas, das sich nicht in den Alltag einer kriegführenden Truppe einordnen läßt.

Nachtwache bei Vollmond. Boulay patrouilliert ganz allein auf dem etwa dreißig Meter langen Wehrgang. Es ist kurz nach Mitternacht. Vor wenigen Minuten erst hat sich »Midnight-Charly« seiner mageren Bombenlast entledigt – ein einsames deutsches Kampfflugzeug, das stets zur mitternächtlichen Stunde die für den alliierten Nachschub wichtige Straßenkreuzung zu zerstören versucht. In den letzten Kriegstagen ein nahezu hoffnungsloses Unterfangen.

Gerade machte Boulay kehrt, um seinen Wachgang in entgegengesetzter Richtung fortzusetzen, als er eine Gestalt wahrnimmt, die er zunächst für seine Ablösung hält. Doch ein kurzer Blick auf die Armbanduhr genügt, um festzustellen, daß sein Wachdienst noch lange nicht beendet ist.

Boulay geht auf die Person zu, in der stillen Hoffnung, einer seiner Kameraden würde ihm eine Tasse heißen Kaffee heraufbringen. Als er sich erfreut der Gestalt nähert, bemerkt er, daß diese einen Umhang trägt. Nichts Ungewöhnliches zu dieser Jahreszeit. Wachposten hängen sich nachts öfters eine Wolldecke über die Schultern, um nicht zu frieren.

Aus einer Entfernung von fünfzehn Metern sieht Boulay ganz deutlich, daß er ein männliches Wesen vor sich hat, einen Soldaten mit einem höchst ungewöhnlichen Helm. Im Gegensatz zu den Helmen der US-Army besitzt dieser eine konische Form. Aus seinem Oberteil ragt beidseitig etwas hervor, das Hörnern oder Schwingen gleicht.

Die Person ist mit einer Art Lanze oder Speer bewaffnet. Sie trägt eine Tunika, die ihr bis an die Knie reicht. Was aber Boulay am stärksten beeindruckt, ist der Vollbart des Mannes, da die Armeeführung das Tragen solcher Bärte strikt untersagt hat.

Der Fremde erscheint Boulay weder geisterhaft-transparent noch unnatürlich-verzerrt, sondern völlig real – eben wie ein ganz normales Wesen aus Fleisch und Blut. Seine Verblüffung ist so groß, daß er die Person anzurufen, sie nach der Parole zu fragen vergißt.

Dem sprachlosen Boulay ist es völlig unerklärlich, wie sich ein Fremder unbemerkt in die Burg einschleichen und bis zum Wehrgang vordringen konnte, wo doch für Einheimische während der Nachtstunden ein striktes Ausgehverbot gilt. Seine Nichtbeachtung wäre glatter Selbstmord gewesen.

Dann geht alles blitzschnell. Wolken schieben sich plötzlich vor den Mond. Der Wehrgang liegt für kurze Zeit im Dunkeln. Als sie sich verziehen, ist die seltsame Gestalt verschwunden, wie vom Erdboden verschluckt. Blitzschnell sucht Boulay den Wehrgang der gesamten Länge nach ab. Nichts, nicht die geringste Spur deutet auf die Anwesenheit eines Eindringlings hin.

Boulay vermeidet es, den Vorfall zu melden, zumal er seiner Pflicht, die fremde Person anzusprechen, nicht nachgekommen war, was unweigerlich eine Bestrafung nach sich gezogen hätte. Daß ihm einer seiner Kameraden einen Streich gespielt hatte, erscheint eher unwahrscheinlich. Der Betreffende wäre Gefahr gelaufen, auf der Stelle erschossen zu werden. Mehr noch: Der Hergang des Geschehens – das lautlose Auftauchen und Verschwinden des Fremden – sowie seine ungewöhnliche Bekleidung legen die Vermutung nahe, daß Boulay seinerzeit eine echte Erscheinung wahrgenommen hatte, unabhängig davon, wodurch diese ausgelöst worden war. Das Ungewöhnliche war ihm zu

einer Zeit widerfahren, als die Furien des Zweiten Weltkrie-
ges Europa in Angst und Schrecken versetzten, als niemand
Zeit und Muße hatte, sich ernsthaft mit metaphysischen
Dingen wie Erscheinungen zu befassen.
René Boulay wohnt heute in Clearwater, Florida. Er hat
lange über sein damaliges Erlebnis nachgedacht, es mit sei-
nen Freunden erörtert und nach griffigen Theorien ge-
sucht. Mehr denn je ist er davon überzeugt, auf Starken-
burg mit dem spektralen Abbild eines mittelalterlichen
Soldaten konfrontiert gewesen zu sein, der, so wörtlich,
»zur ewigen Wache auf dem Wehrgang der Burg aufgezo-
gen war«.

1 Die Vordenker

Schilderungen unerklärlicher Erlebnisse wie die des René Boulay werden vom sensationsgewohnten Lesepublikum dankbar aufgegriffen. Der Frage nach der Glaubwürdigkeit des involvierten Beobachters, der Realität des berichteten Geschehens aber begegnet man meist mit Achselzucken oder, schlimmer noch, mit einem mitleidigen Lächeln. Alltagsmenschen reagieren auf Berichte über außergewöhnliche Vorkommnisse, zu denen zwangsläufig auch Erscheinungen Lebender und Verstorbener gehören, in der Regel allergisch. Sie fühlen sich veralbert. Solche »Dinge« lassen sich nun einmal nicht in unser ausschließlich vom Verstand beherrschtes materialistisches Weltbild einordnen und deuten, nach Meinung der Mehrzahl unserer Mitmenschen, mehr auf psychische Unzulänglichkeiten der von solchen Phänomenen Heimgesuchten hin: auf Illusionen und Halluzinationen in ihren mannigfachen Erscheinungsformen, alkohol- und drogenbedingte Wahnvorstellungen, psychoreaktive Störungen im Alter oder gar auf schizophrene Zustände.

Bedauerlicherweise hat eine gewisse Speziesliteratur, eine Flut einschlägig befaßter SF- und Horrorfilme ganz erheblich dazu beigetragen, daß der »aufgeklärte« Zeitgenosse Berichten über psychophysikalische Ausnahmezustände – das Ausbrechen unseres Bewußtseins aus der raumzeitlichen »Zwangsjacke« – mit äußerster Skepsis begegnet. Wen wundert es dann noch, wenn bei der anhaltenden Diskussion über die Existenz oder Nichtexistenz spektraler Manifestationen erweitert-wissenschaftliche Deutungen dieses Phänomens gar nicht erst bemüht werden? Dies trifft vor allem für ihre quantenphysikalischen und metapsychischen Aspekte zu, die sich schon in naher Zukunft als solide Grundlage auch zur Erklärung real-existierender Erscheinungen erweisen könnten. Und mit diesen haben wir es schon seit Jahrhunderten zu tun

Der Humanist und Reformator Philipp Melanchthon (1497–1560), wichtigster Vertreter der protestantischen Bewegung nach Luthers Tod, offenbarte sich in »De Anima«, selbst »Geister« gesehen zu haben. Ein anderer Theologe, Joseph Glanvil, bediente sich in seinem 1681 erschienenen Buch »Sadducismus Triumphatus« nicht nur der historisch-biographischen Methode, um seine Leser davon zu überzeugen, daß Verstorbene weiterleben und sich gelegentlich sogar manifestieren können, sondern auch des Vergleichs. Mit dieser Methode wollte er beweisen, daß Erscheinungen im Laufe der Jahrhunderte »sich selbst gleichgeblieben sind«, was er als Beweis für ihre Realität wertet. Wenn dies alles auf Phantasie beruhe, so Glanvil, gäbe es eine solch merkwürdige Übereinstimmung sicher nicht.

Sein Zeitgenosse und Widersacher, der niederländische Theologe Balthasar Bekker, versuchte in seinem 1691 erschienenen Werk »De Betooverede Wereld« (Verhexte Welt) hingegen zu beweisen, daß es keine Geistererscheinungen geben kann, weil diese »zu bestimmten philosophischen und theologischen Auffassungen im Widerspruch stehen«. Seiner Philosophie nach müßte ein solcher Geist ein unkörperliches Wesen sein, da Descartes (1596–1650) ihn gelehrt habe, daß sich Seele und Leib grundsätzlich voneinander unterscheiden.

Bekker war starken Anfeindungen ausgesetzt. Viele seiner Gegner – vorwiegend Theologie-Professoren – verteidigten den Glauben an Geistererscheinungen, weil sie in einem solchen Glauben einen zuverlässigen Stützpfeiler der christlichen Religion zu erkennen glaubten.

Im 18. Jahrhundert war es der hellseherisch begabte schwedische Theosoph Emanuel Swedenborg (eigentlich: Svedberg; 1688–1772), der aufgrund angeblicher Geister-offenbarungen ein mystisch-spekulatives System entwikkelte. Als angesehener Gelehrter genoß er europaweit hohes Ansehen.

Es ist nur allzu verständlich, daß er durch seine Äußerungen, er stünde mit der Geisterwelt in Verbindung, im damaligen Zeitalter der Aufklärung unter den Wissenschaftlern große Verwirrung stiftete. Eines seiner »Opfer« war der scharfsinnige Philosoph Immanuel Kant (1724–1804) – Professor der Logik und Metaphysik –, der sich in seinem berühmten Werk »Träume eines Geistersehers« mit Swedenborgs Theorie kritisch auseinandersetzte. Kant war durch Swedenborgs Argumente offenbar stark verunsichert und meinte, daß Berichte über das Wahrnehmen von Erscheinungen per se wenig glaubhaft seien, die Permanenz aber, mit der diese geschildert würden, durchaus auf die Existenz eines solchen Phänomens hindeuten könnte.

Als dann in der zweiten Hälfte des 18. Jahrhunderts die mesmerische Bewegung entstand, war das Interesse am »Übersinnlichen« erneut geweckt. Zu denen, die zu Beginn des 19. Jahrhunderts behaupteten, »Geister«, d. h. Erscheinungen Verstorbener, sehen zu können, gehörte Frederike Hauffe (1801–1829) aus Prevorst, eine berühmte deutsche Somnambule, die bis zu ihrem Tod von dem Arzt und

Dichter Justinus Kerner behandelt wurde. In seinem Buch »Die Seherin von Prevorst« sind Mitteilungen über paranormale Träume und Visionen seiner Patientin enthalten, werden deren mannigfachen psychokinetischen Fähigkeiten beschrieben. Kerner, der dem Primitiv-Spiritismus, so unter anderem dem damals weit verbreiteten Tischrücken, durchaus kritisch gegenüberstand, war fest davon überzeugt, daß Frederike Hauffe mit der »Geisterwelt« in Verbindung stand.

Das Zeitalter der Aufklärung, das im 19. Jahrhundert seine volle Entfaltung fand – der Physiker John Tyndall (1820–1893), der Philosoph Herbert Spencer (1820–1903) sowie der Zoologe und Darwinist Ernst Haeckel (1834–1919), allesamt erbitterte Gegner metaphysischer Theorien –, konnten indes nicht verhindern, daß auch weiterhin über sporadisch auftretende Erscheinungen berichtet wurde. Viele dieser Mitteilungen stammten erstaunlicherweise von Personen, denen man nicht nachsagen konnte, daß sie Spinner und Scharlatane seien. Dies wiederum weckte die Neugierde unvoreingenommener Wissenschaftler, die es sich vorgenommen hatten, anormale, d. h. paranormale Phänomene auf ihre Echtheit hin zu überprüfen, um so zumindest Betrug auszuschließen.

Als dann im Jahre 1882 von namhaften Gelehrten in England die *Society for Psychical Research* (S.P.R.: Gesellschaft für psychische Forschung) gegründet wurde, stand einer systematischen, seriösen Erforschung des gesamten Spektrums der Parapsychologie, auch der spontaner Erscheinungen, nichts mehr im Wege.

Gründer und Mitarbeiter dieser noblen Institution waren Persönlichkeiten wie der Physiker Sir William Fletcher Barrett (1845–1926), der Philologe und Musiker Edmund Gurney (1847–1888), der bekannte Philosoph Frederic William Henry Myers (1843–1901), die Zoologen Alfred Russel Wallace (1823–1913) und George John Romanes (1848–1894), Sir William Crookes (1832–1919) und Sir Oliver Lodge (1851–1940), beide renommierte Physiker bzw. Chemiker, sowie der Philosoph und Psychologe William James (1842–1910).

Es konnte natürlich nicht ausbleiben, daß Wissenschaftler dieses Formats wegen ihres Eintretens für die Belange der S.P.R. immer wieder dem Spott und der harschen Kritik seitens engstirnig denkender Kollegen ausgesetzt waren. Deren Argumentation war bestechend simpel, und hartgesottene Kritiker bedienen sich ihrer auch heute noch: Etwas Nichtexistentes, etwas, das der landläufigen Meinung nach unmöglich ist, bedarf keiner Untersuchung. Punktum! Dieser unlogischen, von arroganter Voreingenommenheit zeugenden »Schlußfolgerung« hielten aufgeschlossene Wissenschaftler die Permanenz entgegen, mit der sich das Erscheinungs-Phänomen einer breiten Öffentlichkeit darbietet. So schreibt der Astronom Professor Gustav Strömberg vom Mt. Wilson Observatory (USA) in seinem aufsehenerregenden Buch »Soul of the Universe« (Seele des Universums): »Offenbar gibt es bei allen Völkern Berichte über Erscheinungen Verstorbener, und viele von ihnen sind so gut dokumentiert, daß ihre Echtheit nicht angezweifelt werden kann. Wichtigster Grund dafür, daß sie von denen, die selbst keine Erfahrungen mit diesem Phänomen sammeln konnten, ignoriert werden, ist das absolute Unvermögen, sie (konventionell-)wissenschaftlich zu erklären.«

Einst mieden es Gelehrte ängstlich, neue Erkenntnisse und Wahrheiten zu verkünden, weil diese mit biblischen Aussagen bzw. weltanschaulichen Doktrinen nicht vereinbar waren, und dies auch noch wider besseres Wissen. Selbst von Isaac Newton wird behauptet, er habe sich gefürchtet, irgendwann einmal ein Naturgesetz zu entdecken, das mit dem Offenbarungsglauben, vor allem mit dem Ersten Buch Moses, nicht übereinstimme.

Heute ist es nicht so sehr die Orthodoxie der Religionen, die fortschrittliches Denken hemmt, sondern die der Naturwissenschaften. Das Gros der mit konventionellem Wissen vollgestopften Technokraten tut sich auch heute noch schwer, grenzwissenschaftliche Phänomene zu untersuchen, Sonderleistungen des menschlichen Bewußtseins so zu akzeptieren, wie sie sich uns nun einmal darbieten – nur weil sie nicht den gewohnten wissenschaftlichen Konventionen entsprechen. »Schubladen«-Denken aber wird uns nicht weiterbringen, muß zwangsläufig in einer Sackgasse münden. Wenden wir uns daher einem der faszinierendsten Bereiche grenzwissenschaftlichen Forschens zu – dem der profanen Erscheinungen. Der Autor möchte anhand einer Fülle interessanter Fälle die verwirrende Komplexität des Erscheinungsphänomens aufzeigen und für dessen Auftreten moderne, zukunftsweisende Erklärungen anbieten. Aufklärung tut not, um den Sumpf okkulter Halbwahrheiten auszutrocknen. Die Realität ist phantastischer, als wir denken.

II

Hologramm »Mensch« – Die Welt jenseits der fünf Sinne

>*»Es gibt aber auch einen Teil eurer selbst, jene tiefere Identität, die sowohl euer inneres, als auch euer äußeres Ich formt, und deren Beschluß ihr verdankt, daß ihr als ein körperliches Wesen an diesem Ort und zu dieser Zeit in Erscheinung getreten seid. Dies ist der Kern eurer Identität, der psychische Samen, aus dem ihr entsprangt, die multiple Persönlichkeit, von der ihr ein Teil seid.«*
>
> JANE ROBERTS
> »Gespräche mit Seth«

Mit dem Glauben an die Unsterblichkeit der Seele eng verbunden ist die Vorstellung der Existenz von »Geistern« Verstorbener – sogenannte Erscheinungen –, die in der Parapsychologie durchweg als halluzinative Manifestationen verstanden werden. Umgekehrt setzt das Auftreten solcher Erscheinungen voraus, daß es etwas vom Menschen geben muß, das, wenn auch unsichtbar, parallel zum materiellen Leib existiert und das den körperlichen Tod als autonome Struktur schadlos überdauert. Und dieses immaterielle Etwas – ganz gleich, ob wir es nun Seele, Geist, Psyche, »Ich« oder Bewußtsein nennen – müßte, von unserem vierdimensionalen physikalischen Universum aus, jenseits der Raumzeit in einer Art »Überwelt« angesiedelt sein.
Dieses geistige Prinzip hätte somit Zugang zu all den unse-

ren »normalen« fünf Sinnen verschlossenen nichtphysika-
lischen Welten. Mehr noch: Es wäre selbst Teil jener unendlich vielen Realitäten, die sich aus der »Viele-Welten-
Interpretation« der Quantenphysik ergeben, wie sie von
den Princeton-Professoren John A. Wheeler und Hugh
Everett III postuliert wurde.

Wie real aber sind diese unendlich vielen Welten jenseits
unserer vierdimensionalen Realität? Bewußtseins-Realitä-
ten – Dinge und Vorgänge, die wir, unter Umgehung unserer biologischen fünf Sinne, ausschließlich mental erfassen –
werden, da sie sich mit herkömmlichen physikalischen Meß-
geräten nicht nachweisen lassen, vorschnell als negative Leistungen der Psyche, als Illusionen und Halluzinationen,
abgetan. Orthodox-physikalisch mag eine solche Bewertung
durchaus zutreffen, nicht aber unter dem Gesichtspunkt
einer modernen, transzendenzoffenen Physik, in der materielle und geistige Einflüsse einander verwischen und unser
Bewußtsein die Wirklichkeit ausformt.

Für Menschen, die, eingebunden in ungewöhnliches, »paranormales« Geschehen, mit Realitäten jenseits unserer All-
tagswelt Erfahrungen sammeln konnten, stellten sich diese
meist viel unmittelbarer und überzeugender als der »Nor-
malzustand« dar. Mystiker waren schon immer davon überzeugt, daß der Mensch sein Leben »im Land der Schatten
schlafend und träumend« verbringt. Der griechische Philosoph Plato (427–347 v. Chr.) veranschaulicht dies sehr tref-
fend am Beispiel eines Höhlenbewohners, dessen Realität
einzig und allein aus Schatten an den Höhlenwänden bestünde. Erst wenn er seine Höhle verließe, im Licht der
Sonne die Außenwelt in ihrer erdrückenden Vielfalt er-
kenne, würde die neue Realität die eingeengte Höhlenrea-
lität verdrängen, seinem Bewußtsein neue, umfassendere
Erkenntnisse erschließen.

Vergleichen wir Platos eng begrenzte »Schattenwelt« mit der materiellen, irdischen Realität, müßte unsere geistige Heimat – die Welt, in der unser Bewußtsein die beste »Rundumsicht« genießt – auf einer dimensional höheren Ebene zu finden sein: in eben jener »Außenwelt«. Allein die ständig auf uns einwirkenden äußeren Einflüsse beschränken unsere Erfahrungen und Erkenntnisse auf die mit unseren »normalen« fünf Sinnen erfaßbare »Höhlen«-Realität. Erst in meditativen Zuständen, im Schlaf und Traum, bei sogenannten Astralkörperaustritten sowie in Nahtod-Situationen vermag unsere Bewußtseinskomponente auf höherdimensionaler Ebene aktiv zu werden, uns eine umfassendere Wirklichkeit zu vermitteln.

Seit Jahrtausenden bemühen sich Schamanen, Philosophen sowie undogmatische Mediziner und Wissenschaftler aller Kulturen, den Körper/Geist-Komplex, die Zusammenhänge zwischen Physis, Bewußtsein und Seele, zu ergründen, sie für jedermann verständlich darzustellen. So unterscheidet man rein subjektiv zwischen dem materiellen Leib (der Physis), dem bioplasmatischen Körper und dem »astralen« Komplex, der sich aus Bewußtsein und Geist (oder Seele) zusammensetzt. Entsprechend den Darlegungen des amerikanischen Parapsychologen und »Überlebens«-Forschers George W. Meek wollen medial veranlagte Menschen (Sensitive) den astralen Komplex nochmals in drei abgestufte Bewußtseinsebenen (-körper) unterteilt wissen, denen sich drei weitere, dimensional noch höher angesiedelte geistige Existenzformen anschließen: mentale, »himmlische« und kosmische. Und alle diese »Körperzustände« durchdringen unseren vergänglichen materiellen Körper bereits während unseres irdischen Daseins.

Für jedes unserer Organe, für den Menschen in seiner materiellen Gesamtheit, gibt es feine elektrische Energiefelder, die die biologischen Abläufe in unserem Körper selbst auf Zellebene organisieren und kontrollieren, die im Falle einer Erkrankung Selbstheilungskräfte mobilisieren.

Der Physis unmittelbar angelagert ist der »Bioplasmakörper«, den russische Wissenschaftler als »ein unserem materiellen Körper mit seinen Kernteilchen, Atomen, Molekülen und Zellen entsprechendes Energiefeld« bezeichnen.

Beim biologischen Plasma handelt es sich – anders als beim herkömmlichen »heißen« Plasma, das neben fester, flüssiger und gasförmiger Materie als vierter Aggregatzustand postuliert und nachgewiesen wurde, um eine »kalte« plasmatische Erscheinungsform, die im lebenden Organismus vorkommt und einen hohen Strukturierungsgrad aufweist. Bioplasmateilchen treten zu komplexen Konfigurationen zusammen, die im Organismus eine Art Energienetzwerk entstehen lassen. Ihre Gesamtheit – das »Bioplasma« – verhält sich wie ein zusammenhängendes Ganzes.

Nach Viktor M. Injuschin von der Kirow-Staatsuniversität in Alma Ata (Kasachische Republik), stellt Bioplasma ein Medium dar, in dem vom Organismus erzeugte oder von außen kommende Infrarot- und Ultraviolett-Biophotonen – angeregte Oszillation – langlebig gespeichert sind. Hierunter versteht man Lichtquanten – sogenannte »ultraschwache Zellstrahlung« –, die aus lebenden Zellen kommen. Und diese gespeicherten Wellenzüge bilden ein biologisches Feld mit einer komplexen holografischen Wellenstruktur hoher Stabilität.

Dem russischen Elektronikingenieur Semjon Davidowitsch Kirlian und dessen Ehefrau Walentina Krisanowa gelang es in den vierziger Jahren erstmals, Bioplasmafelder im Hochfrequenzfeld indirekt sichtbar zu machen. Indirekt deshalb, weil die physikalisch schwer definierbaren Bioplasmafelder offenbar einer »höheren« Ordnung angehören und *somit nach herkömmlichen wissenschaftlichen Meßmetho-den nicht nachweisbar sind. Was wir in den faszinierenden Hochfrequenzaufnahmen zu sehen bekommen, sind höchst-wahrscheinlich »Übergangseffekte«, die an den Schnittstel-len zwischen normalen elektromagnetischen Feldern und solchen höherdimensionaler Beschaffenheit entstehen. Die hierdurch verursachten Leuchterscheinungen werden ge-meinhin auch als »Aura« bezeichnet.*

Natürlich wird der Begriff »Aura« recht unterschiedlich an-gewandt. Der kanadische Biophysiker J. Bigu des Blanco definiert die Komponenten der menschlichen Aura in aller Ausführlichkeit: elektrische/magnetische Feldauras, Aura der elektromagnetischen Strahlung, Radio- und Mikrowel-lenauras, Infrarot- und Ultraviolettauras, optische Aura, Röntgenstrahlen-, Gamma-, Betastrahlen- und Neutrino-auras, chemische und biologische Aura usw. Marco Bischof zitiert in seinem bedeutenden Werk »Biophotonen – Das Licht in unseren Zellen« den amerikanischen Physiker Jor-dan Maclay, nach dem es sich bei jenem Teil der Aura, der sich mit den derzeit gebräuchlichen physikalischen Meßin-strumenten nicht anmessen läßt, der aber unter bestimmten Bedingungen dennoch wahrgenommen werden kann, mög-licherweise um ein Vakuumfeld, den energiereichen »lee-ren« Raum zwischen den Materieteilchen, handelt.

Während die biologischen Abläufe in unserem materiellen Körper auf den Einfluß elektrischer Felder und biochemi-scher Reaktionen zurückzuführen sind, scheint sein bioplas-matisches Pendant (der Bioplasmakörper) von den überge-ordneten mentalen oder Bewußtseinsfeldern – von Gedan-kenprozessen, Stimmungslagen, vom psychischen und auch körperlichen Befinden eines Menschen – beeinflußt zu wer-den. Mit anderen Worten: Unsere geistige Komponente – der Bewußtseinskörper – dirigiert über den bioplasmati-

schen Leib sämtliche biologische Prozesse, die sich in unserer Physis abspielen.

George Meek unterscheidet denn auch, ähnlich wie der bekannte Hirnphysiologe und Nobelpreisträger (1963) Sir John C. Eccles, zwischen dem vergänglichen Teil des menschlichen Körpers (materieller und Bioplasmakörper), den man als den »Computer« bezeichnet, und dem zuvor beschriebenen unzerstörbaren, unvergänglichen Bewußtseins/Geist-Komplex, dem »Programmierer«.

Eccles benutzt das Computer/Programmierer-Modell, um die komplizierten Vorgänge beim »Ab-leben« eines Menschen – die Trennung des Bewußtseins/Geist-Komplexes vom materiellen Körper – besser verständlich zu machen. Sobald unsere Physis mit dem angelagerten Bioplasmakörper ihre lebenserhaltenden Funktionen einstellt, sucht sich der Bewußtseinskörper, unser eigentliches »Ich« (der »Programmierer«), bei Bedarf einen neuen »Computer«, d. h. eine neue materielle Existenz. Das hier zitierte Modell dürfte auch zahlreiche Psi-Phänomene wie z. B. außerkörperliche Erfahrungen (AKE), sogenannte Nahtodzustände, Reinkarnationsfälle und paranormale Erscheinungen sowie gewisse medizinische Anomalien wie psychosomatische Effekte, bestimmte Formen psychischer Erkrankungen, Besessenheit usw. erklären.

1 Das innere Universum

*»Dort, wo sich Leben mit Bewußtsein verbindet,
betreten wir vollkommenes Neuland.
Wer näher mit den Gesetzen der Chemie
und Physik vertraut ist,
für den ist die Annahme, daß die... Welt
(des Bewußtseins) von Gesetzen verwandter Art
regiert werden könnte, ebenso absurd
wie die Annahme,
eine Nation könne von grammatikalischen
Regeln regiert werden.«*

SIR ARTHUR EDDINGTON (1882–1944)

Mit diesem Zitat veranschaulicht der berühmte englische
Astronom Sir A. Eddington die vertrackte Situation, in der
sich Bewußtseinsforscher und Parapsychologen befinden,
wenn es um die Aufhellung der Ursachen von bewußtseinsgesteuerten Psi-Manifestationen und bestimmten unerklärlichen naturwissenschaftlichen Phänomenen, sogenannter Anomalien, geht.

Phänomene jenseits des physikalischen Bezugsrahmens
widersetzen sich den üblichen Deutungen und Meßme-
thoden, gehorchen offenbar anderen Gesetzen, die wir
deshalb nicht verstehen, weil wir sie im naturwissenschaftlichen Alltag geflissentlich übersehen, weil die Einbeziehung der Bewußtseinskomponenten in physikalische Ab-

läufe so unendlich schwierig, wenn nicht gar unmöglich ist.

Die Frage nach Herkunft, Beschaffenheit und »Standort« des Bewußtseins wird, in Abhängigkeit von der Indoktrination des Angesprochenen, unterschiedlich beantwortet werden. Raynor C. Johnson, Magister am Queen's College der Universität Melbourne (Australien), bedient sich einer mehr philosophischen Betrachtungsweise und meint: »Bewußtsein ist eine fundamentale Gegebenheit, die sich jeglicher Definition entzieht. Doch ohne dieses Bewußtsein kann überhaupt nichts definiert werden. Es läßt sich mit nichts vergleichen, da es gleichzeitig Subjekt und Objekt ist. Es ist und weiß, daß es ist. Von Wahrnehmungen, Gefühlen, Gedanken und Erinnerungen usw. als von einem Bewußtseinsstrom zu reden, ist falsch: Es handelt sich vielmehr um einen Erlebnisstrom. Das Bewußtsein oder das ›Ich‹ ist sich nur seiner selbst bewußt, aber es nimmt das wahr, was das ›Nicht-Ich‹ ausmacht. Wahrnehmungen, Gefühle, Gedanken und Erinnerungen sind Teile der Erfahrungen des ›Ich‹, sie sind sogar ein wesentlicher Teil desselben; denn sie konstituieren sein empirisches Selbst oder seine Persönlichkeit bzw. sein Ego. Sein zentrales, unwandelbares transzendentales Selbst oder sein eigentliches Wesen ist, was wir das ›Ich‹ oder das ›wahre Selbst‹ genannt haben.«

Dr. Gardner Murphy, Forschungsdirektor der Menninger-Klinik (USA) und Präsident der *American Society for Psychical Research,* stellt sich den Bewußtseinsvorgang als einen totalen dynamischen Adaptionsprozeß vor, der durch das Nervensystem vermittelt wird. Schlußendlich kommt er zu dem Ergebnis: »Geist und Körper haben wir keineswegs endgültig begriffen. Auch läßt sich nicht behaupten, das eine sei die Ursache des anderen. Man sieht beide vielleicht am besten als zwei Seiten einer grundsätzlichen Einheit, deren letzte Natur wir noch lange nicht enträtseln werden. Vom biologischen Standpunkt aus bleibt es jedoch extrem schwierig, sich das, was man die Person nennt, als vom lebendigen Organismus unabhängig vorzustellen – so daß sie nach dem Tod etwa weiterleben könnte –, denn der lebendige Organismus ist eine psychophysische Einheit.«

Ganz anders urteilte der französische Philosoph und Nobelpreisträger Henri Bergson (1859–1941). Er war fest davon überzeugt, daß das Bewußtsein keine Hirnfunktion sei, und folgerte, daß z. B. Erinnerungen Teil des Geistes seien, für die es im Gehirn kein spezielles Zentrum gäbe. Pathologische Veränderungen im Gehirn verhindern seiner Meinung nach nur die Aktualisierung von Erinnerungen, führen aber ebensowenig zu einem echten Erinnerungsverlust wie Hirnverletzungen.

Der berühmte Schweizer Psychologe C. G. Jung (1875 bis 1961) muß ähnliche Überlegungen angestellt haben. In seinem Beitrag »Synchronizität als ein Prinzip kausaler Zusammenhänge« zitierte er den Fall einer Frau, die, aus einer tiefen Bewußtlosigkeit erwacht, ihm versicherte, im Koma alles registriert zu haben, was im Zimmer vorgefallen war, so, als ob sie von der Zimmerdecke aus zugeschaut hätte. Sie sah sich selbst im Bett liegen, totenblaß, mit geschlossenen Augen. Ihre losgelöste »Seele« konnte, getrennt von ihrem Körper, keineswegs schlechter wahrnehmen als mit hellwachen Sinnen. Aufgrund dieser Erfahrungen folgerte Jung, daß »in Ohnmachtszuständen, in denen man nach menschlichem Ermessen alle Garantie dafür habe, daß bewußte Aktivität und Sinneswahrnehmung aufgehoben sind, Bewußtsein, reproduzierbare Vorstellungen, Urteilsakte und Wahrnehmungen weiter bestehen bleiben könnten«.

Eine der kürzesten und dennoch aufschlußreichsten Definitionen des Begriffs »Bewußtsein« verdanken wir dem amerikanischen Wissenschaftsjournalisten Bob Toben. In seinem Buch »Raum-Zeit und erweitertes Bewußtsein« heißt es: »Bewußtsein ist das Allumfassende über unser raumzeitliches Empfinden hinaus, was im Prinzip das eigentliche ›Ich‹ sein mag. Wir sind zu der Erkenntnis gekommen, daß Bewußtsein und Energie eins sind, daß unsere alltägliche Wahrnehmung der Wirklichkeit ein Verbund unendlich vieler Universen ist, in denen wir gleichzeitig existieren. Und das, was wir als ›uns selbst‹ wahrnehmen, ist nur eine örtlich begrenzte Projektion aus der Gesamtheit unseres wahren Selbst.«

Der Kunsthistoriker Roger Fry bemüht zum besseren Verständnis des Begriffs »Bewußtsein« eine Analogie aus der Malerei. Er meint, ein gutes Gemälde sei durchsichtig wie Glas: »Im Augenblick der Betrachtung sind wir uns des Gemäldes gar nicht bewußt, sondern nur seines Gegenstandes. In gleicher Weise ist auch das Bewußtsein durchsichtig wie Glas. Es verliert sich im Gegenstand seiner Wahrnehmung: Der Verstand ist wie das Auge, er läßt uns alle Dinge sehen und verstehen, ohne dabei von sich selbst Notiz zu nehmen; es erfordert Geschicklichkeit und Mühe, von ihm abzurücken und ihn zum Gegenstand seiner selbst zu machen.«

Somit wäre Bewußtsein der Bereich, der unsere innere Erlebniswelt abdeckt. Er umfaßt alles nichtstoffliche Beobachtbare, das wir, statt der Außenwelt, als unserer »Innenwelt zugehörig« empfinden. Es handelt sich um den Erfahrungsbereich, der unserer eigenen nichtstofflichen Realität entspricht. Wir beobachten in diesem Bereich also keine echten Dinge, sondern mehr Prozesse, d. h. Ereignisse. Und nur wir allein können diese Prozesse in unserem Bewußtsein beobachten. Mehr noch: Alles deutet darauf hin, daß unser Bewußtsein selbst in Form von Prozessen funktioniert.

Kommen wir noch einmal auf das eingangs beschriebene *Computer/Programmierer*-Modell von Sir John Eccles zurück, in dem der vergängliche Teil des Menschen (der materielle und Bioplasmakörper) mit einem *Computer*, der Bewußtseins/Geist-Komplex hingegen mit dem *Programmierer* verglichen wird. Unter Zugrundelegung dieses Modells existierte das Bewußtsein im Widerspruch zu Darwins Evolutionstheorie zuerst. Es entwickelte Materie und Form, in dem es sich zu manifestieren begann. Der Bewußtsein/Geist-Komplex aller Lebewesen hätte sich demnach aus sich selbst heraus erschaffen. Vielleicht ist es das, was uns die Schöpfungsgeschichte zu vermitteln versucht.

Niemand bestreitet heute ernsthaft, daß zwischen Bewußtsein und Gehirn ein echter Zusammenhang besteht. Das Gehirn ist aber nur das biologische Verbindungsorgan zum Bewußtsein – eine Art hochempfindliche Relaisstation und nicht das Bewußtsein selbst oder, wie allgemein angenommen wird, ein bewußtseinserzeugendes Organ. Viele Hirnfunktionsspezialisten, wie Sir Charles Sherrington und Wilder Penfield, haben unmißverständlich dargelegt, daß Bewußtsein und Gehirn zweierlei sind, daß alle Resultate der modernen Gehirnforschung ihren Standpunkt untermauern würden. Und für diese Behauptung gibt es in der Medizingeschichte zahllose frappierende Beweise, die zeigen, daß Personen, bei denen ein großer Teil der Hirnregion geschädigt oder gar völlig zerstört war, weiter normal denken konnten.

Dr. Gustave Geley zitiert in seinem Buch »Vom Unbewußten zum Bewußten« eine Reihe solcher Fälle, die eindeutig für die gehirnunabhängige Existenz des Bewußtseins sprechen. In einem der von Geley aufgeführten Fälle heißt es: »Ein Junge von etwa dreizehn Jahren starb im Vollbesitz seiner geistigen Fähigkeiten, obwohl seine Hirnmasse vollständig vom Rückenmark getrennt war, und zwar in einer Weise, die auf eine wirkliche Dekapitation (Enthauptung) hinauslief. Wie groß muß das Erstaunen der Ärzte bei der Autopsie gewesen sein, als sie beim Öffnen der Schädelkalotte... einen riesigen Abszeß fanden, der nahezu das gesamte Kleinhirn, einen Teil des Gehirns und der Protuberanz einnahm. Trotzdem hatte der Patient, wie man wußte, kurz zuvor noch klar denken können...«

In einem anderen Fall wird über einen jungen Landarbeiter berichtet, bei dem, nach dessen Tod, die Autopsie drei zusammenhängende Abszesse zutage förderte, von denen jeder die Größe einer Mandarine besaß. Sie nahmen den hinteren Teil beider Hirnhälften und einen Großteil des Kleinhirns ein. Dennoch konnte dieser Mann wie andere Menschen denken, und zwar so gut, daß er eines Tages um Ausgang bat, um seine privaten Angelegenheiten in Ordnung zu bringen. Er starb, als er das Krankenhaus wieder betreten hatte.«

Ungewöhnlich erscheint auch der Fall eines 25jährigen Eingeborenen, der infolge einer Fraktur des linken Schläfen- und Scheitelbeins an einer Hirnprellung litt. Die Ärzte konstatierten Aphasie, den Verlust des Sprachvermögens, und eine halbseitige Lähmung auf der rechten Seite. Man unternahm einen interessanten Versuch zur Rückgewinnung des Sprachvermögens. Es gelang den Ärzten, den Mann so weit zu bringen, daß er bewußt und verständlich acht bis zehn Worte aussprechen konnte. Bedauerlicherweise starb der Patient, bevor man weitere Versuche durchführen konnte. Bei der Autopsie fand man einen riesigen Abszeß, der nahezu die gesamte linke Gehirnhälfte einnahm. Auch in diesem Fall muß man sich fragen, wie es kam, daß der Mann überhaupt noch denken konnte. Welches Organ mag er wohl benutzt haben, nachdem der Bereich zerstört war, in dem – so die Physiologen – Denkprozesse stattfinden sollen?

Aufsehen erregte seinerzeit der Fall des Phineas Gage, eines jungen Vorarbeiters, der bei einer Eisenbahnbaukolonne beschäftigt war. Er benutzte ein Brecheisen, um für eine geplante Sprengung das Bohrloch mit Pulver zu füllen. Aus unerklärlichen Gründen explodierte die Ladung vorzeitig und trieb dabei die Brechstange mit aller Wucht durch Gages Schädel. Sie hatte einen Durchmesser von vier Zentimetern und wog 13 Pfund.

Hierzu heißt es bei DeWitt Miller in »Anomalies and Curiosities of Medicine« (Anomalien und Kuriositäten in der Medizin): »Gage verlor keineswegs das Bewußtsein. Er ging vielmehr eine ganze Treppenflucht hinauf, um ärztliche Hilfe zu suchen. Als das Eisen entfernt und der zerbrochene Schädelknochen abgeräumt war, blieb ein Loch mit einem Durchmesser von neun Zentimetern in seinem Schädel zurück. Trotz der Zerstörung einer solchen Unmenge von Hirngewebe blieb er während seiner ganzen Genesung, die ohne Zwischenfälle verlief, bei Verstand. Er erholte sich vollständig, nur ein Auge hatte seine Sehkraft eingebüßt. Er lebte noch viele Jahre nach dem Unfall. Sein Leben verlief in normalen Bahnen, und seine geistigen Fähigkeiten waren nicht beeinträchtigt.«

Penfield berichtete bereits im Jahre 1932 über die Ergebnisse einer Entfernung des gesamten präfrontalen Hirnlappens. Er stellte fest, daß die Patientin nicht nur während der gesamten Operation bei Bewußtsein blieb, sondern sogar normal und vernünftig mit dem Chirurgen über ihre Kinder und alltägliche Dinge sprechen konnte.

In den Jahren danach setzte Penfield seine Untersuchungen fort, indem er mit Hilfe schwacher elektrischer Ströme verschiedene Hirnregionen vorübergehend lahmlegte. Die Konzeption von der Lokalisierung geistiger Funktionen *im Gehirn* erwies sich als unhaltbar. Penfields Suche nach dem »Sitz« des Gedächtnisses – des Bewußtseins – blieb ergebnislos. Auch im Hirngewebe ließ es sich nicht nachweisen. Hieraus folgerte Penfield, daß man das Bewußtsein unter Ausschaltung von Zellen in unterschiedlichen Hirnpartien nicht löschen kann, ausgenommen eine winzige Region im Thalamus.

In einem Beitrag, den Penfield mit einem Dr. Herbert Jasper verfaßte, heißt es: »Auch wenn ein Mensch infolge der Entfernung eines Teils der Hirnrinde gelähmt, blind oder taub ist, bleibt er trotzdem einsichtig, überlegend und wahrnehmend. Ja, mehr noch, man kann sogar den vorderen Stirnlappen unter Lokalanästhesie vollständig entfernen, ohne daß das Bewußtsein gestört wird. Auch die Isolierung beider Lappen durch Leukotomie löscht es nicht aus.«

Evan Harris Walker, der als Physiker das Phänomen »Bewußtsein« und dessen Zusammenwirken mit dem Gehirn von der quantenphysikalischen Seite aus beleuchtete, stellte fest, daß das Bewußtsein eine nichtphysikalische Realität ist, daß die physikalische Realität und Bewußtsein durch eine einzige physikalische Größe grundlegender Art verknüpft sind. Diese fundamentale »Größe« zu finden, wird eine der wichtigsten Aufgaben der Theoretischen Physik des nächsten Jahrhunderts sein. In seinem Beitrag »The Nature of Consciousness« (Die Natur des Bewußtseins), erschienen in »Mathematical Biosciences« 7/1970, heißt es: »Die Einzigartigkeit unseres Bewußtseins besteht darin, daß es Teil eines logischen Apparates ist und daß dieser wiederum das Gehirn eines bestimmten physischen Systems, eines lebenden Organismus, ist. Das heißt, daß die Begriffe Leben, Denken und Bewußtsein, wenn man sie entsprechend definiert, trennbar sind. Ein Organismus braucht kein Bewußtsein oder Denkfähigkeit zu besitzen, um zu leben. Ein Gehirn braucht kein Bewußtsein, um denken zu können. Nur die höheren Organismen besitzen ein Gehirn für die Datenverarbeitung. Und nur unter ganz besonderen Voraussetzungen, d. h. wenn ein großer Teil der datenverarbeitenden Funktionen des Gehirns von einem nicht reduzierbaren quantenmechanischen Prozeß gelenkt wird, nur dann wird der Organismus zu einem bewußten, denkenden Lebewesen.«

Mit dieser Feststellung bekräftigt ein prominenter Physiker indirekt die von Sir John Eccles vertretene Theorie der Unabhängigkeit des Bewußtseins vom materiellen Körper. Wenn aber das Bewußtsein in unserem Raumzeit-Materie-Energie-Universum nicht zu lokalisieren ist, wäre als nächstes zu fragen, wie man sich seine allem Anschein nach erhabene Zuordnung vorzustellen hat, welche Position Bewußtseinsobjekte und -prozesse im Spektrum der Dimensionen jenseits der uns bekannten Welt einnehmen.

2 Hyperspektrum – Wenn die Physik transzendiert

Aus keinem der von wissenschaftlichen Vordenkern entwickelten Weltmodelle, die auch sogenannte Trans- oder »Jenseits«-Dimensionen miteinbeziehen, wird die Zuordnung der geistigen Komponenten des Menschen so übersichtlich dargestellt wie in dem zwölfdimensionalen Weltentwurf des deutschen Physikers Burkhard Heim. Professor Dr. Ernst Senkowski, einer der bekanntesten Interpreten des Heimschen Universal-Modells, erläutert in seinem Beitrag »Die nicht-materielle Seite der Wirklichkeit« (aus »Transkommunikation«, Vol. II, No. 2, 1993) die Bedeutung der einzelnen Koordinaten (Dimensionen):

Drei Koordinaten (Kurzbezeichnung: x_1, x_2, x_3; Länge, Breite, Höhe) formen unsere materielle, irdische Welt. Die vierte Koordinate (x_4) steht für die Zeit. Raum und Zeit bilden im Verbund die *Raumzeit*, unseren vierdimensionalen Lebensraum, der wiederum mit sogenannten *Transdimensionen* verschachtelt ist.

Von diesen bilden dann zwei Koordinaten (x_5 und x_6) den *Strukturraum* und zwei weitere (x_7 und x_8) den *Informationsraum*. Das hieraus entstehende unvorstellbare »Etwas« ist wiederum in ein aus vier Koordinaten gebildetes System (x_9 bis x_{12}) eingebettet, das von Heim als zeitloser *Überraum* bezeichnet wird. Eine mathematisch perfekte, überschaubare Konzeption.

Am 8. April 1970 erhielt das weltbekannte Medium Jane Roberts von seinem jenseitigen Informanten *Seth* die Durchgabe: »…Es liegt in der Natur des Bewußtseins, daß es sich in möglichst vielen Dimensionen zu materialisieren sucht, um aus sich selber immer neue Bewußtseinsebenen, neue Verzweigungen hervorzubringen. Auf solche Weise schafft es Realität. Realität ist daher immerfort im Werden begriffen.«

Das Sensationelle an dieser medial übermittelten Durchgabe: Sie stimmt auffallend mit der *Branching Universe Theory* (Theorie des sich ständig verzweigenden Universums) der amerikanischen Hochschulprofessoren J. A. Wheeler, H. Everett und N. Graham überein, die die ursprünglich für den mikrophysikalischen Bereich gedachte Quantentheorie auf Weltenebene überträgt. Danach wäre der Mensch tatsächlich ein *multidimensionales* Wesen, das mit seinen Bewußtseins-»Tentakeln« und seinen geistigen Komponenten schon zeitlebens in höherdimensionalen Sphären existiert.

Im Alltag bedienen wir uns beim Beschreiben gewisser Eigenschaften von Dingen oder Vorgängen verallgemeinernder vergleichender Begriffe, wie z. B. »schwarz« oder »weiß«, »real« oder »irreal«, »faktisch« oder »imaginär«. In der wissenschaftlichen Terminologie sind solche simplen, verallgemeinernden Beschreibungen nicht erlaubt. So kennt man z. B. beim Farbspektrum weder ein einziges »Schwarz« noch ein absolutes »Weiß«, sondern unzählige dazwischenliegende Feinabstufungen, d. h. Schattierungen. Ähnlich dürfte es sich mit unserem Bewußtsein verhalten, das mit seinen »Fühlern« – wenn vielleicht auch nur vorübergehend – in zahllose der hier erwähnten Realitäten hineinwirkt, indem es sich dort (in einer anderen Welt) sichtbar manifestiert. Möglicherweise stoßen wir im Traum oder in Trance mit einer unserer Teilpersönlichkeiten in jene anderen Realitäten vor, die uns gelegentlich viel plastischer als unsere irdische Daseinsform erscheinen, was Menschen mit sogenannten *Astralkörpererfahrungen* (AKE) jederzeit bestätigen können.

Fassen wir noch einmal zusammen. Unser Dasein spielt sich *zwischen* zwei unterschiedlichen Existenz-Extremitäten ab: der *realen Welt* mit ihren »harten Fakten« und scheinbar bewußten Sinneswahrnehmungen und der *Traumwelt* – dem Bereich der unbewußten Bildeindrücke und Emotionen. Normalerweise hält sich unser Bewußtsein, wenn wir »hellwach« sind, nahe dem Ende des *Realwelt-Spektrums* auf. Beim Träumen und in verwandten Zuständen befindet es sich hingegen nahe der *Traumwelt-Extremität*. In anderen Situationen – z. B. in Hypnose, beim Einschlafen und Aufwachen – nimmt unser Bewußtsein eine dimensionale Position irgendwo dazwischen ein, und hierbei kann es dann zu für uns Alltagsmenschen ungewöhnlichen Erfahrungen kommen.

Seth geht noch einen Schritt weiter und billigt jeder Facette unseres Bewußtseins eine gleichzeitig bewußte Eigenexistenz zu: »Nun kommt es euch natürlich so vor, als wäret ihr der einzige bewußte Teil eurer selbst, denn ihr seid ja mit dem ›Schauspieler‹ in dieser speziellen Aufführung identifiziert. Die anderen Teile eurer multidimensionalen Persönlichkeit, die in den anderen Reinkarnationsdramen auftreten, sind aber gleichfalls bewußt. Und weil ihr ein multidimensionales Bewußtsein seid, deshalb seid *ihr* auch in anderen Realitäten, neben dieser einen, bewußt.«

Man müßte noch hinzufügen, daß die einzelnen Teilbewußtseine des Menschen in den zahllosen Realitäten im jeweiligen »Wachzustand« nicht voneinander wissen. Dimensionsbarrieren unterbinden übergreifende Kontakte. Nur im Traum, in Trance oder in sogenannten hypnagogen Zuständen (beim Einschlafen und Aufwachen) begegnen sich unsere Teilbewußtseine mitunter in einer der zahllosen anderen Realitäten, werden Dinge erkennbar, die wir, mangels einer genaueren Interpretation, etwas verlegen als Visionen, Halluzinationen oder gar Erscheinungen bezeichnen.

Der renommierte englische Physiktheoretiker Professor David Bohm (†) hat mit einem gut verständlichen Beispiel die Wirkungsweise der dimensionalen Sperre zwischen unserer sichtbaren (expliziten) Welt und den unsichtbaren, verhüllten (impliziten) Welten deutlich gemacht: »Man stelle sich zwei konzentrische Glaszylinder vor, deren Zwischenraum mit einer zähen Flüssigkeit wie z. B. Glyzerin aufgefüllt ist. Diese Anordnung kann man mechanisch so langsam drehen, daß im Glyzerin keine Diffusion (gegenseitiges Ineinanderfließen; d. Autor) stattfindet. Gibt man

nun einen Tropfen unlöslicher schwarzer Tinte in das Glyzerin und beginnt, die Anordnung langsam zu rotieren, so
zieht sich der schwarze Tropfen allmählich zu einer dünnen
Linie aus, die schließlich unsichtbar wird. Dreht man die
Apparatur dann in die entgegengesetzte Richtung, zieht
sich der Tropfen schwarzer Tinte allmählich wieder zusammen, und der vorher unsichtbare schwarze Faden wird wieder erkennbar. Der Tropfen schwarzer Tinte *verhüllte* sich
zunächst, bis er für das unbewaffnete Auge nicht mehr
sichtbar war. Er war nicht Teil der für uns erkennbaren *ent-
hüllten* Realität. Aber dennoch war er im impliziten Sinne
immer noch vorhanden. Eine Umkehrung der Drehrich-
tung des sich im Glyzerin befindlichen Zylinders ließ ihn
explizit und für unsere Sinne wahrnehmbar werden.«
Man könnte sich des weiteren vorstellen, es seien zu unterschiedlichen Zeiten und an verschiedenen Stellen Tintentropfen in das Glyzerin eingeträufelt worden. Wurden diese
kontinuierlich und schnell genug eingerührt, dann müssen
wir bei der Umkehrung des Vorgangs den Eindruck gewinnen, als bewege sich ein einzelner, ständig existierender
Tintentropfen kontinuierlich durch die Flüssigkeit, was
aber nicht der Realität entspricht. Alle sichtbaren Substanzen und Bewegungen beruhen demzufolge auf Illusion, ein
Phänomen, das Bohm »Holobewegung« nennt.
Ganz ähnlich müßte es sich mit den zuvor beschriebenen,
für uns nicht sichtbaren und anmeßbaren, höherdimensionalen Bewußtseins/Geist-Bereichen verhalten: Nur unter
ganz besonderen physikalischen Bedingungen, wenn sich
unser Bewußtsein über den »Alltags-Störpegel« hinauszu-
schwingen vermag, weitet sich unser geistiges Blickfeld, begegnen wir mitunter denen, die schon lange nicht mehr
unter uns weilen, deren spektrale Aktivitäten für alle Zeiten
im ewigen Jetzt gespeichert sind.

3 Das Unsterblichkeitsprinzip

»Wir können behaupten,
daß die physikalische Theorie
in der heutigen Forschung
die Unzerstörbarkeit des Bewußtseins
durch die Zeit
nachhaltig bekräftigt.«

ERWIN SCHRÖDINGER (1887–1961)
in: »What's Life and Mind and Matter«

Wegen der eingangs angedeuteten Unverwundbarkeit und Unzerstörbarkeit des Bewußtseins/Geist-Komplexes erscheint es höchst unwahrscheinlich, daß dieser nach dem biologischen Tod in einem Nichts zerrinnt, zumal es ein solches gar nicht gibt. Ein Beispiel aus der Natur soll die Beziehung zwischen dem Bewußtsein und dem Körper/Bioplasma-Verbund besser verständlich machen.

Wenn wir den Stamm eines Baumes mit der rein geistigen Komponente des Menschen (seiner Seele) gleichsetzen, wären die Äste das Bewußtsein in den verschiedenen Abstufungen und die Blätter unsere irdische grobstoffliche Daseinsform (materieller und Bioplasmakörper). Im Herbst fallen die Blätter ab, um im Frühling aus den Ästen heraus immer wieder neu zu entstehen. Von diesem ewigen Kreislauf unberührt bleiben einzig und allein Baumstamm und Äste. Sie bilden das Fundament der Unsterblichkeit, der ewigen Wiederkehr.

Ob Vergleiche wie dieser ausreichen, um uns von der Richtigkeit der »Überlebenstheorie« hinreichend zu überzeugen, bleibt dahingestellt. Manche Zeitgenossen geben sich mit Analogien nicht zufrieden und versuchen, den autonomen Fortbestand des Bewußtseins/Geist-Komplexes über den Körpertod hinaus experimentell nachzuweisen. Solchen Experimenten sind jedoch ganz natürliche Grenzen gesetzt, ist doch Belebtheit allenfalls bis zum Erlöschen der Gehirnfunktionen nachweisbar, da das Gehirn als einzige »Relaisstation« zum Bewußtsein gilt. Kommt noch hinzu, daß selbst Ärzte sich über den exakten Zeitpunkt des endgültigen Totseins nicht ganz einig sind.

Dr. Raymond Moody, bekannt durch seine weltweit publizierten Bücher über Nahtoderlebnisse, nennt die drei wichtigsten Todesmerkmale:

– Das Nichtvorhandensein klinisch eruierbarer Lebenszeichen,

– das Nichtvorhandensein von Hirnstromwellen und

– den nichtumkehrbaren Verlust vitaler Funktionen.

Herzstillstand, Aussetzen der Atmung über längere Zeit, Blutdruckabfall auf null, erweiterte Pupillen und Absinken der Körpertemperatur sind auch heute noch wichtige Indizien zur Feststellung des Exitus.

Neuerdings wird das Fehlen jeglicher Hirnaktivitäten (»flache« EEG-Kurve) – gemessen mit dem Elektroenzephalographen – als untrügliches Zeichen für den Eintritt des Körpertodes angesehen. Gleichwohl sind auch schon Personen mit flachen EEG-Kurven reanimiert worden. Fehlanzeigen lassen sich z. B. auf hohe Dosen stark sedierender Medikamente zurückführen.

Natürlich läßt sich der Begriff »Tod« noch enger fassen, und zwar als Zustand des Körpers, in dem keine Wiederbelebung mehr möglich ist. Sollte diese dann dennoch stattfinden, muß zumindest ein kleiner Teil der Körperzellen biologisch aktiv geblieben sein. Vielleicht liegt der »Transit«-Zeitpunkt bei jedem Menschen woanders, vielleicht ist er mehr fließend. Hier aber wollen wir entsprechend den zuvor getroffenen Feststellungen den Begriff »Exitus« als den Zustand der Loslösung des Bewußtseins/Geist-Komplexes vom materiellen Leib verstanden wissen und diese Theorie, wenn auch nur indirekt, zu erklären versuchen.

Der Physiker und Kybernetiker Professor Jean Jacques Delpasse und der Neurologe William Jongh van Amsynck gingen bei ihren Forschungen davon aus, daß bei der Verarbeitung von Gedächtnisinhalten zu Gedanken (Bewußtseinsprozessen) langsame Gehirnströme aktiv werden. Sie beriefen sich hierbei auf Beobachtungen des Neurologen Paul Glees, der davon überzeugt war, daß Hirnströme eine feste Beziehung zur gedanklichen Verarbeitung von Sinneswahrnehmungen haben, daß die Umsetzung von Gedächtnisinhalten in Bewußtsein nicht ohne diese Ströme erfolgen kann. Anders ausgedrückt: Unser Bewußtsein kann zeitlebens nur durch Hirnströme abgerufen werden. Unglücklicherweise folgert die Schulmedizin hieraus, daß das Bewußtsein eines Menschen zu existieren aufhört, sobald keine Hirnströme mehr registriert werden. Würde man jedoch im Experiment das Weiterbestehen des Bewußtseins über das Erlöschen der Hirnströme hinaus nachweisen können – die Tatsache, daß es möglich ist, auch ohne diese Gedächtnisinhalte abzurufen –, wäre dies ein erster zaghafter »wissenschaftlicher« Beweis für das Überleben unseres Bewußtseinskörpers – unserer Persönlichkeit. Wenn Bewußtsein und Geist des Menschen unsterblich sind, müßten diese mit dem biologischen Tod den materiellen Körper verlassen. Und die Gedächtnisinhalte, die zu Bestandteilen des Bewußtseins geworden sind, würden dann mit ihm nach »drüben« gehen.

Der englische Neurologe Dr. Walter Grey, der am Gelingen eines von Professor Delpasse ersonnenen Experimentes zum Nachweis dieses Übergangs entscheidend beteiligt war, hatte »Todeskandidaten« – meist an Bluthochdruck

46

hoffnungslos erkrankte Personen – darauf trainiert, mit Hilfe eines Druckschalters immer dann einen Fernsehmonitor einzuschalten, wenn sie ein bestimmtes Bild zu sehen wünschten. Noch bevor die Versuchspersonen den Schalter betätigten, konnte in deren Gehirn mittels eines Enzephalographen ein winziger elektrischer Stromstoß registriert werden, den man *Bereitschaftswelle* nannte. Grey verstärkte die sehr schwache Bereitschaftswelle elektronisch und erhielt dadurch einen Stromimpuls, der die Patienten befähigte, über ihre mit dem TV-Monitor verbundenen Kopfelektroden den Bildschirm direkt einzuschalten.

Nach ausreichendem Training brauchten die Versuchspersonen den Schalter gar nicht mehr von Hand zu betätigen. Ihr Willensimpuls – der Wunsch, das Gerät einzuschalten – genügte bereits, um das Bild auf dem Monitor erscheinen zu lassen. Diese Versuchsanordnung, mit der schließlich eine ganze Anzahl von Patienten vertraut war, sollte im Verlauf des Delpasse-Experiments eine entscheidende Rolle spielen. Es stellte sich nämlich heraus, daß Gedächtnisinhalte als Bestandteile des menschlichen Bewußtseins auch nach Eintreten des Gehirntodes – ohne die normalerweise zugehörigen Hirnstromkurven – immer noch aktiv waren. Der in sogenannten »Gedächtnismolekülen« der trainierten Personen gespeicherte Befehl »Monitor einschalten« wurde demnach nicht länger von Gehirnströmen, sondern auf irgendeine andere Weise abgerufen. Das Bewußtsein der gerade Verstorbenen hatte tatsächlich den TV-Monitor eingeschaltet und sich von »drüben«, jenseits von Raum und Zeit, gemeldet.

Die Fortexistenz des Bewußtsein/Geist-Komplexes in einer anderen Realität läßt sich womöglich auch aus dem aus der Physik hinlänglich bekannten »Energiesatz« – dem Satz von der Erhaltung der Energie – ableiten. Dieser stellt fest, daß bei allen Energieumwandlungen der Betrag der Gesamtenergie stets erhalten bleibt. Wenn schon in unserem geschlossenen vierdimensionalen Universum nichts an Energie verlorengeht, dann mit Sicherheit auch nichts in übergeordneten Seinsbereichen, denen unser Bewußtsein mit all seinen Inhalten schon während unseres irdischen Lebens angehört.

Professor Dr. Ing. Franz Moser, Graz, der ähnlichen Überlegungen nachhängt, sieht für den Fortbestand des Bewußtseins, das er als eine »Kombination« von Energie und Information deutet, bei Eintritt des biologischen Todes zwei Möglichkeiten. Wörtlich:

»1. Dieses kann beim Tode dissipieren, d. h. in der Energie der Umwelt verteilt, sozusagen von dieser wieder aufgenommen werden oder

2. – falls eine genügend hohe Energie- und Informationskonzentration vorhanden ist, d. h. eine kritische Größe dieser Energie-Informationsstruktur überschritten wurde – als selbständige Energie-Informationsstruktur weiterexistieren.«

Moser hält es für denkbar, daß Möglichkeit 1 für weniger entwickelte Wesen (z. B. Tiere), Möglichkeit 2 hingegen für höherentwickelte Lebensformen (Menschen) zutrifft. Letztere will er übrigens »als Basis für die Ansicht von der Möglichkeit des Fortlebens nach dem Tode der Menschen« gewertet wissen. Er geht sogar noch einen bedeutenden Schritt weiter und findet, daß die Theorie von der Fortexistenz des Energie-Bewußtseins-Komplexes nach dem Exitus durch Aussagen und Experimente namhafter Physiker wissenschaftlich nachgewiesen wurde.

Die »Überlebens«-Theorie wird übrigens auch durch die Arbeit der Regressionstherapeuten und Reinkarnationsforscher weiter erhärtet. Hypno-Regressionen, Rückführungen des Unbewußten von Personen in deren Vorleben zu anderen Zeiten, werden häufig beim Aufspüren der Ursachen psychischer Erkrankungen angewandt. Dr. Edith Fiore, eine amerikanische Psychologin mit klinischer Erfahrung, will mit dieser Therapie Tausende verzweifelter Menschen von Ängsten, Depressionen, Schuld- und anderen Komplexen befreit haben. Sie ist fest davon überzeugt, daß viele ihrer Patienten von »Bewußtseins-Persönlichkeiten« Verstorbener, die den »Absprung« in höherdimensionale Seinsbereiche noch nicht geschafft haben, regelrecht besetzt gehalten werden. Diese würden – in Unkenntnis der Tatsache, daß sie sich nach ihrem biologischen Tod in einem körperlosen Zustand befinden – in das Bewußtsein eines noch Lebenden eindringen und ihn »übernehmen«, um dessen Denken und Handeln zu bestimmen, um sein Leben nach ihren Vorstellungen zu führen. Bei Dominanz des Fremdbewußtseins kann es zwischen diesem und dem Eigenbewußtsein des Betroffenen zu kritischen Verdrängungsaktivitäten und in der Folge zur Ausbildung von Spaltpersönlichkeiten kommen. Fiores Therapie läuft darauf hinaus, den Bewußtseins-Parasiten durch Schilderung ihrer tatsächlichen Situation und gutes Zureden zum Verlassen des Bewußtseins ihrer Patienten zu bewegen. Ihre therapeutischen Maßnahmen als eine abgemilderte Form von Exorzismus zu bezeichnen, erscheint unangemessen, erblickt sie doch in den sich manifestierenden Bewußtseinspersönlichkeiten, die ihre Patienten »besetzt« halten, keine Teufel oder Dämonen, sondern geistig verwirrte Wesenheiten, die aufgrund gewisser Mankos ihre neue Position auf einer anderen Existenzebene noch nicht finden konnten. Viele Jahre erfolgreichen Wirkens haben Dr. Fiore vollends davon überzeugt, daß es ein Leben nach dem biologischen Tod gibt. Wörtlich: »Patienten, die im hypnotisierten Zustand in frühere Leben zurückgeführt werden konnten, wähnen sich nach dem [früheren] körperlichen Tod sofort wieder genauso ›lebend‹ wie zuvor. Erinnerungen, Individualität, Empfindungen, Emotionen und Denken setzten sich ohne Unterbrechung fort. Die Unsterblichkeit der Seele [Bewußtseins/Geist-Komplex] scheint durch Hypnose-Rückführungen tatsächlich bestätigt zu werden.«

III

Besucher aus dem »Nichts« –
Die Konfrontation
mit der Anderen Realität

»Im modernen Weltbild...
ist eine völlig abgesonderte,
nur auf sich selbst bezogene Seinsweise
unmöglich geworden.«

ALFRED NORTH WHITEHEAD (1861–1947)

»Es sind jetzt etwa 18 Jahre her. Ich lag im Krankenhaus allein in einem der Privatzimmer und erholte mich von einer schweren Hepatitis. Mein Bett stand in der Nähe des Fensters. Trotz der vorgerückten Abendstunde war es in meinem Zimmer immer noch hell. Gegen 22 Uhr kam eine Frau herein. Sie näherte sich meinem Bett, legte ihre Hände auf meine Brust und begann, diese zu massieren. Ich schaute sie an und stellte fest, daß sie sehr schmal und blaß war. Sie hatte blaue Augen und graues Haar.
Der Druck auf meine Brust verstärkte sich, so daß ich ihre Handgelenke ergriff. Sie wirkten sehr zerbrechlich. Ich stieß sie sanft zurück und bemerkte, daß sie federleicht war. Dann, so, als ob sie auf meinen Druck hin reagieren würde, hob sie vom Boden ab und verschwand durch das Fenster.«
Der durch diese realistisch wirkende Manifestation geschockte Patient läutete der Nachtschwester, aber es sollte eine ganze Weile dauern, bis diese bei ihm eintraf. Sie ent-

schuldigte sich für die Verzögerung. Gerade als er geläutet habe, sei eine ihr anvertraute Patientin gestorben.

Die Schilderung dieses spektralen Erlebnisses verdanken wir dem berühmten südafrikanischen Chirurgen Dr. Christiaan Barnard, dem im Jahre 1967 erstmals eine Herztransplantation gelungen war.

Barnard, der sich mit dieser Geschichte später den Zuschauern des italienischen Fernsehens RAI offenbarte, fuhr fort: »Ich bat die Schwester, das Aussehen der Verstorbenen zu beschreiben, und vernahm zu meinem größten Erstaunen, daß sie schmal, blauäugig und grauhaarig war. Die Frau habe, als sie starb, ein weißes Nachthemd getragen. Ich hatte sie zuvor nie zu Gesicht bekommen, denn sie war in der Frauenstation untergebracht, während ich mich in einem Privatzimmer des Männertraktes aufhielt. Ich habe die Erscheinung dieser Frau just in dem Augenblick wahrgenommen, als sie starb.«

Der offenbar medial veranlagte Barnard ist, nach einer weiteren, völlig real erscheinenden Begegnung mit seinem kurz zuvor verstorbenen Vater fest davon überzeugt, daß es »irgend etwas jenseits des (biologischen) Lebens – eine Fortexistenz in einer anderen Realität« – gibt.

Chirurgen vom Format eines Dr. Barnard möchte man nicht unterstellen, daß sie mit irgendwelchen konfabulierten Geschichten ihren guten Ruf gefährden, ihre berufliche Karriere leichtfertig aufs Spiel setzen. Hatte Barnard vielleicht dies alles nur geträumt oder unter Einwirkung sedierender Medikamente halluziniert? Sicher nicht, denn wie hätte er eine ihm völlig fremde, kurz zuvor verstorbene Frau so exakt wahrnehmen können? Barnard muß sein Wissen über das Aussehen der gerade Dahingeschiedenen aus anderen Kanälen als denen der normalen fünf Sinne, d. h., auf paranormalem Wege bezogen haben. Hätte er sie in ihrem *Krankenbett liegen sehen, könnte man von Hellsehen oder Fernwahrnehmung sprechen. So aber war sie zu* ihm *gekommen, war* ihm *persönlich erschienen und hatte versucht, ihn zu kontaktieren. Zweifellos hatte sich bei Barnard eine echte Erscheinung manifestiert – eine, die sogar auf seine abwehrende Haltung prompt reagierte.*

Nach W. F. Bonin (»Lexikon der Parapsychologie«) charakterisiert der Begriff »Erscheinung« den betreffenden Gegenstand »nicht in seinem realen Sein, sondern so wie er in der Wahrnehmung phänomenal gegeben ist – als Illusion oder Halluzination«. Der in den USA ansässige Parapsychologe Professor Hans Holzer unterscheidet bei spektralen Manifestationen hingegen zwischen (mehr volkstümlich) »Geistern« und echten Erscheinungen. »Geister« will er als abgesplitterte Teile der Persönlichkeit eines Verstorbenen verstanden wissen, die ihre früheren Erinnerungen nicht wiedererlangen, bis man ihnen aus ihrem Zustand der Verwirrung und Psychose herausgeholfen hat (vgl. die Theorie von Dr. E. Fiore).

Anders ausgedrückt: Bewußtseinspersönlichkeiten der untersten Jenseitsebene (Holzers »Geister«) manifestieren sich zwar in der materiellen Welt, gehören ihr aber nicht an. Manche von ihnen empfinden noch wie lebende Menschen und glauben offenbar, sie seien, was sie einmal waren. Sie sind verwirrt, wenn sie Lebende, die sie selbst vielleicht nur undeutlich wahrnehmen, nicht auf sich aufmerksam machen können. In der ihrer früheren materiellen Existenz nahen (unteren) Bewußtseinsebene sind sie nichts anderes als Zerrbilder ihres einstigen Selbst, »Irrläufer« eines mißglückten Transits, die sich selbst den Weg in ihre eigentliche nachtodliche Heimat verbauen.

Von echten Erscheinungen Verstorbener behauptet Holzer, daß sie »die volle Freiheit zu kommen und zu gehen hätten, die Freiheit, sich zu manifestieren und im allgemeinen auch die volle geistige und emotionale Kraft«.

Dem, der das schier grenzenlose Universum spektraler Erscheinungen erkunden möchte, dürfte die bisherige, oberflächliche Beschreibung dieses universalen Phänomens nicht genügen. Berücksichtigt man die Tatsache, daß es sich bei einem Großteil dieser Manifestationen um Erscheinungen noch lebender Personen handelt, um autonome »Geist-Persönlichkeiten«, die zeitweilig vom Bewußtsein anderer Personen wahrgenommen werden, müssen wir uns um eine umfassendere Definition des Erscheinungsphänomens bemühen. Die Übergänge zwischen den einzelnen Erscheinungsformen sind eher fließend. Stellen wir uns auf einen strapaziösen Erkundungsgang ein.

1 »Psychogramm« eines Phänomens

Über Zustandekommen und Beschaffenheit von Erscheinungen bzw. die geistige Verfassung der Wahrnehmenden
gibt es zahlreiche interessante Theorien, denen es jedoch allesamt an Beweiskraft mangelt, da sich flüchtige, immaterielle Manifestationen wie diese physikalisch, d. h. meßtechnisch, nicht unmittelbar nachweisen lassen. Aussehen und
Verhalten mancher Erscheinungen wirken mitunter so echt,
daß man sie mit noch lebenden, real existierenden Personen
verwechselt. Sie können direkt oder aus den Augenwinkeln
heraus meist nur ganz kurz wahrgenommen werden, obwohl es, was die Dauer solcher im Prinzip quasi-visuellen
»Beobachtungen« anbelangt, auch Ausnahmen gibt.
Nähert man sich ihnen oder spricht man sie an, verschwinden sie entweder allmählich oder übergangslos, was offenbar von der »Eindringtiefe« unseres Bewußtseins in die
»andere Realität« abhängt. Erscheinungen überwinden mit
Leichtigkeit stoffliche Hindernisse und materialisieren sich
spontan an beliebigen Orten. Sie durchdringen Wände und
geschlossene Türen, was ihre immaterielle Beschaffenheit –
die Subjektivität ihres Erscheinens in unserer Raumzeit-
Welt – erkennen läßt.
Ein Großteil dieser Psycho-Gebilde wird nur undeutlich,
mehr schemenartig, schattenhaft oder verschwommen-ver-
zerrt wahrgenommen. In solchen Fällen könnte sich das

Bewußtsein des Wahrnehmenden womöglich gegen ein tieferes Eindringen in die zuvor beschriebenen Bewußtseins-Universen sperren – sei es durch Zweifel (»So etwas gibt es doch nicht!«) oder auch aus Angst vor der fremden Realität, der man sich urplötzlich gegenübersieht.

Der in den USA lebende Parapsychologe Dr. Milan Rýzl unterscheidet grundsätzlich zwischen unechten, pathologisch bedingten, und echten, d. h. paranormalen Erscheinungen, die er in drei Kategorien zusammenfaßt. Zu den unechten zählt er Illusionen, Halluzinationen und krankhafte Phantasien – Manifestationen, die hier nicht weiter erörtert werden sollen. Beim zweiten Erscheinungstyp handelt es sich, so Rýzl, um »außersinnliche Wahrnehmung (ASW) der wahrnehmenden Person, die jedoch durch deren Phantasie verzerrt wird«. Zur dritten Kategorie gehören seiner Auffassung nach die »von den in Krisen befindlichen Personen (Agenten) ausgehenden psychischen [paranormalen; d. Verf.] Aktionen«, die mehr symbolisch empfangen werden. Letztere unterteilt er nochmals in drei Intensitätsgrade: »Während Phänomene vom Grad 3 vollkommen objektiv sind und von allen Anwesenden gesehen werden müßten, sind Phänomene vom Grad 2 und besonders vom Grad 1 subjektive Erfahrungen ›privilegierter‹ Beobachter mit aktiver ASW; andere Anwesende haben an der Erfahrung, die der Beobachter macht, gewöhnlich nicht teil.«

Praxisorientierte Parapsychologen unterscheiden, was die Rolle des Wahrnehmenden anbelangt, zwischen *Wachträumen, typischen Erscheinungen* und *Zwischenzuständen*. Beim Wachtraum wird die normale »Umgebung« des Wahrnehmenden durch eine völlig andere Realität ersetzt, in der er dann eine bestimmte Person (die Erscheinung) beobachtet. In typischen Erscheinungsfällen scheint der

Wahrnehmende seine gewohnte »Umgebung« nicht zu verlassen. Sie wird lediglich von der sich manifestierenden Erscheinung überlagert. Schließlich kommt es in Zwischenzuständen zum partiellen Ersatz der »Normalumgebung« des Wahrnehmenden durch eine andere Realität, in der dann Erscheinungen auftreten. Da die Übergänge zwischen den hier aufgeführten Kategorien ohnehin fließend sind, sollen die in den Folgekapiteln zitierten Fälle mehr phänomenologisch, d. h., so wie sie sich dem Wahrnehmenden darbieten, behandelt werden.

In England und in den USA haben sich einige Parapsychologen ernsthaft mit der Frage befaßt, ob echte Erscheinungen bewußte Wesenheiten sind. Professor H. H. Price, der an der Universität von Oxford (GB) einen Lehrstuhl für Logik innehatte, vertrat in dem Beitrag »Six Theories about Apparitions« (Sechs Theorien über Erscheinungen), der in den »Proceedings« (Zeitschrift der *Society for Psychical Research, SPR*) abgedruckt war, die Auffassung, daß Erscheinungen weder mentale noch physikalische Objekte, sondern ein Zwischending seien. Er meinte: »Wenn erst einmal feststeht, daß Erscheinungen zumindest manchmal ›reale Dinge‹ sind – real, indem es sich hierbei nicht nur um halluzinierte Konstrukte handelt –, wäre es logisch, anzunehmen, daß diese Objekte echte ›Bewußtseinsträger‹ sein könnten. Der Beweis, den wir haben oder hätten, daß es sich hierbei um solch einen ›Träger‹ handelt, wäre womöglich ebenso aussagekräftig wie der, daß physikalische Organismen Träger des Bewußtseins sind…«.

Da die Schulmedizin den Begriff »Halluzination« seit jeher abwertend gebraucht, ihn mit geistigen Erkrankungen oder gewissen Suchtkrankheiten in Verbindung bringt, ist man in jüngster Zeit dazu übergegangen, echte Erscheinungen als *Psi-Halluzinationen* zu bezeichnen. Paradoxerweise haben unvoreingenommene Psychiater festgestellt, daß es gerade geistig gesunde Menschen sind, die über Erfahrungen mit Psi-Halluzinationen berichten. Dr. J. P. Dewsberry, ein ehemaliger Psychiater und Mitglied der SPR, glaubt erkannt zu haben, daß »neurotisch veranlagte Personen kaum über solche Erfahrungen [mit Erscheinungen] verfügen«. Während seiner 24jährigen Tätigkeit als beratender Psychiater habe ihn keiner seiner Patienten wegen solcher Wahrnehmungen in Anspruch genommen.

Der bekannte Reinkarnationsforscher Professor Ian Stevenson fordert in einem Artikel im »American Journal of Psychiatry« (12. Dezember 1983), den Begriff »Halluzination« neu zu definieren. Er meint, Halluzinationen seien typische Symptome für eine Vielzahl geistiger Erkrankungen, vornehmlich Psychosen. Das Gros der Personen, die über Halluzinationen berichten, sei jedoch keineswegs geisteskrank.

Halluzinative Erfahrungen scheinen weit verbreitet zu sein. Untersuchungen in England und in den USA zeigten, daß zwischen jeweils 10 bzw. 27% der Bevölkerung Personen (häufig sogar quasi-visuell) wahrnimmt, die physikalisch nicht anwesend sind. Etwa 30% dieser quasi-visuellen Erscheinungen würden, so die Erhebung, von einer weiteren Person bzw. von mehreren der am Ort des Geschehens Anwesenden, wahrgenommen werden. In solchen Fällen könnte es sich vielleicht um eine Art paranormalen »Stimmgabeleffekt« handeln.

Da sich pathologisch ausgelöste Halluzinationen und solche paranormaler Art mitunter überlagern – da es auch komplexe Fälle gibt –, schlägt Stevenson für halluzinative Erfahrungen als »neutralen« Terminus die Bezeichnung »idiosynkratische Wahrnehmung« vor. Es ist dies eine hypersensible, d. h. überempfindliche Art der Wahrnehmung – ein Vorgang, der darauf hindeutet, daß paranormale Kanäle angezapft werden.

Dr. Louisa E. Rhine, die Frau des berühmten amerikanischen Biologen und Parapsychologen Professor Joseph Banks Rhine, der an der Duke University in Durham, North Carolina (USA), Psi-Phänomene erstmals wissenschaftlich untersuchte, hat im Verlauf einer breit angelegten Studie insgesamt 825 Psi-Halluzinationsfälle überprüft. In 440 Fällen handelte es sich um Erscheinungen noch lebender Personen. Erstaunlicherweise waren nur 297 Fälle auf Manifestationen Sterbender und ganze 88 Fälle auf Erscheinungen bereits Verstorbener zurückzuführen. In einigen Fällen konnte nachgewiesen werden, daß sich Lebende sogar absichtlich an einen entfernten Ort projiziert hatten, was in der Parapsychologie gewöhnlich als »Aussendung des Astralkörpers« oder außerkörperliche Erfahrung (AKE) bzw. als *Bilokation* bezeichnet wird.

Erscheinungen Lebender zeigen überdeutlich die Körperunabhängigkeit des Bewußtseins, seine autonome, raum- und zeitfreie Struktur. Sie sind letztlich ein Indizienbeweis dafür, daß der Bewußtseins/Geist-Komplex auch beim »Ab-leben« nicht verlorengeht, daß er sich beim Tod nur vom maroden menschlichen Körper trennt und bindungsfrei ganz in das holographische Universum der Dimensionen überwechselt.

2 Das Post-mortem-Syndrom

»Einmal lag ich nachts wach und dachte an den plötzlichen Tod eines Freundes, der am Tage zuvor begraben worden war. Sein Tod beschäftigte mich sehr. Mit einemmal hatte ich das Gefühl, er sei im Zimmer. Es war mir, als stünde er zu Füßen meines Bettes und verlangte, daß ich mit ihm gehe... Er führte mich aus dem Haus in den Garten, auf die Straße und schließlich in sein Haus. (In Wirklichkeit lag es einige hundert Meter von dem meinigen entfernt.) Ich ging hinein, und er geleitete mich in sein Arbeitszimmer. Er stieg auf einen Schemel und zeigte auf das zweite von fünf rot eingebundenen Büchern, die auf dem zweitobersten Bord standen.

Dann hörte die Vision auf. Ich kannte seine Bibliothek nicht und wußte nicht, was für Bücher er besaß. Überdies hätte ich die Titel der Bände, auf die er hingewiesen hatte, von unten nicht erkennen können, da sie auf dem zweitobersten Bord standen.«

Dieses höchst merkwürdige nächtliche Erlebnis schilderte der Schweizer Tiefenpsychologe C. G. Jung in »Erinnerungen, Träume, Gedanken« – ein Buch, das durch seine Offenheit und Überzeugungskraft selbst Skeptiker zum Nachdenken zwingt. Damals grübelte Jung die ganze Nacht darüber nach, ob er eine »leibhaftige« Erscheinung gesehen oder nur phantasiert habe. Indes, die Ungewißheit sollte nicht lange dauern. Am anderen Morgen suchte er die Witwe seines Freundes auf und bat sie, in der Bibliothek ihres Mannes etwas nachsehen zu dürfen.

Schon von weitem erkannte er in einem der oberen Regale die rot eingebundenen Bände, die er in seiner Vision wahrgenommen hatte. Er bestieg den darunterstehenden Schemel, um die Buchtitel besser lesen zu können. Es handelte sich hierbei um die Übersetzungen von Emile Zolas gesammelten Romanen. Der Titel des zweiten Bandes »Das Vermächtnis der Toten« bezog sich in auffälliger Weise auf seine nächtliche Vision. Wie aber sollte er den Zusammenhang zwischen dieser und der sich ihm darbietenden Realität erklären? Wollte ihm die geistige Persönlichkeit des

Dahingeschiedenen allegorisch zu verstehen geben, daß es ein Nachleben gibt, oder war sein Erlebnis doch nur eine Anhäufung von Zufällen?

Erscheinungen Verstorbener manifestieren sich mitunter auch dann, wenn der Wahrnehmende – der Perzipient – im Wachzustand in Anwesenheit anderer gerade beschäftigt, durch irgend etwas abgelenkt ist, wenn im Grunde genommen niemand eine Psi-Halluzination erwartet. Über einen solchen ungewöhnlichen Fall berichtete eine Engländerin aus Wimbledon:

»Mein Ehemann war im August 1970 gestorben. Die Weihnachtsfeiertage des gleichen Jahres verbrachte ich bei meiner verheirateten Tochter, ihrem Gatten und den beiden Kindern in deren Haus in Bexley Heath, Grafschaft Kent. Es war dies das erste Weihnachtsfest, das ich nicht zu Hause feierte. Am zweiten Weihnachtsfeiertag zwischen 23 Uhr und Mitternacht spielten wir alle Monopoly. Ich war so in das Spiel vertieft, daß ich gar nicht einmal an meinen Mann dachte. Als ich gerade für einen Augenblick hochschaute, sah ich ihn mir gegenüber auf dem Sofa sitzen. Ich konnte das einfach nicht glauben und hielt mir die Hände vors Gesicht. Als ich sie kurz darauf zurückzog, war er immer noch da. Dann, ich weiß nicht warum, begann ich zu zählen. Wir waren zu sechst, und es hätten nur fünf Personen sein dürfen. Ich muß ganz schön bedeppert ausgesehen haben. Alle schauten mich an und fragten mich, was los sei. Ich war ziemlich aufgewühlt und weinte vor mich hin.

Plötzlich stand mein Mann auf. Er ging durchs Wohnzimmer, öffnete die Tür und schickte sich an, den Raum zu verlassen. Beim Hinausgehen lächelte er mir noch einmal zu. Indem er seine dunkle Hose und ein offenes weißes Hemd trug (für die kalte Jahreszeit etwas ungewöhnlich gekleidet), erschien er mir so real wie im Leben. Schmerz überkam mich, und ich begab mich gleich darauf zur Ruhe. Seit jenem Abend hatte ich nie wieder ein solches Erlebnis gehabt.«

Es scheint, als habe sich der Verstorbene in seiner spektralen Erscheinungsform seiner Frau nur deshalb gezeigt, um sie von seinem Fortleben auf einer anderen Existenzebene zu überzeugen. Weitere Manifestationen hätten sie vielleicht noch mehr geängstigt, hätte ihr Leid womöglich ins Uferlose gesteigert. Sollte es sich in diesem Fall um eine echte Psi-Halluzination gehandelt haben, wäre nicht auszuschließen, daß die Erscheinung bewußt agierte. Indem sie nur von der Witwe wahrgenommen wurde, haben wir es hier mit einem selektiven Vorgang zu tun.

Psychologen haben herausgefunden, daß trauernde Hinterbliebene – vor allem Witfrauen und Witwer – für sogenannte spontane Post-mortem-Kontakte (Manifestationen Verstorbener) besonders anfällig sind. Sie halten diese in der Regel für »psychologische Episoden, in deren Verlauf sich trauernde Personen mit den Verblichenen wiederzuvereinigen versuchen«. Dieser etwas weit hergeholten, vagen Begründung – sie sagt nichts über das Zustandekommen solcher Kontakte aus – stehen andere, aufgeschlossenere Psychologen ablehnend gegenüber. Sie halten objektive Psi-Halluzinationen für echte Kontakte zu anderen, nachtodlichen Erscheinungsformen.

Zu diesem Meinungsstreit äußerte sich die amerikanische Lebensberaterin Carol Staudacher in ihrem 1987 erschienenen Buch »Beyond Grief – a Guide for Recovering from the Death of a Loved One« (etwa: Jenseits der Trauer – Ein Ratgeber für das Überwinden der Trauer über den Tod eines geliebten Menschen) ausgesprochen salomonisch: »Es gibt Wissenschaftler, die Erscheinungen für Produkte sensorischen Rückrufens [Verstorbener] halten. Andere werten

solche Visionen als echte ›Besuche‹ von Bewußtseinspersönlichkeiten. Spekulationen darüber, *warum* solche Erfahrungen gemacht wurden, erscheinen mir weniger wichtig
als die Tatsache, daß sie für Menschen, die sie hatten, sehr
überzeugend waren.«

Staudacher zitiert denn auch gleich einen Fall, in dem eine
Frau die Erscheinung ihres verstorbenen Ehemanns sah –
eine offenbar objektive Manifestation, die selbst von ihrer
anwesenden Mutter wahrgenommen wurde. Beide beschrieben die Erscheinung unabhängig voneinander. Ihre
Beschreibungen stimmten sogar in Details überein. Ähnlichen Fällen werden wir in diesem Buch noch häufig begegnen.

Der amerikanische Psychologe Dr. H. William Worden
rechnet die »Hinterbliebenen-Halluzinationen« – sie werden, seiner Ansicht nach, bei den Betroffenen durch den
schmerzlich empfundenen Verlust eines geliebten Menschen ausgelöst – zu den »wahrnehmbaren Nebeneffekten
der Trauer«: Fassungslosigkeit, Befangenheit, Verwirrung
usw. In seinem Buch »Grief Counseling and Grief
Therapy« (Kummerberatung und Kummertherapie) heißt
es wörtlich: »In Anbetracht all des großen Interesses am
Mystischen und Spiritualistischen ist es interessant, darüber
zu spekulieren, ob es sich hierbei [bei Erscheinungen]
tatsächlich um Halluzinationen oder um irgendein anderes
metaphysisches Phänomen handelt.«

Sherry Simon-Buller, Dr. Victor A. Christopherson und Dr.
Randall A. Jones von der University of Arizona (Tucson)
sind im Verlauf einer neueren Studie der Frage nachge-
gangen, ob sich Witwen, die über Post-mortem-»Besuche«
ihres verstorbenen Ehemannes berichten, psychologisch
von anderen trauernden Frauen unterscheiden. Sie befragten insgesamt 294 Witwen postalisch, ob sie jemals die An-

wesenheit ihres verstorbenen Ehemannes wahrgenommen hätten. Jede der Angeschriebenen mußte ein Formular ausfüllen, in dem nach Gesundheitszustand, geistiger Verfassung, finanzieller Situation, sozialem Status, Trinkverhalten und vielem anderen gefragt wurde. Mehr als 50 % der Befragten glaubten Post-mortem-Kontakte mit dem Verstorbenen gehabt zu haben. Ein Vergleich mit Witwen ohne spektrale Erfahrungen ergab folgende Unterschiede:
– Religiös liberal eingestellte Witwen berichten häufiger über Post-mortem-Kontakte;
– ihre Trauer scheint tiefer zu wurzeln als bei denen, die über keine derartigen Erfahrungen verfügen;
– »Kontaktlerinnen« genossen eine bessere Unterstützung durch deren Nachbarn und Freunde;
– finanziell besser gestellte Witwen erhielten mehr Post-mortem-Besuche als schlecht abgesicherte Frauen;
– Witwen mit Kontakt-Erlebnissen hatten größere »Trauer-Probleme« als solche, die von diesem Phänomen verschont geblieben waren.
Wer aus dieser Studie folgert, daß trauernde Witwen solche spektralen »Besuche« selbst verursachen, um ihre Verzweiflung über den Verlust ihres Gatten zu kompensieren, urteilt vorschnell. Wenn es tatsächlich ein »Überleben« in reiner Bewußtseinsform, als geistiges Prinzip, gibt – und alles deutet darauf hin, daß dem so ist –, sollte es dann nicht möglich sein, daß sich diese, vom unsäglichen Leid der Hinterbliebenen zutiefst berührt, mitunter in unsere Existenzebene projiziert, und sei es nur für einen Augenblick, um den Trauernden ihr Fortbestehen in einer neuen Realität zu »beweisen«? Diese Frage aber hatte sich das Arizona-Team gar nicht erst gestellt.
Die hier zitierte Studie weist noch weitere Mängel auf. Sie vermittelt keinen Einblick in die Phänomenologie der Post-

mortem-Kontakte, da ihre Verfasser bedauerlicherweise auf Fallschilderungen ganz verzichtet haben. So gibt es z. B. keinerlei Angaben darüber, ob die Befragten die Anwesenheit der Verstorbenen lediglich spürten, ob sie diese quasi-visuell wahrnahmen, mit ihnen »sprachen« oder sie anderweitig kontaktierten. Alles in allem: Es wurde verabsäumt, zwischen Personen mit krankhaften Halluzinationserlebnissen und echten paranormalen Post-mortem-Erfahrungen zu unterscheiden.

Eine besser recherchierte Studie, »Survey of Claimed Encounters with the Dead« (Überblick über behauptete Begegnungen mit Verstorbenen), veröffentlichte der bekannte isländische Psychologe Dr. Erlendur Haraldsson. Er interviewte zusammen mit zwei Psychologiestudenten der Universität von Island insgesamt 127 Personen, von denen 100 verwertbare Berichte abgaben. In 46 % aller Fälle hatten die Befragten die Verstorbenen quasi-visuell wahrgenommen. 24 % berichteten über »Sprech«-Kontakte. Die restlichen Personen wollen Geruchs- bzw. taktile Empfindungen gehabt oder lediglich die Anwesenheit eines toten Freundes oder Verwandten »gespürt«, d. h. eine »Präsenz« erlebt haben.

Das Interessanteste an dieser Studie ist die Tatsache, daß alle diese Wahrnehmungen/Empfindungen in nur ganz wenigen Fällen mit Trauerzuständen in Verbindung gebracht werden konnten. Das post-traumatische Erlebnis, das die Gegner der Psi-Halluzinationstheorie so gern als Gegenbeweis anführen, scheidet bei dieser Studie völlig aus.

Aufschlußreich ist auch die in besagter Studie aufgeführte Todesursache: Nahezu ein Viertel der Verstorbenen war durch Selbstmord, Mord oder einen Unfall zu Tode gekommen. Mangelndes Verständnis der urplötzlich in eine andere Realität Versetzten für ihre neue Situation – das Gefühl, immer noch vollkörperlich zu existieren und sich produzieren zu müssen – mag ebenfalls Ursache für manche spektrale Manifestation sein.

Nach Meinung von Dr. Haraldsson deuten die Ergebnisse seiner Untersuchung auf ein übereinstimmendes Muster hin: *»Die Planung von ›Begegnungen‹ wird durch den Verstorbenen selbst, und nicht durch den lebenden Zeugen inszeniert.«*

In 43 % der von Haraldsson zitierten Fälle erfolgte die Manifestation in Anwesenheit einer weiteren Person. Von dieser Gruppe wollen wiederum zwei Drittel die Erscheinungen ebenfalls wahrgenommen haben. In der Studie sind auch einige Fälle enthalten, in denen Personen Freunden und Verwandten »begegneten« oder diese kontaktierten, ohne zu wissen, daß diese erst kurz zuvor gestorben waren.

Dr. Haraldsson resümiert: »Jüngste Untersuchungen haben gezeigt, daß Trauer, ethnische Aspekte und Sex auf die Häufigkeit solcher Erfahrungen durchaus einen Einfluß auszuüben vermögen. Unsere Studie läßt jedoch erkennen, daß bei persönlichen Begegnungen mit Verstorbenen der Trauer-Aspekt nur eine untergeordnete Rolle spielt.«

Die eigentlichen Ursachen für echte Erscheinungen sind offenbar unterschiedlicher, komplexer Natur. Sie zu begreifen, verlangt radikales Umdenken in allen naturwissenschaftlichen Bereichen – die Integration des Bewußtseins in moderne physikalische Theorien, wie dies von einigen Vordenkern und Befürwortern eines ganzheitlichen Weltbildes bereits gefordert wird.

Wir aber wollen uns anhand interessanter Fallschilderungen behutsam an die Phänomenologie der Erscheinungen herantasten, ihre Ursachen möglichst ohne theoretischen Ballast zu ergründen versuchen.

3 Der »letzte Schrei«

Menschen, die an der Fortexistenz des Bewußtsein/Geist-Komplexes nach dem Körpertod zweifeln, glauben zwangsläufig, daß sich Erscheinungen ausschließlich im psychischen Erleben des Wahrnehmenden manifestieren. Mit anderen Worten: Sie vermuten, daß derjenige, der eine Erscheinung »gesehen« haben will, diese im eigenen Unbewußten entstehen ließ. Dies mag für einige, jedoch mit Sicherheit nicht für die Mehrzahl solcher Sichtungen gelten. Es gibt nämlich zahllose Fälle, die gerade den gegenteiligen Schluß zulassen, die eindeutig belegen, daß Sterbende bzw. Verstorbene am Zustandekommen einer Erscheinung – am Eindringen ihres spektralen Körpers in das Bewußtsein des Wahrnehmenden – unmittelbar beteiligt waren.

Captain Frederick Marryatt war während des ersten burmesisch-englischen Krieges im Jahre 1866 Kommandant eines kleinen Kriegsschiffes, das vor Burmas Küste patrouillierte, um die im Landesinneren kämpfenden Truppen vor Übergriffen von See her zu schützen.

Eines Nachts, als sein Schiff vor Anker lag, betrat jemand ohne anzuklopfen seine Kajüte. In der Annahme, daß einheimische Marodeure ihn berauben wollten, sprang er augenblicklich aus dem Bett, um den Eindringling zu ergreifen. Groß war sein Erstaunen, als er im hellen Mondlicht, das durch das Bullauge fiel, die Gestalt seines Bruder erkannte, die sich zielstrebig auf das Bett zubewegte.

Im gleichen Augenblick vernahm der maßlos verblüffte Marryatt klar und deutlich seine Worte: »Fred, ich bin gekommen, um dir zu sagen, daß ich tot bin.« Dann verblaßte die Erscheinung. Marryatt griff sofort zum Logbuch, um alle Einzelheiten seiner Vision zu notieren.

Bei seiner Ankunft in England wurde ihm in einer Depesche mitgeteilt, daß sein Bruder verstorben sei. Datum und Zeitpunkt von Marryatts Eintragung stimmten mit dem Todestag genau überein.

Da aufgrund der gewaltigen Entfernung zwischen Marryatt und dessen Bruder zur damaligen Zeit keine direkten Kontaktmöglichkeiten bestanden, muß man davon ausgehen, daß die Übermittlung der Todesnachricht auf telepathischem, para-visuellem Wege erfolgte. Und die Initiative hierfür muß zwangsläufig vom Bruder ausgegangen sein – entweder noch während des Sterbevorgangs oder kurz nach dem Erlöschen seiner Gehirnfunktionen (vgl. das »Delpasse-Experiment« in Kapitel II/3).

Es mag dahingestellt bleiben, ob der Todesinformationstransfer rein telepathisch oder mehr hellseherisch-bildlich erfolgte. Legt man dem Erscheinungsakt eine telepathisch übermittelte Botschaft zugrunde, hätte Captain Marryatt die real empfundene Gestalt seines Bruders in seinem Unbewußten selbst kreiert. Ansonsten müßte ihn die Bewußtsein/Geist-Persönlichkeit des Dahingeschiedenen unmittelbar erschienen sein. Es dürfte schwerfallen, zwischen beiden Erscheinungsmechanismen exakt zu unterscheiden, da wir über den genauen Hergang »bewußtseins-physikalischer« Prozesse so gut wie nichts wissen. Vielleicht handelt es sich bei spektralen Manifestationen sogar um eine Mischform unterschiedlicher spiritueller Wahrnehmungen, vielleicht sind die Grenzen zwischen ihnen eher fließend. Fest steht allerdings, daß es sich bei Erlebnissen der hier geschilderten Art keinesfalls um Phantasieprodukte irgendwie motivierter Personen handelt, zumal solche Manifestationen meist spontan auftreten, den Wahrnehmenden also völlig unvorbereitet erreichen.

Gelegentlich wird über Fälle berichtet, in denen das plötzliche, unerwartete Ableben einer Person unmittelbar nach

dem Erscheinen ihres Bewußtsein/Geist-Körpers nachgeprüft werden kann.

Der amerikanische Autor und Geistliche Dr. Henry Van
Dyke, Dr. Elwood Worcester, Pfarrer an der Emanuel-Kir-
che in Boston, sowie eine weitere Person namens Campbell
waren enge Freunde, die in einem kleinen Urlaubsort im
US-Bundesstaat Maine Sommerhäuschen besaßen, wo sie
sich gelegentlich zusammenfanden. Eines Abends, zu Beginn der Sommersaison, trafen sich die drei Freunde bei
Dr. Worcester – wieder einmal ging es um ihr gemeinsames
Hobby: das Angeln. Mitten im Gespräch stand Campbell
auf und bat seine Freunde um Verständnis, wenn er sie vorzeitig verlasse. Er sei eben erst angekommen und müsse
unbedingt seine Koffer auspacken.

Zwanzig Minuten mochten vergangen sein, als Worcester
seinen Kollegen Van Dyke mit der Bemerkung überraschte,
er habe gerade eben Campbell durch das Zimmer gehen
sehen. Erregt meinte dieser, daß er Campbell zwar nicht
visuell wahrgenommen, jedoch irgendwie deutlich »gespürt« habe.

Durch dieses sonderbare Geschehen aufs höchste beunruhigt, beschlossen die beiden, Campbell sofort aufzusuchen
und dort nach dem Rechten zu sehen. In dessen Unterkunft
angekommen, mußten sie bestürzt feststellen, daß ihr
Freund offenbar einem Herzinfarkt erlegen war. Er lag tot
am Boden.

Da der Augenblick des Todes für jeden Menschen das letzte
und somit einschneidendste Erlebnis sein dürfte, kann man
davon ausgehen, daß in dieser Situation sein Bewußtsein
stark mit Emotionen aufgeladen ist, die er noch einmal
nach »draußen«, an die ihm vertrauten Menschen »abzu-
strahlen« versucht. In diesem Sinne kann die Manifestation
einer Erscheinung als ein »letzter Schrei« eines Sterbenden

gewertet werden, mit dem der Dahinscheidende sein Hin-
überwechseln in eine andere, erhabene Daseinsform kund-
geben will.

Menschen, die selbst im Koma liegen, können solche emotionalen Botschaften Sterbender offenbar besser wahrnehmen als vom Tod nicht unmittelbar bedrohte Personen.
Jennie und Edith, zwei unzertrennliche Freundinnen,
waren beide hoffnungslos an Diphtherie erkrankt. Als Jennie an einem Mittwoch mittag gestorben war, verschwieg
man Edith den Tod ihrer geliebten Freundin, um ihren Zustand nicht noch weiter zu verschlechtern. Als sich am darauffolgenden Samstag Ediths Gesundheitszustand weiter
verschlechterte, übergab sie ihren Eltern zwei Fotos von
sich mit der Bitte, diese Jennie als Andenken an sie aus-
zuhändigen. Dies konnte nur bedeuten, daß Edith von niemandem über den Tod ihrer Freundin unterrichtet worden
war.

Dann geschah das Unfaßbare. Edith starb am Samstag
abend. Kurz zuvor sprach sie mit ihren Eltern über das Sterben. Sie wähnte einige Freundinnen zu sehen, von denen sie
wußte, daß sie bereits gestorben waren. Plötzlich wandte sie
sich ihrem Vater zu und rief: »Ich werde Jennie mitnehmen!
Aber Papa, du hast mir gar nicht gesagt, daß Jennie hier ist.«
Daraufhin breitete sie ihre Arme aus und sagte zu jemandem, der zumindest körperlich nicht anwesend war:
»O Jennie, ich bin ja so froh, daß du hier bist!«

Es gibt Menschen, die das Ableben einer ihnen nahestehen-
den Person mehr als Traum empfinden. Vielleicht deshalb,
weil Traumerlebnisse realitätsfremder erscheinen und so
dem Träumer suggerieren, unangenehmes, trauriges Geschehen nur phantasiert zu haben. Über einen solchen
»Traum« berichtete der amerikanische Autor George K.
Cherrie in seinem Buch »Dark Trails, Adventures of a Na-

turalist« (Dunkle Spuren – Abenteuer eines Naturforschers): »Am 10. Oktober 1892 hielt ich mich in Costa Rica auf. Nach einem ausgezeichneten Abendessen im Beisein unterhaltsamer Freunde ging ich gleich schlafen... Plötzlich sah ich mich in das Anwesen meiner Kindheit versetzt. Mein alter Hund kam mir entgegen und begrüßte mich überschwenglich. Die Haustür stand offen. Gerade, als ich das Haus betreten wollte, tauchte vor mir die Gestalt einer Frau auf, und ich fühlte, wie sie meine rechte Hand ergriff. Während sie mich ohne zu zögern ins Schlafzimmer meiner Mutter geleitete – ein ›Heiligtum‹ an Ruhe und Frieden –, sprachen wir kein Wort miteinander. Da lag meine Mutter in ihrem Bett, das zwischen zwei Fenstern aufgestellt war. Ihre Gesichtszüge wirkten entspannt, völlig ausgeglichen. Ich wußte sogleich, daß sie tot war. Der überwältigende Schmerz blieb aus. Mehr noch: Mich überkam ein Gefühl tiefsten Friedens. Niemand schien anwesend zu sein. Selbst die schemenhafte Gestalt der Frau, die mich zum Schlafzimmer meiner Mutter begleitet hatte, war verblaßt. Ich war ganz allein. Dann erwachte ich, um kurz darauf erneut einzuschlafen und zu träumen. In jener Nacht sollte sich der gleiche Traum dreimal wiederholen.«

Bei Morgengrauen sattelte Cherrie sein Pferd, um auszureiten. Zuvor trug er jedoch alle Details dieses ungewöhnlichen »Traums« in sein Tagebuch ein.

Zehn Wochen später erhielt er einen Brief seiner Schwester, der ihn vom Ableben seiner Mutter in Kenntnis setzte. Sie war in der Nacht vom 10. zum 11. Oktober verstorben, zur gleichen Stunde, als er sie dreimal hintereinander tot in ihrem Bett liegen »gesehen« hatte. Jede Einzelheit des »Traumes« stimmte mit der von seiner Schwester geschilderten Situation zur Sterbestunde voll überein. Selbst die Umstellung des Bettes zwischen beide Schlafzimmerfenster, von der Cherrie nichts wissen konnte, hatte er in seinem »Klartraum« korrekt erfaßt.

Bei dieser Art Wahrnehmung, wurde nicht die spektrale Erscheinungsform der Verstorbenen, sondern der Bewußtsein/Geist-Komplex des Beobachters aktiv. Man darf annehmen, daß die sterbende Mutter ihren Sohn telepathisch über ihr Dahinscheiden informierte, woraufhin dieser sich mit seinem immateriellen Bewußtseinskörper ohne zeitlichen Verzug zum Anwesen seiner Mutter versetzte – ein Vorgang, der als Astralprojektion (AKE) oder Exteriorisation (Nach-außen-Verlegung der leibseelischen Individualität; nach W. F. Bonin) bezeichnet wird.

Vielleicht handelte es sich bei der von Cherrie nur undeutlich wahrgenommenen Gestalt der Frau, die ihn zum Schlafzimmer geführt hatte, um die geistige Komponente seiner Mutter.

Für eine paranormale Manifestation spricht übrigens auch die dreimalige, unveränderte Wiederholung des »Traumes« – ein Phänomen, dem man mitunter auch bei im Schlaf präkognitiv empfangenen Warnungen vor bevorstehenden Katastrophen begegnet. Andere Realitäten scheinen eigene Gesetzmäßigkeiten zu entwickeln.

4   »Off-line« –
Erscheinungen Lebender

Gegen Ende des Zweiten Weltkrieges, im Jahre 1944, war der amerikanische Marinesoldat Delbert Savage aus Sable Forks (New York) im Pazifik nahe den Karolinen-Inseln stationiert. Eines Nachmittags, als er im Mannschaftsraum des Schiffes den Gesprächen seiner Kameraden zuhörte, sah er plötzlich seine Frau neben sich sitzen. Erstaunt fragt er sich, wie sie wohl an Bord gelangt sein konnte, da doch das Betreten militärischer Objekte Zivilisten strengstens untersagt war. Und dann war da noch die riesige, unüberbrückbare Entfernung, die eine Stippvisite völlig unmöglich machte. Zwischen Freude und Zweifel schwankend, versuchte Savage seine Frau anzufassen, griff aber ins Leere. Bevor er sie auch nur berühren konnte, hatte sie sich bereits in Luft aufgelöst. Einfach so.

Es dauerte Minuten, bis Savage wieder klar denken konnte. Eben saß seine Frau noch neben ihm – genauso plastisch-real wie seine Kameraden –, und jetzt war sie mit einemmal nicht mehr da. Die gewohnte 4D-Realität – die, in der Raum und Zeit das eine vom anderen säuberlich trennt – hatte ihn wieder.

Savages Reaktion auf dieses ungewöhnliche Erlebnis mitten im Kreise seiner Kameraden sollte nicht unbemerkt bleiben. Leichenblaß und mit schreckverzerrtem Gesicht wurde er von einem seiner engsten Freunde gefragt, ob ihm übel sei. Savage schwieg sich aus, da er von den Anwesenden, die von der Erscheinung offenbar nichts gemerkt hatten, mit Sicherheit verspottet worden wäre. Wer glaubt schon einem, der bei hellichtem Tage »Gespenster« sieht?

Wieder zu Hause, erzählte er seiner Frau, was sich seinerzeit an Bord des Schiffes zugetragen hatte. Diese konnte sich zwar nicht erinnern, mit ihrem spektralen Körper irgendwann einmal an Bord seines Schiffes erschienen zu sein, gab aber zu, ständig an ihn gedacht zu haben. Unter diesen Umständen könnte es durchaus sein, daß sich beider Bewußtseinskörper mehr im Unbewußten mitten im Pazifik an Bord des Kriegsschiffes begegnet waren. Vielleicht weil zu einem bestimmten Zeitpunkt beider Sehnsucht nach Nähe so groß war, daß sie raumzeitliche Hindernisse zu *durchtunneln* vermochten.

Spiritualistische Kreise befaßten sich noch bis zum Anfang dieses Jahrhunderts ausschließlich mit Erscheinungen Sterbender und Verstorbener. Erscheinungen Lebender hatten in ihrem Weltbild keinen Platz, so daß diese Form spektraler Manifestation früher kaum untersucht wurde. Seit Beginn der siebziger Jahre hat sich diese Situation nicht zuletzt durch zahlreiche Publikationen über Astralkörperaustritte (AKE) und seriöse statistische Erhebungen zur Erscheinungsthematik grundlegend geändert. Dadurch, daß die Wahrgenommenen noch am Leben sind und man sie später zu ihrem Erscheinen detailliert befragen kann (es sei denn, sie hätten völlig unbewußt gehandelt und wüßten nichts über ihre Astralexkursionen), dürfte sich dieses Phänomen irgendwann einmal verständlicher darstellen lassen.

Bei den Erscheinungen Lebender sind Familienangehörige, Verwandte und Freunde die wichtigsten »Akteure«. Es können aber auch Personen aus dem Bekanntenkreis des Wahrnehmenden sein, mit denen er nur gelegentlich zu tun hat. Die meisten der wahrgenommenen Erscheinungen dieser Kategorie – es sollen mehr als 70 % sein – lassen sich jedoch niemandem im Umfeld des Perzipienten zuordnen. Hierbei könnte es sich um »Irrläufer«, um vagabundierende Bewußtseinspersönlichkeiten handeln, die das Erscheinungsphänomen in seiner Substanz eher bestätigen.

Ein Fall, der sich unmittelbar am Ort des Geschehens überprüfen ließ, ereignete sich im Hause des 79jährigen Henry Purdy in Hounslow, Middlesex (England). Als er eines Nachts im Sommer 1982 aufwachte, glaubte er seine Frau wieder einmal am Schlafzimmerfenster stehen zu sehen, so wie es ihre Gewohnheit war, nachdem sie die Toilette aufgesucht hatte. Diesmal vergingen Minuten, ohne daß sie sich anschickte, ihr Bett aufzusuchen. Sie stand da am Fenster und schaute unverwandt in den Garten.

Einer plötzlichen Eingebung folgend, streckte Purdy seinen Arm aus und tastete die Stelle ab, wo seine Frau gewöhnlich zu liegen pflegte. Er staunte nicht schlecht, als er sie zu fassen bekam. Sie lag friedlich schlummernd in ihrem Bett und schien von alledem nichts mitbekommen zu haben. Purdy – jetzt hellwach – schaute seine Frau und dann das »Duplikat« am Fenster an, das allmählich zu verblassen begann.

Man darf wohl annehmen, daß sich das Bewußtsein der Frau auf Traumweltebene zur Toilette und anschließend zum Fenster begeben hatte, wobei es vom Bewußtsein ihres halbwachen Gatten beobachtet worden war. Die »unwirkliche« Szene mußte in dem Augenblick, als sich Purdy seiner materiellen Realität voll bewußt wurde, zwangsläufig verlöschen.

Da es im Operationsbereich unseres Bewußtseins, im Hyperraum, so etwas wie Vergangenheit und Zukunft nicht gibt und alle Ereignisse *gleichzeitig* stattfinden, darf es nicht verwundern, wenn sich gelegentlich auch Erscheinungen aus der vermeintlichen Zukunft in unsere Gegenwart projizieren. Die präkognitive Wahrnehmung von Erscheinungen ist deshalb so interessant, weil sie den externen Standort und den autonomen Status unseres Bewußtseins verdeutlicht.

Frau H. hatte einen Wiederholungstraum, in dem sie ein bestimmtes Haus samt Einrichtung sah, von dem sie aber nicht wußte, wo es sich befand. Einige Zeit später beschloß ihr Mann, ein neues Haus zu suchen. Während der Mietverhandlungen sagte ihm die Besitzerin, die seine Frau bis dahin nicht kennengelernt hatte, daß in ihrem Haus eine weibliche Gestalt spuke. Beim Einzug erkannte Frau H. das Haus als jenes, das sie in ihrem Traum gesehen hatte. Nicht minder überrascht war die Hausbesitzerin, die in der neuen

Mieterin die weibliche Spukerscheinung wiedererkannte. Das autonome Bewußtsein von Frau H. war demnach dem normalen Zeitablauf vorausgeeilt und hatte ihre zukünftige Bleibe »vor Ort und Zeit« inspiziert. Irgendwann einmal stattfindende Ereignisse müssen demnach, von einer höheren »Warte« aus gesehen, vorprogrammiert sein.

Die englische Romanschriftstellerin Olivia Manning – bekannt unter anderem durch ihre »Balkan-Trilogie« – hatte zeit ihres ereignisreichen Lebens mehrere präkognitive Träume, in denen sie Erscheinungsszenen wahrnahm, die sich erst viel später als zutreffend erweisen sollten.

Während des Zweiten Weltkrieges hatte ihr Mann, der im damaligen Palästina eine Rundfunkstation leitete, in Jerusalem ein Haus gemietet, das sie einige Jahre bewohnten. Es besaß neben vielen anderen Annehmlichkeiten einen etwas ungewöhnlichen, aus Ziegelsteinen gemauerten Eck-Kamin. Eines Nachts träumte sie von einem ihr völlig unbekannten Mann, der auf dem Kaminsockel saß, ein Glas in der Hand hielt und angeregt mit den Anwesenden plauderte.

Eine Woche später wurde der berühmte Buchautor Arthur Koestler, der gerade zu Besuch in Jerusalem weilte, von den Mannings zu einer Abendparty eingeladen. Jetzt sollte Olivias Traumszene Wirklichkeit werden: Koestler saß da, am Kamin, ein Glas in der Hand, und sprach mit den Gästen über sich. Jedes Detail stimmte mit der präkognitiv empfangenen »Traum«-Szene überein. Die Zukunft hatte die Gegenwart eingeholt.

Verwirrender noch erscheint ein Fall präkognitiver Wahrnehmung der Erscheinung einer Lebenden im Hause von Dr. E. in England, über den in Band 10 der »Proceedings of the Society for Psychical Research« berichtet wurde:

Zwei Gäste von Dr. E. – ein Mann und eine Frau – sowie

eine Hausangestellte sahen mehrfach unabhängig voneinander eine hübsche junge Dame mit rötlich-goldenem Haar, die stets ein braunes Kleid trug. Der männliche Gast hielt die Frau für ein Familienmitglied, das ihm noch nicht vorgestellt worden war. Als er ihr die Hand schütteln wollte, griff er verblüfft ins Leere. Seine Hand durchdrang die der Frau, woraufhin sich diese in Luft auflöste. Dabei hatte sie einen ganz realistischen Eindruck gemacht.

Etwa ein Jahr danach kehrte der Sohn von Dr. E. aus Australien zurück. Er hatte während seines dortigen Aufenthalts geheiratet und brachte seine junge Frau mit nach England, um sie seinen Eltern vorzustellen. Die Überraschung war perfekt, als sowohl der weibliche Gast als auch die Hausangestellte in ihr die hübsche »braune Dame« erkannten, die ihnen vor einem Jahr dort häufig erschienen war.

In Anwesenheit der jungen Frau schwiegen sich natürlich alle, die von ihren damaligen Phantom-Visiten wußten, geflissentlich aus. Während einer Unterhaltung erwähnte diese ganz nebenbei, daß sie in den letzten Jahren häufig krank gewesen sei. In diesem Zustand habe sie des öfteren Visionen vom Hause ihrer Schwiegereltern gehabt.

Interessant ist, daß in diesem Fall mindestens drei Personen unabhängig voneinander die feinstoffliche Projektion der Frau gesehen hatten. Erstaunlicher noch: Sie bestätigte, indem sie ihre Visionen erwähnte, indirekt die Anwesenheit ihrer Bewußtseinspersönlichkeit im Hause des Dr. E.

Es mag sein, daß Personen im körperlich geschwächten Zustand, fernab der Hektik des Alltags, ihren Bewußtseins/Geist-Komplex auf Dinge zu konzentrieren vermögen, die ihnen normalerweise durch raumzeitliche Barrieren verwehrt sind.

Offenbar hatte Dr. E.'s Schwiegertochter während ihres spektralen Verweilens in dessen Haus selbst keine der hier anwesenden Personen erkannt, sonst hätte sie diese mit Sicherheit daraufhin angesprochen. Die mehr aus den tiefen Schichten des menschlichen Unbewußten stammenden »Persönlichkeiten« dürften mitunter völlig eigenständig operieren – ohne Wissen des Bewußtseins der Involvierten.

Ein Beispiel aus der instrumentellen Transkommunikation (E. Senkowski) soll diese Verselbständigung des Unbewußten im Menschen verdeutlichen – ein Vorgang, der sich gelegentlich sogar psychokinetisch äußern kann. Tina Laurent, die einige Jahre in Wales (England) zugebracht hat, befaßt sich schon seit langem mit der elektronischen Aufzeichnung sogenannter »Jenseitsstimmen«, den Stimmen Verstorbener, für die sie einen Cassettenrecorder benutzt.

Einmal schaute sie sich ein Fernsehprogramm an, in dessen Verlauf ein Deutscher über die waidgerechte Tötung von Kleinwild sprach, was sie offenbar sehr erregte. Während der Sendung lief ihr Recorder mit und zeichnete das Programm auf. Als sie später das Band abspielte, hörte sie sich plötzlich laut fluchen und Worte gebrauchen, die sie nie in den Mund genommen hätte. Zweifellos – es war ihre eigene Stimme. Frau Laurent aber wußte ganz genau, daß während der Aufzeichnung kein einziges Wort über ihre Lippen gekommen war. Ihre unbewußt freigesetzten Emotionen hatten für sie gehandelt und das Band mit deftigen Flüchen imprägniert. Ihre Gedanken wurden, so unglaublich dies klingen mag, im Recorder in hörbare Äußerungen umgesetzt – ein Phänomen, über das hin und wieder auch schon deutsche Transkommunikationsexperten berichten.

Auf der Suche nach körperlichen (organischen) »Umsetzern« für immateriell verursachte paranormale Prozesse – also auch von Erscheinungen Lebender – hat der amerikanische Physiologe Richard Broughton festgestellt, daß »für die Verarbeitung von Psi-Informationen im menschlichen Gehirn offenbar keine Hemisphärenspezialisierung nachweisbar ist«. Wenn aber die »außersinnliche Wahrnehmung« keiner der beiden Hirn-Hemisphären zuzuordnen ist, muß man sich fragen, ob Psi-Funktionen nicht doch mit einem anderen spezifischen System in diesem äußerst komplexen Organ in Verbindung stehen.

Der südafrikanische Psychiater und Parapsychologe Vernon Neppe ist fest davon überzeugt, daß paranormale Phänomene mit Gehirnprozessen in einem oder beiden *Temporallappen* des Großhirns im Zusammenhang stehen. Neppes Vermutung kommt nicht von ungefähr. Sie wurde geweckt, als er Berichte von begabten Sensitiven zu studieren begann. Was ihn daran faszinierte, war der Umstand, daß die Autoren dieser Dokumentationen neben den paranormalen Erlebnissen zahlreiche ungewöhnliche Erfahrungen beschrieben, die solchen bei Temporal- oder Schläfenlappenstörungen in auffälliger Weise ähnelten.

Zu diesen Erlebnissen gehören z. B. sogenannte Déjà-vu-Erfahrungen (die Empfindung, eine Situation schon einmal erlebt zu haben) sowie das Riechen seltsamer Düfte, die immer dann auftraten, wenn winzige Entladungen in den Schläfenlappenregionen stattfanden. Seine Theorie über die Funktion des Temporallappens bestätigte sich, als er feststellte, daß einige seiner Patienten, die an Fehlfunktionen dieses Gehirnabschnittes litten, häufig über paranormale Erlebnisse berichteten. Neppe hatte für das Hervorbringen oder »Umschalten« von Psi-Phänomenen durch die Schläfenlappen eine einleuchtende Erklärung parat: »Theoretisch ist der Temporallappen der große Integrator des Gehirns. Er erhält Informationen von sämtlichen Wahrnehmungsmodalitäten, vermischt mit Gefühlen und Erinnerungen.

Also könnte, theoretisch, auch Psi in diesem Bereich des Gehirns seine Integration erfahren.«

Bereits im Jahre 1970 publizierte der bekannte südafrikanische Neurologe Gordon Nelson eine Arbeit über elektroenzephalographische Ableitungen (EEG) bei mehreren Trance-Medien. Viele der überprüften Medien zeigten spezifische Störungen in den Temporallappen, obwohl niemand von ihnen jemals an Epilepsie gelitten hatte – eine Krankheit, die bei bestimmten Schläfenlappenstörungen auftritt.

In diesem Zusammenhang ist die von einigen Parapsychologen unterstützte Hypothese bedeutsam, wonach »außersinnliche Wahrnehmung« (ASW) ein sogenanntes »fehlerdeterminiertes« Phänomen darstellt. Mit anderen Worten: ASW erreicht nur dann unsere bewußte Aufmerksamkeit, wenn im Nervensystem ein Fehler passiert, so daß unterschwellige Informationen (einschließlich des ASW-Anteils) nicht daran gehindert werden, ins Bewußtsein zu gelangen.

Allem Anschein nach ist es der Hirnstamm, der den Fluß von Sinnesinformationen regelt. Psi-Informationen erreichen anscheinend durch den Hirnstamm die Schläfenlappen und werden dort »festgehalten«, bis sie an die höheren erkennenden Bereiche des Großhirns weitergesendet werden. Chronische Veränderungen in den Temporallappen mögen deren Fähigkeiten, ASW-Informationen zu »zensieren«, verhindern, so daß diese ständig in andere Hirnbereiche weitergeleitet werden.

Die Temporallappenstörungstheorie – so interessant sie auch sein mag – bietet aber keinerlei Anhaltspunkte für die eigentliche Substanz der Erscheinungen, für ihr Entstehen in einer anderen Realität und die transdimensionalen Zusammenhänge – ganz gleich, ob es sich hierbei um Manifestationen Lebender, Sterbender oder Verstorbener handelt.

Hierauf soll in späteren Kapiteln näher eingegangen werden, wenn wir mit den unterschiedlichen Spielarten spektraler Erscheinungen besser vertraut sind (vgl. Tabelle 2, S. 312 f.).

5 Die Wiederkehr der »Kuscheltiere«

Der Grazer Hochschuldozent Professor Franz Moser setzt sich in zahlreichen tiefschürfenden Abhandlungen mit der Fortexistenz der »Energie-Informationsstruktur« von Lebewesen nach deren körperlichem Tod auseinander (Kapitel II/3). Er folgert: »Wenn nun Bewußtsein... eine Form von Energie ist, so scheint es unumgänglich, auch auf diese Energieform den *Energieerhaltungssatz* anzuwenden.«

Da Haustiere mit ihren Haltern – mit Menschen schlechthin – in enger Gemeinschaft, in einer Art symbiotischem Verhältnis leben und daher ein gewisses Maß an Bewußtsein annehmen, darf man annehmen, daß zumindest einige von ihnen über eine ausreichend hohe »Energie-Informationsstruktur« verfügen, um ihren physischen Tod zu überdauern und sich unter günstigen Voraussetzungen ebenfalls als Erscheinungen zu manifestieren. Daher verwundert es auch nicht, wenn in der einschlägigen Literatur vorwiegend über das Erscheinen von Katzen und Hunden berichtet wird. Auslöser solcher »Begegnungen« sind offenbar deren früheren Besitzer, die mit ihrer oft unstillbaren Sehnsucht und Anhänglichkeit spektrale Manifestationen ihrer Lieblinge förmlich heraufbeschwören.

Es gibt aber auch eine ganze Reihe von Fällen, in denen Menschen mit Erscheinungen ihnen völlig unbekannter Tiere konfrontiert werden, wie im Falle einer Engländerin, die spät abends mit dem Rad unterwegs war:

»Ich fuhr (mit dem Rad) von T. Hall, Grafschaft Norfolk, aus allein nach Hause. Wegen einer Dinnerparty im Hause von Lord und Lady B. war es spät geworden. Im hellen Licht des Mondes hatte ich einen ungetrübten Blick über den Park und die Felder. Zwischen dem nächsten Ort und einer Waldung, die Ortsansässige Bluebell Wood nennen, gibt es eine kerzengerade Wegstrecke ohne hohe Hecken. Plötzlich bemerkte ich aus den Augenwinkeln heraus einen riesengroßen Hund, der mit heraushängender Zunge lautlos neben meinem Rad herzockelte.

Ohne einen bestimmten Grund vermied ich es, ihn zu berühren, was für mich sehr ungewöhnlich ist, da ich Tiere abgöttisch liebe. Im stillen fragte ich mich, wem dieses Tier wohl gehören möge, da ich es in dieser Gegend zuvor noch nie gesehen hatte. Ich fürchtete, daß es mir zu nahe kommen und mich vom Rad stoßen würde. Dann, mit einemmal, war es verschwunden, wie weggeblasen.

Ich wohnte damals mit meinen zwei Töchtern in einem Häuschen, das Lord B. gehörte. Da ich fürchtete, daß mir ohnehin niemand glauben würde, sprach ich mit keinem Menschen über mein nächtliches Erlebnis.

Genau einen Monat später sollte ich diesem Hund zur selben Stunde an der gleichen Stelle erneut begegnen. Diesmal schaute ich mir ihn etwas genauer an. Bis auf seine enorme Größe unterschied er sich in nichts von einem normalen Hund. Auch diesmal vermied ich es, ihn anzufassen. Und wieder verschwand er von einer Sekunde zur anderen...

Monate danach stand ich einmal spät abends an der Gartentür und wartete auf meine älteste Tochter, die in Fakenham in einem Kino arbeitet. Wieder hatten wir Vollmond. Es war fast so hell wie bei Tage. Da wir sehr abgelegen wohnen, halte ich immer Ausschau nach ihr.

Ich sah sie schon von weitem – »meinen« Hund dicht

neben sich – und fürchtete, daß er sie vom Rad stoßen würde. Noch bevor sie mich erreicht hatte, verschwand der Hund – er schien sich in Luft aufgelöst zu haben.

Als ich meine Tochter fragte, ob der große Hund sie nicht erschreckt habe, antwortete sie, welchen Hund ich meine, wovon ich überhaupt rede. Sie hatte die Erscheinung offenbar nicht wahrgenommen. Von da an sah ich das ›Tier‹ nie wieder.«

Da die Frau den Phantomhund insgesamt dreimal gesehen hatte, dürfte es sich hierbei um eine echte Psi-Halluzination gehandelt haben, um eine Art »ortsgebundenen Spuk«.

In einem anderen Fall sah sich eine Frau, als sie ihr Badezimmer im oberen Stockwerk betrat, einer kleinen braunen Katze gegenüber, von der sie bei flüchtigem Hinsehen zunächst annahm, daß es ihre eigene »Pussy Pockets« sei, die ihr nach oben gefolgt war. Gerade als sie sich bückte, um das Tier hochzuheben, stellte sie fest, daß sie es mit einer fremden, recht ungewöhnlichen Katze zu tun hatte. Ihre rechte Hinterpfote erschien ihr unscharf, irgendwie verschwommen. Dennoch stand sie, wie es den Augenschein hatte, auf allen Vieren, unterschied sie sich durch nichts von einer gewöhnlichen Katze.

Neugierig geworden, wollte sich die Frau das Tier etwas genauer ansehen. Als sie mit beiden Händen den schmächtigen Körper der Katze zu umfassen und hochzuheben versuchte, mußte sie zu ihrem größten Erstaunen feststellen, daß an der Stelle, wo das Tier eben noch gestanden hatte, gar nichts war. Sie griff ins Leere. Das »Fenster« zur anderen Realität hatte sich wieder geschlossen. Ganz offen dürfte es ohnehin nicht gewesen sein, da die rechte Hinterpfote schon zu Beginn der Manifestation nur undeutlich zu sehen war.

Erst viel später gelang es der Frau, die Phantomkatze zu

identifizieren. Sie erinnerte sich, daß eine ihrer Freundinnen eine solche Katze besessen hatte. Das Tier war aber bereits vor etwa zehn Jahren gestorben. Die Ähnlichkeit mit der Phantomkatze war ihr zunächst nicht aufgefallen, da diese gesünder und kräftiger als das Original aussah.

Eine holländische Katzenhalterin berichtet über das mehrmalige Erscheinen einer fremden schwarzen Katze in geschlossenen Räumen ihres Hauses: »Zum ersten Mal sah ich sie, als ich in Anwesenheit meines Mannes in der Küche Fleisch zerteilte. Sie fiel mir zunächst gar nicht einmal weiter auf. Dann aber bemerkte ich, daß vor mir eine total schwarze Katze saß. Das aber konnte nicht sein, denn meine beiden Katzen hatten weiße Brustflecken und Nasen. Es mußte demnach ein fremdes Tier sein. Als ich genauer hinschaute, war sie verschwunden. Wohin, konnten wir uns nicht erklären. Wir suchten alles ab. Türen und Fenster waren zum Zeitpunkt ihres plötzlichen Erscheinens und Verschwindens geschlossen, und unsere eigenen Katzen schliefen gerade – die eine im Wohnzimmer, die andere in der Dachstube. Eine fremde Katze aber konnten wir in unserem Haus nicht dulden, weil sie von unseren Tieren sofort angegriffen worden wäre.

Als ich sie zum zweiten Mal sah, war ich allein im Haus. Ich konnte nicht schlafen und ging deshalb ins Wohnzimmer. Da wir Vollmond hatten, war es dort recht hell. Auf dem Couchsessel lagen *drei* Katzen einträchtig beieinander: meine zwei schwarzweiß gescheckten und die pechschwarze, die gar nicht hierher gehörte. Ich sah sie ganz deutlich. Sechs Augen starrten mich an. Ich ging auf sie zu und versuchte die schwarze Katze zu berühren... doch sie war plötzlich nicht mehr da.

Wochen danach begegnete ich ihr ein drittes Mal. Es war

kurz vor Mitternacht, als ich nochmals nach unten ging, um mir eine Tasse Schokolade zu kochen. Eine Katze saß auf dem Tisch, die andere auf dem Stuhl. Es waren meine beiden eigenen. Die dritte aber, die schwarze, lag zusammengekauert auf dem Teppich und schaute mich mit ihren großen grünen Augen forschend an. Ich näherte mich ihr. Als ich nach ihr greifen wollte, spürte ich nur den Teppichflor zwischen den Fingern.« Danach hörten die Erscheinungen auf.

Könnte es sein, daß die orientierungslose spirituelle Komponente einer längst verstorbenen Katze – des Alleinseins müde – die Nähe ihrer Artgenossinnen gesucht hatte? War ihr schließlich aufgefallen, daß keine der beiden Hauskatzen auf ihr Erscheinen reagierte, und war sie daraufhin weitergezogen, um eine neue Bleibe zu suchen, wo man ihr mehr Beachtung schenkte? Oder war die Phantomkatze nur das Phantasieprodukt einer Tagträumerin?

In England gibt es zahllose Geschichten über schwarze Phantomhunde, die nächtens in einsamen Gegenden plötzlich aus dem Nichts hervorpreschen und, ähnlich wie im eingangs erwähnten Fall, Menschen lautlos ein Stück Wegs begleiten – so, als ob sie ihnen Schutz gewähren wollten –, um sich dann, nach einer Weile, aus dem Bewußtsein der wahrnehmenden Person langsam oder auch übergangslos wieder auszublenden.

Früher sah die englische Landbevölkerung in ihnen Geistwesen, die mit der Bewachung kleiner Friedhöfe neben Kirchen und Kapellen betraut waren. Der Ursprung dieses Irrglaubens ist in einer alten Sitte zu suchen, auf der Nordseite kirchennaher Friedhöfe einen schwarzen Hund zu vergraben, um die Seelen Verstorbener von dieser Pflicht zu entbinden. Daher kommt es, daß man die ersten Phantomhunde in der Nähe von Gotteshäusern und Friedhöfen ge-

sehen haben will. Sie spukten entlang bestimmter Wegstrecken, und häufig bildeten Brücken den Beginn oder das
Ende ihres spektralen Patrouillenganges.

Englische Autoren wie Janet und Colin Bord bringen das
Erscheinen der geheimnisvollen »schwarzen Hunde« mit
dem System der sogenannten »Ley-Lines« – geomantische
Kraftlinien, die das ganze Land überziehen – in Verbindung. Viele Kirchen (und deren Friedhöfe) wurden auf
heidnischen Kultstätten errichtet, denen man starke energe-
tische Einflüsse zuschrieb. Sie alle sind entlang jener geheimnisvollen Ley-Lines zu finden.

Über die Existenz solcher konventionell-physikalisch nicht
nachweisbaren Energien konnte man bislang nur spekulieren – eine Situation, die jedoch in jüngster Zeit eine sensationelle Wendung erfahren hat. Professor William A. Tiller
vom *Department of Materials Science & Engineering* an der
renommierten Stanford University (USA) postulierte mit
seinen »subtle energies« (subtile Energien) erst unlängst
eine zwar meßtechnisch nicht nachweisbare, jedoch quantenmechanisch durchaus vorstellbare »versteckte« Energieform – eine sogenannte *Fünfte Kraft.* Er beschreibt sie als
ein im physikalischen Sinne ganz reales Quanten-Vakuum,
worunter man sich den leeren Raum zwischen den Materieteilchen vorzustellen hat.

Magnetische Feldstrukturen sollen als Mittler zwischen
jenen »subtilen Energien« (der Fünften Kraft) und den uns
bekannten vier Kräften – den starken und schwachen Kern-
kräften, der elektromagnetischen und Gravitationskraft –
fungieren. Tiller definiert diese »subtilen Energien« als eine
Energieform, die notwendig ist, um »Phänomene jenseits
der vier akzeptierten fundamentalen Energien (Kräfte) zu
erklären«. In einer wissenschaftlichen Abhandlung, die erst
kürzlich von der angesehenen Fachzeitschrift »Journal of

Scientific Exploration« veröffentlicht wurde, erläutert Til-ler anhand von Fallbeispielen und mathematischen Kon-struktionen die Einwirkung dieser »subtilen Energien« auf materielle Systeme. Zusammenfassend heißt es bei Tiller, daß »subtle energies« real existierende Energien sind, die sich allerdings nur im Experiment über einen sogenannten *Transducer* (hier: Kraftwandler) beobachten/nachweisen lassen; heute wären dies primär lebende Systeme, also sen-sitiv veranlagte Personen.

Es könnte also durchaus sein, daß Sensitive, aber auch Tiere, von äußeren (intelligenten) Einflüssen weniger behel-ligt, im allgegenwärtigen Bereich subtiler Energiefelder Dinge beobachten, die außerhalb unserer Raumzeit-Welt angesiedelt sind. Haustiere sollen dafür ein ganz besonders feines Gespür haben.

Der Journalist Pierre van Passen berichtet über den Kampf seiner zwei Polizeihunde mit einem unsichtbaren Tier – vermutlich ein Phantomhund –, das regelmäßig in sein Haus einzudringen versuchte. Seine Hunde, die sich im In-neren des Hauses aufhielten, spielten bei Annäherung des Phantoms »verrückt«. Sie rannten zur Haustür, fletschten die Zähne, knurrten und heulten, so, als ob ihnen Schmerz zugefügt würde. Die Tiere schnappten und bissen wild um sich. Einmal geschah das offenbar Unvermeidliche: Ganze zwei Minuten dauerte der Kampf mit dem Phantom. Dann brachen beide Hunde erschöpft zusammen. Einer von ihnen erholte sich nicht mehr; er starb auf der Stelle.

Es gibt Menschen, die sich im Laufe der Zeit an das wie-derholte Erscheinen tierischer Phantome gewöhnen. Eine Engländerin, die als Kind, zusammen mit ihrer Mutter, im Hause ihrer Großeltern wohnte, will des öfteren eine grau-gestreifte Katze gesehen haben, die stets die Treppe herun-terkam und durch die Haustür ins Freie lief. Hatte sie erst einmal die Türschwelle erreicht, *löste sie sich förmlich in Luft auf.*

Die Frau erinnert sich: »Sie (die Phantomkatze) erschreckte eigentlich niemanden. Wenn wir sie sahen, scheuchten wir sie weg... Ich bezog sie in meinen Alltag mit ein, obwohl ich ganz genau wußte, daß sie in Wirklichkeit gar nicht existierte. Die Katze mußte jedem, dem sie begegnete, völlig normal, so real wie jedes andere lebende Tier erscheinen. Sie tauchte in unterschiedlichen zeitlichen Abständen auf. Manchmal sahen wir sie über einen längeren Zeitraum dreimal pro Woche, dann wiederum monatelang gar nicht.«

Die meisten der sich wiederholenden spektralen Manifestationen von Tieren scheinen ortsgebunden zu sein. Mit anderen Worten: Sie werden vorwiegend an bestimmten Stellen im Haus oder auch im Freien beobachtet. Es sind aber auch Fälle bekannt, in denen Phantomtiere bei Umzügen entsprechende Ortsveränderungen mitmachen und am neuen Domizil ihre Spukaktivitäten fortsetzen.

Nicht nur Hunde und Katzen, auch andere Tiere vermögen gelegentlich Spukmanifestationen auszulösen. Fay Esan aus Lancaster im US-Bundesstaat New York wurde als Teenager Anfang der fünfziger Jahre von einem Phantomfrosch belästigt. Dieser Fall ist deshalb so ungewöhnlich, weil er mit psychokinetischen Aktivitäten einherging. Frau Esan erinnert sich:

»In jener Sommernacht, es mag im Juli oder August gewesen sein, ging ich gegen 21.30 Uhr schlafen. Ich schaltete die Nachttischlampe aus und schlief sofort ein. Plötzlich glaubte ich neben meinem Bett schwache Plumps- und Hüpfgeräusche vernommen zu haben. Zuerst dachte ich, daß sich ein kleiner Frosch oder eine Kröte in mein Zimmer verirrt hätte und jetzt wieder ins Freie zu gelangen versuchte.« Fay schaltete das Licht ein und suchte jeden Winkel ihres Schlafzimmers nach dem Eindringling ab, ohne jedoch fündig zu werden. Danach schlief sie wieder ein und blieb bis zum darauffolgenden Morgen unbehelligt.

Die merkwürdigen, störenden Geräusche waren auch während der folgenden drei Nächte zu hören. Sie dauerten jeweils zwischen fünf und zehn Minuten und endeten damit, daß Fays Suche stets ergebnislos verlief.

Dann aber geschah etwas Beängstigendes, etwas, mit dem sie nicht gerechnet hatte: »In der nächsten Nacht war es ziemlich warm, und ich hatte mich nur mit einem Bettlaken zugedeckt. Wie gewohnt vernahm ich meinen ›Phantomfrosch‹ auf dem Fußboden. Mit einemmal verstummte das Hopsen. Ich war zu Tode erschrocken, als das Bettlaken an der Stelle, wo es die Matratze berührte, spürbar niedergedrückt wurde: Plötzlich begann der unsichtbare ›Frosch‹ auf dem Bett herumzuhüpfen, wobei der Teil des Lakens, der meinen Körper unmittelbar berührte, unbehelligt blieb. Ich stieß einen Schrei aus, der meine Mutter ins Zimmer eilen ließ.«

Mutter und Tochter stellten das Schlafzimmer auf den Kopf, ohne auch nur die geringste Spur von einem Frosch zu entdecken. Diese Variante des Spuks sollte eine ganze Woche unvermindert anhalten. Dann entschloß sich das Mädchen, der Sache auf den Grund zu gehen. Sie wollte den kleinen Störenfried bei hellem Licht ertappen und verband daher den Zugschalter der Deckenbeleuchtung mit einem dünnen Seil, das ihr, ohne die Arme zu bewegen, sofortiges Einschalten ermöglichte.

In der Nacht darauf spürte sie wieder die Hüpfbewegung entlang dem Bettlaken, fühlte sie, wie dieses gegen ihren Körper gedrückt wurde. Als Fay das Zugseil betätigte und dadurch die Beleuchtung einschaltete, ... war nichts zu sehen. Nur an den Stellen, wo der Phantomfrosch seine

»Eindrücke« hinterlassen hatte, begann sich das Laken all-mählich wieder zu glätten.

Vielleicht litt Fay Esan damals unter Hörhalluzinationen, die ihr die Anwesenheit eines Frosches nur vorgaukelten, vielleicht war ihre Phantasie so stark ausgeprägt, daß sie die Eindrücke auf dem Bettlaken psychokinetisch, d. h. selbst verursachte. Im Bereich des Psychischen sind die Grenzen zwischen Traumphantasien (Aufarbeitung sogenannter »Tagesreste«), Einflüssen aus anderen Realitäten und eige-nen paranormalen/paraphysikalischen Aktivitäten eher flie-ßend und ohnehin schwer auseinanderzuhalten.

Ein anschauliches Beispiel für die Art des Zustandekom-mens von Erscheinungen bietet ein Fall, der sich vor weni-gen Jahren in Brisbane, Kalifornien, zugetragen hat. Der 13. Oktober 1991 war für den Junggesellen Joseph Kerska der bis dahin traurigste Tag seines Lebens. Sein treuer Vier-beiner *Pubby,* ein schwarzer Mischlingshund, der ihn bei seiner Tätigkeit als selbständiger Fotograf überall hin be-gleitet hatte, war an einer Bauchspeicheldrüsenentzündung gestorben. Kerska war untröstlich. Er weinte wochenlang, bis keine Tränen mehr kamen.

Knapp zehn Wochen später, als sich seine Trauer gelegt hatte, geschah etwas, das Kerska zutiefst bewegte: »Es war am Weihnachtstag in der Frühe gegen 3 Uhr. Ich stand auf, um ins Bad zu gehen. Plötzlich war da mein *Pubby,* der mir entgegenkam… mitten im Raum, etwa einen Meter über dem Fußboden, umgeben von einem Lichthof. Die Vision dauerte nur wenige Sekunden, dann wurde sie von der Dunkelheit des Raumes verschluckt.

Als erfahrener Fotograf würde ich die Erscheinung als eine Art *Hologramm* bezeichnen. Das Licht um *Pubby* hatte den Hintergrund aufgehellt, wodurch man den schwarzen Hund in der Dunkelheit gut erkennen konnte.«

Tatsächlich spricht vieles dafür, daß Erscheinungen quasi-holographisch in unser Bewußtsein projiziert werden, so vor allem, wenn es sich um größere Objekte handelt, die irgendwo in den »Annalen« des Hyperraumes gespeichert sind. Fast möchte man glauben, für alle Ewigkeit.

6 »Schrottplatz« der Vergangenheit

»Zuerst nur vage,
dann immer deutlicher begreife ich,
daß der Mensch auf diesem Planeten
ein Fremder ist.«

Eric Hoffer
in: »First Things, Last Things«

Anfang November 1942 nähert sich der amerikanische Zerstörer *U.S.S. Kennison* aus einer Entfernung von 100 Seemeilen Nordwest dem »Golden Gate« von San Francisco. Bei ungewöhnlich dichtem Nebel beobachtet der Mann am Radar den Schirm aufmerksamer als sonst. Ungeduldig wartet er auf die Echozeichen der dem Festland vorgelagerten *Farallon-Inseln.* Das Gros der Besatzung hält sich derweil unter Deck auf, um sich nach monatelangem, gefährlichem Dienst auf See für den wohlverdienten Landgang zu rüsten.

Vorsichtig manövriert der Steuermaat das Schiff durch den Nebel, alle paar Sekunden ertönt das Nebelhorn. Howard Brisbane hält auf dem Küchendeck Wache, Jack Cornelius hinten am Spiegelheck. Ein weiterer Matrose ist auf dem rückwärtigen Geschützdeck postiert.

Brisbane bemerkt *es* als erster: ein schwaches Zischen, das von Backbord kommt, sich rasch verstärkt und dann nach achtern fortsetzt. Es ist das Geräusch von bewegtem Wasser, wenn es gegen den Bug klatscht.

Noch bevor Brisbane Meldung machen kann, dringt Cornelius' aufgeregte Stimme über die Sprechanlage: »Geschützwache nach achtern sehen, Heckwache an Brücke!« Augenblicklich meldet die Geschützwache: »Ich sehe da irgend etwas, Jack, weiß aber nicht, was... Da, ein Schiff, ein Oldtimer.«

Rückfrage von der Brücke: »Brücke an Heckwache, was ist dahinten los?« – »Ein fremdes Schiff hat beinahe unser Spiegelheck gerammt, hat uns nur um ein paar Yards verfehlt«, meldet Cornelius und weiter: »Es ist ein Zweimastsegler.«

Prompt erkundigt sich der Deckoffizier nach dem Kurs des Schiffes. »Kurs eins-drei-fünf, von uns aus gesehen, hält jetzt etwas achtern auf Steuerbord zu«, tönt es vom Küchendeck. Peinliches Schweigen...

Nach einer kurzen Pause ist die Stimme des Deckoffiziers zu vernehmen: »Seltsam, merkwürdig. Der Radarschirm ist leer. Du hast gesagt, daß es ein Zweimaster war?« – »Ja, Sir.« – »Ich denke, die gibt es hier kaum noch.« – »Sir, ich habe das Schiff ganz deutlich gesehen«, erwidert Cornelius. »Es zog eine Kielwasserspur, und die Takelage knarrte. Kein Mensch war an Bord, und das Ruder war unbemannt.« – »Was sagst du da?« – »Bestimmt, Sir, niemand stand am Ruder.« – »Glaubst du denn, ein Geisterschiff gesehen zu haben?« – »Sir, ich weiß nicht, was es war.« Irrtum ausgeschlossen: Cornelius und die Wache auf dem hinteren Geschützdeck hatten das Phantomschiff mit eigenen Augen gesehen, und Brisbane hatte es gehört. Nach zwanzig Sekunden war der Spuk vorbei.

»Mich schaudert«, meinte Cornelius später. »Zuerst war ich wegen der Beinahe-Kollision nur erschrocken. Dann aber sah ich das Ding und spürte, wie es mir kalt den Rücken herunterlief. So ganz ohne Anstrich, mit schäbigem Deck und maroder Takelage segelte es durch den Nebel. Alle Segel waren gesetzt, aber sie hingen in Fetzen herunter.«

Erscheinungen großer Objekte sind eindrucksvoller noch als die von Personen und Tieren. Man sollte annehmen, daß es sich hierbei um orts- bzw. zeitgebundene Projektionen von Dingen aus der Vergangenheit handelt, um »Hologramme«, die in höherdimensionalen Strukturen – wahrscheinlich im 12D-Universum eines Burkhard Heim (vgl. Kapitel II/2) – gespeichert sind, die unverhofft aus dem Nichts auftauchen, um ahnungslose Zeitgenossen bisweilen an ihrem Verstand zweifeln zu lassen.

Wer denkt dabei nicht sofort an die *Akasha-Chronik* des weltbekannten Philosophen Rudolf Steiner (1861–1925), des Begründers der Anthroposophie, der hierunter eine Art »Weltgedächtnis« verstanden haben will, dem alle Begebenheiten der Vergangenheit eingeprägt sind. Nach Steiner sollte es Hellsichtigen durchaus möglich sein, in dieser Chronik zu »lesen«, spontan Vorgänge zu erkennen, die sich irgendwann einmal in der Vergangenheit zugetragen haben.

Da von einer dimensional erhabenen Warte aus gesehen alles in unserer Welt gleichzeitig geschieht, wir aber aufgrund unserer genetischen »Programmierung« Ereignisse nur in kausalen Zusammenhängen wahrzunehmen vermögen, bleiben uns unbekannte Vorgänge in der Vergangenheit (und natürlich auch solche in der scheinbar noch nicht festliegenden Zukunft) normalerweise verborgen. Vielleicht war es den beiden Marinesoldaten der *U.S.S. Kennison* für einige Augenblicke vergönnt, einen Blick hinter die Kulissen der Vergangenheit zu werfen, vielleicht war ihr Bewußtsein in eine Epoche vorgedrungen, deren relevante

Ereignisse sich für gewöhnlich nur in historischen Filmen nachstellen lassen.

Alles nur Phantasien, Halluzinationen, Tagträume? Für »Insider« sind solche Mutmaßungen wohl mehr Ausdrucksformen einer gewissen Hilflosigkeit gegenüber einem Phänomen, das unseren Planeten schon seit Jahrtausenden heimsucht, immaterielle »Darbietungen«, von denen niemand so recht weiß, wie sie zustande kommen. Wir können nur Mutmaßungen anstellen.

Vermeintliche Geräusche, die von so manchen Erscheinungen ausgehen, geben ebenfalls Rätsel auf. Spektrale Manifestationen können offenbar akustische Halluzinationen hervorrufen. Mit anderen Worten: Augen und Ohren nehmen nur spezifische Schwingungen auf; in Wirklichkeit aber sehen und hören wir mit unserem Verstand – dem Bewußtsein. Möglicherweise besitzen Erscheinungsbilder eine integrierte »Tonspur«, die bestimmte Gehirnzellen des Wahrnehmenden anregt.

Erstaunlicherweise ist die Zahl der auf See wahrgenommenen Phantomobjekte besonders hoch. Und sie lassen sich beileibe nicht immer als »Seemannsgarn« abtun. Ein klassisches Beispiel für eine solche mysteriöse Sichtung entnehmen wir dem Buch »Cruise of the ›Bacchante‹« (Die Kreuzfahrt der »Bacchante«), das auf Tagebuchaufzeichnungen des englischen Königs Georg V. – damals Herzog von York – und dessen Bruder Prinz Albert Victor beruht. Beide unternahmen zwischen 1879 und 1882 als Seekadetten auf der *H.M.S. Bacchante* eine Weltreise, die sie unter anderem auch in tasmanische Gewässer führte. Am 11. Juli 1881 gegen vier Uhr früh segelte das Schiff irgendwo vor der Küste zwischen Melbourne und Sidney. Im Tagebuch des Königs heißt es, daß ein »unheimliches rotes Licht« beobachtet wurde: »Inmitten des roten Lichtes traten 200 Yard Backbord vom Bug entfernt Masten, Spieren und Segel einer Brigg plastisch hervor. Die Wache auf dem Vorderdeck meldete, die Brigg sei dicht am Bug. Auch der wachhabende Offizier auf dem Brückendeck erkannte sie deutlich, desgleichen der Leutnant vom Achterdeck, der sofort zum Vorschiff befohlen wurde. Doch als er dort hinkam, war keine Spur, kein Zeichen eines wirklichen Schiffes zu sehen. Die Nacht war klar und die See ruhig.

Insgesamt dreizehn Personen hatten das Schiff bemerkt. Zwei andere Schiffe des Geschwaders, die *Tourmaline* und die *Cleopatra,* die steuerbord vor uns segelten, fragten nach, ob wir das seltsame rote Licht beobachtet hätten.«

Samuel Hull ist auf den Prinz-Eduard-Inseln zu Hause, der kleinsten kanadischen Provinz im Süden des Sankt-Lorenz-Golfs. Als er im Oktober 1970 von seinem Anwesen aus in Richtung der *Northumberland Strait* blickte, mochte er seinen Augen nicht trauen: »Über dem Wasser sah ich einen hellen Feuerschein, wie von einem brennenden Schiff. Ich konnte genau die Umrisse der Segel erkennen. Sie brannten ebenfalls. Das brennende Schiff pflügte mit hoher Geschwindigkeit durch das Wasser. Ich beobachtete es eine halbe Stunde lang. Dann verschwand es hinter einer anderen Insel.«

Mr. Hull mied es, die Küstenwache zu alarmieren. Er wußte nur allzu gut, daß dieses Schiff dort überhaupt nicht existierte. Ein Ladeninhaber hatte ihm im Jahr zuvor erzählt, daß die feurige Erscheinung in der Vergangenheit schon dreimal gesehen worden war. Zuletzt war sie von der Mannschaft einer Fähre beobachtet worden. Die Männer glaubten damals, daß ein Schiff Feuer gefangen habe, und sie näherten sich ihm mit Höchstgeschwindigkeit, um die gefährdete Besatzung zu retten. Als sie näher kamen, stellten sie erstaunt fest, daß sich das Schiff in Nichts aufgelöst hatte, daß sie einem Phantom zu Hilfe geeilt waren.

Mr. Hull traf am Abend der Sichtung weitere Personen, die das »brennende« Schiff ebenfalls gesehen hatten. Anhand verschiedener Beobachtungen hatte man im Laufe der Zeit herausgefunden, daß das »Geisterschiff« entlang einer Wasserfläche spukt, die 130 Meilen lang und zwischen 8 und 30 Meilen breit ist. Sie liegt zwischen der Prinz-Eduard-Insel und Nova Scotia im Osten Kanadas.

R. H. Sherwood, der sich schon seit Jahrzehnten mit dieser sonderbaren maritimen Erscheinung befaßt, glaubt zu wissen, daß das Phantomschiff schon von mehreren hundert Personen gesehen wurde. Die meisten von ihnen scheinen sich über ihr Erlebnis auszuschweigen, um nicht von böswilligen Skeptikern verspottet zu werden.

Szenenwechsel. Der Militärflugplatz nahe dem schottischen Montrose wurde während des Ersten Weltkrieges des öfteren von einem Phantomflugzeug – dem Vernehmen nach ein 1913 abgestürzter Doppeldecker – »angeflogen«, was im Jahre 1916 einem dort stationierten Piloten beinahe zum Verhängnis geworden wäre.

Eines Nachts gab es in Montrose wieder einmal Alarm. Bodenbeobachter wollten in der Nähe des Flugplatzes ein deutsches Flugzeug gesehen haben. Sofort wurde ein Jagdflugzeug hochgeschickt, das die deutsche Maschine abfangen sollte. Die Suche verlief allerdings ergebnislos, und der Pilot wurde bereits nach einer halben Stunde wieder zurückbeordert. Der Kommandant hatte die Beleuchtung des gesamten Flugplatzes untersagt, um keine feindlichen Maschinen anzulocken. Zwei Lichterreihen sollten genügen, um das Flugzeug sicher landen zu lassen.

Da der Pilot – ein abgebrühter Typ – schon des öfteren unter improvisierten Bedingungen gelandet war, bestand

1a

1

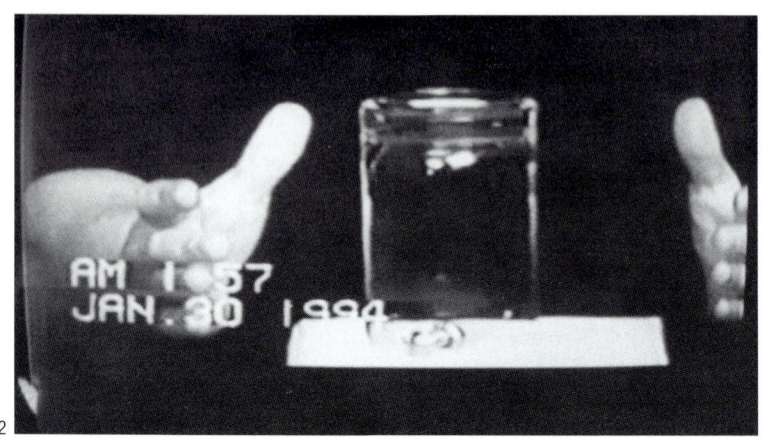

2

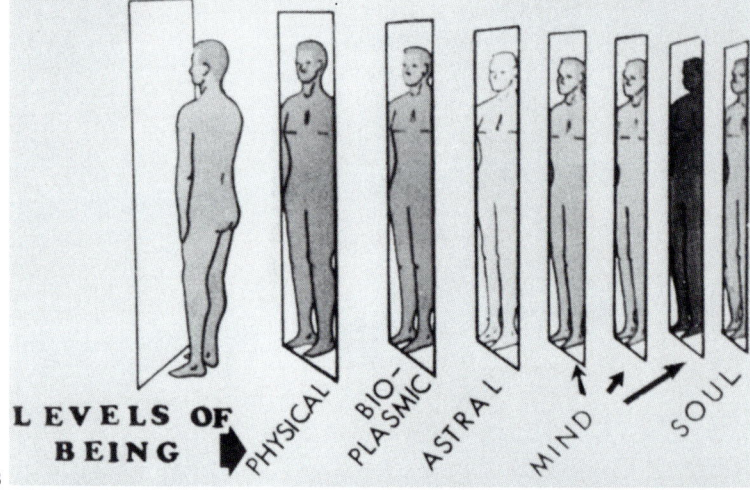

LEVELS OF BEING → PHYSICAL BIO-PLASMIC ASTRAL MIND SOUL

3

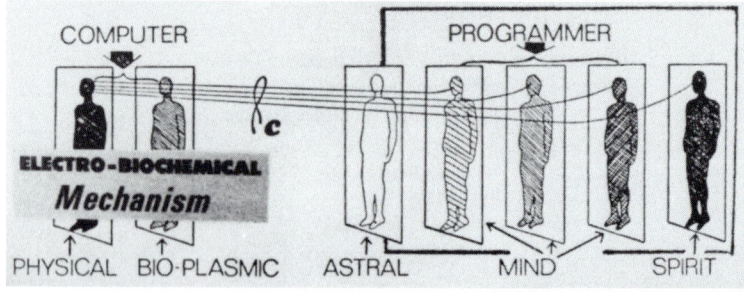

COMPUTER PROGRAMMER

ELECTRO-BIOCHEMICAL *Mechanism*

PHYSICAL BIO-PLASMIC ASTRAL MIND SPIRIT

4

```
10 KONTAKT ZU R4.MAJO FREQUENZ.........."
21 ............................KINDER "
22 SIND BIS ZU SIEBEN JAHREN IN DER LAGE"
23 SICH KLAR AN FRUEHERE EREIGNISSE ZU E"
24 RINNERN.DIESE INFORMATION GEHT IN DEN"
25 MEISTEN FAELLEN DURCH UNKENNTNIS DER "
26 ELTERN VERLOREN.AUCH SIND DIE FRAGEN "
27 DIESER KINDER NICHT VON SIEBEN PROFES"
28 SOREN ZU BEANTWORTEN.EIN MENSCH DER G"
29 GLAUBT ALLES WISSEN ZU BESITZEN STEHT "
30 MIT BEIDEN BEINEN FEST IN DER LUFT.DI"
31 E INFORMATION DER GEISTIGEN ENERGIEN "
32 BEFINDET SICH IN ALLEN EUCH NICHT BEK"
33 ANNTEN STRUKTUREN SOWIE ALLEM LEBEN.A"
34 ARON 25.2.1994.UNSERE KONTAKTVERSUCHE"
35 IN MAINZ DARMSTADT FRANKFURT SCHWEICH"
36 DUESSELDORF UND ANDEREN ORTEN AUF TER"
37 RA BLEIBEN BESTEHEN.ES WIRD DIE ZEIT "
38 KOMMEN WENN MEHR VON EUCH BEREIT SIND"
39 SAGT A.EINSTEIN AM 25.6.1994.AARON MO"
40 SE AURORA M..... UND ANDERE GEHOERTEN"
41 .1467 ZU DEN MARRANEN AUS FURCHT VOR "
42 DER ENTHAUPTUNG TRATEN SIE ZU EINEM G"
43 ESCHAFFENEN BRUTALEN GOTT UEBER SAGT "
44 .2109.UNSERER ALLER ARBEIT SOLLTE KEI"
45 NESWEGS VON EUCH ALS SEKTENKULT VERST"
46 ANDEN WERDEN WIR WERDEN EURE SORGEN T"
47 RAGEN.DAHER IDENTIFIZIERUNG MIT UNS U"
48 EBER NATURGESETZMAESSIGKEIT FORSCHUNG"
49 ERKENNTNIS GEDULD DEMUT UND LIEBE DIE "
50 SICH NICHT ZERSTOERT SAGT 2109 ALLEN "
51 MENSCHEN AUF TERRA.DIE SCHAMANEN GRUE"
52 SSEN DEN GROSSEN GEIST DER DIE FLUESS"
53 E MITEINANDER VERBINDET SOWIE ALLE GE"
54 ISTER IN DER ENDLICHKEIT.KONTAKTWEITE"
55 RGABE ERWUENSCHT.FREQUENZ ENDE.19.3.1"
56 .995
```

5a

5

6

1, 1 a   Der Burgwall der Starkenburg zu Heppenheim an der Bergstraße, mit deren Bau im Jahre 1065 begonnen wurde. Hier will der US-Soldat René Boulay im März 1945 während eines nächtlichen Wachganges deutlich die Gestalt eines Kriegers aus einem früheren Jahrhundert gesehen haben.

2   Das amerikanische Psychokinese-Medium Joey Nuzum schraubte unter kontrollierten Bedingungen einen Schraubenschaft berührungslos aus einer bis zum Anschlag aufgeschraubten Mutter. Beim zweiten Durchgang benötigte er hierfür nur etwa 10 Sekunden. Eine typische Bewußtseins/Geräte-Interaktion, wie man sie heute an einigen Universitäten in den USA und Japan mit Hochdruck untersucht.

3   Der amerikanische Ingenieur und »Überlebens«-Forscher George W. Meek unterscheidet grundsätzlich zwischen sieben Komponenten des Gesamtmenschen: dem materiellen (physical), bioplasmatischen (bioplasmatic), astralen (astral), dem dreiteiligen Bewußtseins(mind)-Körper und der Seele (soul).

4   Genau wie der bekannte Hirnphysiologe und Nobelpreisträger Sir John Eccles vergleicht Meek den materiellen/bioplasmatischen Teil des Menschen mit einem vergänglichen »Computer«, den Astral- und Bewußtseinsleib hingegen mit einem unvergänglichen »Programmierer«, der sich nach dem Ableben einen neuen »Computer« sucht.

5, 5 a   Naturgetreue Nachschrift einer der zahlreichen mit einem *Commodore-Computer C 64* bei Adolf Homes empfangenen Jenseitstexte seines Trans-»Partners« MAJO – ein Schamane, der vor etwa 1800 Jahren in Samarkand gelebt haben will. Homes' Computer (vgl. Insert) hat keinen Modem-Anschluß; er ist also nicht »von außen« beeinflußbar.

6   Professor Dr. Ernst Senkowski (links) in seinem Mainzer Transkontakt-Studio beim Versuch, mit seiner Apparatur »Jenseits«-Stimmen aufzuzeichnen. Im Beisein des Autors konnten seinerzeit Transstimmen von außergewöhnlicher Deutlichkeit empfangen werden.

7

8

9

10

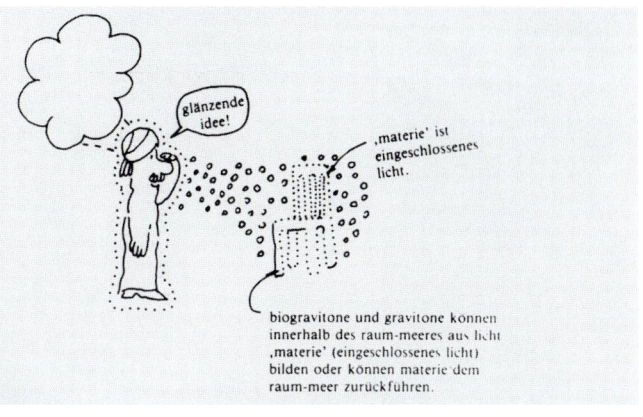

11

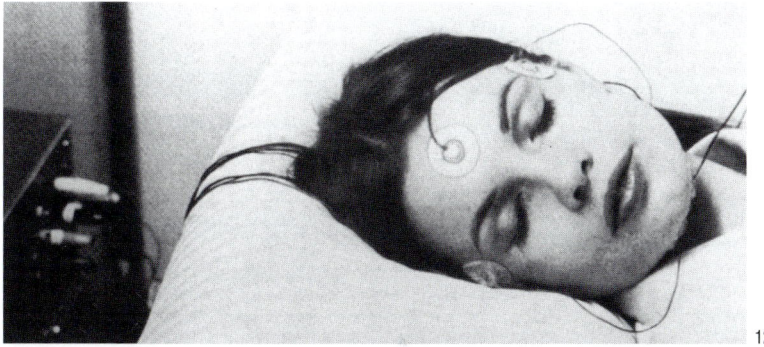

12

14

15

7   Sechs geomantische Kraftlinien (engl. ley lines) kreuzen sich bei Goodrich (Grafschaft Herefordshire, England), wo es immer wieder zu ungewöhnlichen Erscheinungen kommt.

8   Der Herzog von York – der spätere englische König Georg V. – und sein Bruder, Prinz Albert Victor, als Seekadetten auf der H.M.S. *Bacchante*, auf der sie zwischen 1879 und 1882 eine Weltreise unternahmen. Nach ihren Tagebuchaufzeichnungen begegnete ihr Schiff am 11. Juli 1881 gegen vier Uhr früh vor der australischen Küste einer Phantom-Brigg.

9   Meadow Cottage, Dodleston (England). Nach Angaben seines früheren Besitzers, Ken Webster, seiner Freundin Debbie Oakes und zahlreichen Zeugen haben sich hier zwischen 1985 und 1986 auf einem Computer Wesenheiten aus dem 16. Jahrhundert und eine Zeitexperimentalgruppe aus dem Jahre 2109 gemeldet. In dieser Zeit kam es hier auch zu massiven Poltergeist-Manifestationen (vgl. mein Buch »Zeittunnel«, Langen Müller).

10   Der *Spokane Flyer* nach dem Zusammenstoß mit einem nicht gemeldeten Zug bei *Medicine Hat* am 8. Juli 1908. Wochen zuvor hatte sich die Katastrophe durch einen entgegenkommenden Phantomzug realistisch angekündigt.

11   Wie sich der amerikanische Wissenschaftsautor Bob Toben »Gedankenobjekte« vorstellt. Auf einer anderen (höherdimensionalen) Realitätsebene sind diese völlig real. Sie werden vom Materialisationsmedium in unsere 4D-Welt hineinstimuliert oder -»gebeamt«.

12   Elektroencephalogramme (EEGs) sind wichtige Hilfsmittel bei Gehirnuntersuchungen. Sie sagen viel über Vorgänge im Gehirn auch während Denk-, Schlaf- und Traumphasen aus. Dies gilt vor allem für die Schwingungsrhythmen (Frequenzen).

13   K. H. Sebel zeigt dem Autor den Seiteneingang des Frankfurter Doms, hinter dem er 1985 zu nächtlicher Stunde eine Begegnung mit einer unheimlichen Heiligenstatue gehabt haben will. Eingehende Recherchen ergaben, daß es dort – im Frankfurter Dom überhaupt – nie eine solche Statue gegeben hat.

14   Das *Psychomanteum* (kurz: Manteum) der Amerikanerin Dee Busch in Concord, Kalifornien. Durch Hineinschauen in einen dort aufgehängten Spiegel kann man gelegentlich mit Bewußtseinspersönlichkeiten Verstorbener oder mit seinem »inneren Selbst« Verbindung aufnehmen.

15   Künstlerische Darstellung der berühmten Schlacht von Edgehill (Warwickshire, England) am 23. Oktober 1642, von der behauptet wird, daß sie sich in der Folgezeit vor Einheimischen als realistisch wirkende Phantomschlacht wiederholte. Der Schlachtfeldspuk wurde sogar von militärischer Seite untersucht und als zutreffend bezeichnet.

kein Zweifel daran, daß er es auch diesmal schaffen würde. Seine Kameraden sahen, wie die Maschine Bodenberührung hatte, wie der Pilot plötzlich wieder durchstartete und in der Dunkelheit verschwand. Die Bodenmannschaft mußte annehmen, daß ihm der Anflug mißlungen sei und er in wenigen Minuten erneut zur Landung ansetzen werde.

Als sich dann die Maschine dem Flugplatz erneut näherte, waren ihre Navigationslichter eingeschaltet. Dennoch kam es nicht zur erwarteten Landung, zog der Pilot abermals hoch, um eine weitere Runde zu drehen. Am Boden herrschte Ratlosigkeit. Jetzt ordnete der Kommandant umgehend die kurzfristige Beleuchtung des gesamten Flugplatzes an, woraufhin dem Pilot endlich die sichere Landung gelang. Als die Maschine zum Stehen kam, rief er dem entgegenkommenden Bodenpersonal sichtlich verärgert zu: »So ein Narr. Wer war dieser Narr, der die Landung blockiert hat?«

Einer der Männer erwiderte, daß ihn niemand »geschnitten« habe. »Natürlich war da jemand«, antwortete der Pilot ungeduldig. »Warum glaubst du, daß ich einige Runden gedreht habe. Irgend so ein Verrückter in einem Doppeldecker kam mir in die Quere, gerade als ich Bodenberührung hatte. Das Ding war eine ›Tiger Moth‹.«

Nun schaltete sich der Kommandant selbst in das Gespräch ein und meinte: »Niemand war zur fraglichen Zeit in der Luft. Übrigens, wir haben hier überhaupt keine Doppeldecker.«

Aber auch Landstraßen scheinen vor spukhaften Erscheinungen nicht sicher zu sein. Die angesehene englische *Society for Psychical Research* (S.P.R.: Gesellschaft für die Erforschung des Paranormalen) druckte vor einigen Jahren in ihrem Mitteilungsblatt »Newsletter Supplement« den Brief einer Frau E. A. Hughes aus Welshpool (Wales) ab, in dem über die Sichtung eines Phantomautos berichtet wird: »Im Oktober 1976 fuhren mein Mann und ich mit dem Wagen quer durch Frankreich. Auf dem Wege von Lyon nach Versailles benutzten wir kleinere Landstraßen. Bei Sonnenuntergang fuhren wir noch ohne Beleuchtung. Auf beiden Seiten der Straße standen alle paar Meter Pappeln, wie sie dort überall zu finden sind. Plötzlich überquerte in geringer Entfernung von uns ein altmodischer ›stupsnasiger‹ Austin die Straße. Er fuhr sehr langsam. Mehr noch: Er schien etwa 30 Zentimeter über der Straßendecke dahinzugleiten.

Mein Mann bremste instinktiv, und der Austin glitt [quer zur Fahrbahn] geräuschlos an uns vorbei. Im gleichen Augenblick kam uns ein anderer Wagen mit aufgeblendeten Scheinwerfern entgegen. Seine Lichtstrahlen durchdrangen die Fenster und den Freiraum unter der Karosserie des Phantomwagens. Niemand schien am Steuer zu sitzen. Der entgegenkommende Wagen fuhr an uns vorbei, der andere aber verschwand im Gelände jenseits der Straße. Wir hielten an und fragten uns gegenseitig: ›Hast du das gesehen?‹

Es gab dort keinen Weg, der die von uns benutzte Landstraße kreuzte, der einen Buckel gehabt haben könnte, was den Abstand zwischen dem Wagenunterbau und der Straßendecke erklärt hätte. Und auf jeder Straßenseite jenseits der Pappeln sah man nur gepflügte Felder, so weit das Auge reichte. Wir fragten uns, ob an der fraglichen Stelle vielleicht früher einmal eine höckrige Brücke gestanden hatte, über die während des letzten Krieges Flüchtlinge nach dem unbesetzten Vichy-Frankreich zu gelangen versuchten.«

Dem Ehepaar, das nie zuvor irgendwelche ungewöhnliche Beobachtungen gemacht haben will, war es nicht vergönnt, das Geheimnis des Phantomautos zu lüften. In der dortigen Gegend gab es damals keine Hotels, die einen kurzen Aufenthalt ermöglicht hätten, um Nachforschungen anzustellen.

Nicht immer sind es Objekte aus vergangenen Tagen, die maßlos verblüfften Zeitgenossen ihr spektrales Debüt geben. Da es nach den Erkenntnissen der modernen Physik ein zeitliches Hintereinander gar nicht (d. h. nur in unserer Vorstellung) gibt, da von einer höherdimensionalen Bezugsebene aus überall in unserem Universum Gleichzeitigkeit herrscht, darf es niemanden verwundern, wenn wir gelegentlich auch mit Erscheinungen aus einer offenbar bereits existierenden »Zukunft« konfrontiert werden.

28. Oktober 1902, irgendwo im Südatlantik. Unter dem sternenbesäten Himmel fährt die *S.S. Fort Salisbury* bei ruhiger See Richtung Norden. Der Morgen dämmert schon herauf, als die Wache nur wenige hundert Meter vor Steuerbord ein riesiges dunkles Objekt beobachtet. Der sofort herbeigerufene Zweite Offizier A. H. Raymer hastet aufs Deck, wo ihn die Wache und der Steuermann auf ein sonderbares »Schiff« aufmerksam machen – ein Objekt, das bei jedem Marineangehörigen Angstträume auslösen müßte.

Später gestand Raymer: »Ich war ziemlich erschrocken. In der Dunkelheit konnten wir zwar nichts Genaues erkennen, aber das Ding war zwischen 500 und 600 Fuß (etwa 150 bis 180 Meter) lang und hatte an beiden Enden Positionslichter gesetzt. Irgendein Mechanismus – vielleicht waren es Flossen – wühlte das Wasser auf. Nach einer Weile begann es langsam zu sinken.« Zu »tauchen« wäre für diesen Vorgang wohl die richtigere Beschreibung gewesen. Der Offizier will darüber hinaus bemerkt haben, daß die Oberfläche des Schiffs ein »schuppiges« Aussehen hatte.

In London zurück, wurden alle Schiffahrtslisten nachgeprüft. Man wollte nämlich ausschließen, womöglich ein untergehendes Schiff gesehen zu haben. Es stellte sich jedoch heraus, daß zur fraglichen Zeit kein Schiff im Südatlantik als vermißt oder überfällig gemeldet war. Daß es sich bei dem wahrgenommenen Objekt um ein damaliges U-Boot gehandelt haben könnte, ist höchst unwahrscheinlich. Ein ziemlich unkompliziertes einsatzfähiges U-Boot war erstmals im Jahre 1898 zu Wasser gelassen worden. Erst nach dem Zweiten Weltkrieg befaßten sich die Großmächte mit dem Bau großer, nuklear betriebener U-Boote.

Könnte es sich bei diesem Objekt vielleicht um die Projektion eines maritimen High-Tech-Bootes aus der Zukunft gehandelt haben, die durch zufälliges Zusammentreffen seltener Naturphänomene zustande kam?

Der Fall des »Phantomzuges« von *Medicine Hat* zeigt, daß sich auch zukünftige Ereignisse in die Realität der Gegenwart »einspiegeln« können.

Lokführer Bob Twohey und der Heizer Gus Day hatten die Aufgabe, Lokomotiven der Canadian Pacific Railway von Medicine Hat (Provinz Alberta) zum nahegelegenen Ort Dunmore zu bringen, wo diese regelmäßig an den aus den USA kommenden Expreßzug *Spokane Flyer* angekoppelt wurden.

Mitte Juni 1908 ereignete sich auf der eingleisigen Strecke zwischen Medicine Hat und Dunmore etwas Unerklärliches, das sich in der Folge als eine bildhafte Vorwegnahme zukünftigen tragischen Geschehens erweisen sollte.

Gegen 23 Uhr Ortszeit kam der Lokomotive ein nicht gemeldeter Zug entgegen. Ein Zusammenstoß schien unvermeidlich. Twohey und Day waren geschockt: Medicine Hat wurde vom *Spokane Flyer* nie angefahren, und es verkehrten zu dieser Zeit auch keine anderen Züge auf der Strecke. Die Realität sah allerdings anders aus. Schon wollte sich Day durch einen Sprung von der Lokomotive in Sicherheit bringen, als Twohey geistesgegenwärtig nach dem Bremsventil griff, um eine Notbremsung vorzunehmen. Doch dann, einer plötzlichen Eingebung folgend, hielt er inne. Gerade als der Zusammenstoß hätte erfolgen müssen, schien der entgegenkommende Zug auf ein Parallelgleis überzuwechseln. Die beiden auf der Lokomotive waren wie gelähmt. Twoheys Hand hielt immer noch den Griff des Bremsventils fest umschlossen, als die hellerleuchteten Wagen mit dem freundlich winkenden Zugpersonal an ihnen vorbeirasten... auf einem Gleis, das gar nicht existierte. Dann verschwand der Phantomzug im Dunkel der Nacht, Richtung Osten.

Twohey und Day schauten einander kopfschüttelnd an. Keiner sprach ein Wort. War das, was sie beide gesehen hatten, Wirklichkeit? Oder hatten sie nur phantasiert? Alles war so widersprüchlich.

Es dauerte fast zwei Wochen, bis sich Twohey und Day in Medicine Hat wiedersahen. Endlich fanden beide Gelegenheit, über das unglaubliche Geschehen offen miteinander zu reden. Twohey ließ Day wissen, ein Hellseher habe ihm prophezeit, daß er innerhalb eines Monats sterben werde. Daher habe er sich für einige Zeit beurlauben lassen, um das Schicksal nicht herauszufordern. In Twoheys Abwesenheit hatte man Day dessen Vertreter, John Nicholson, zugeteilt. Es sollte nicht lange dauern, bis sich das alptraumhafte Geschehen vom Juni wiederholte, bis der Phantomzug erneut auf die Zubringerlok zuraste, um dann, im letzten Augenblick, auf ein gar nicht vorhandenes Gleis auszuweichen.

Nicholson und Day waren nach diesem Zwischenfall wie betäubt, viel zu aufgeregt, um auch nur ein einziges Wort über diesen Zwischenfall zu verlieren. Sie brachten die Lok sicher nach Dunmore und beendeten ihre Schicht, so als ob nichts gewesen wäre.

Und dann kam jener furchtbare Tag, an dem die Katastrophe, die sich in kurzen Abständen zweimal hintereinander angekündigt hatte, tatsächlich eintreten sollte: der 8. Juli 1908.

Zwei Meilen außerhalb von Medicine Hat, genau an der Stelle, wo zuvor die Pseudo-Kollisionen stattgefunden hatten, prallte der aus Lethbridge kommende Personenzug Nr. 514 mit voller Wucht auf die für Dunmore bestimmte Lokomotive. Die spektrale Szene hatte sich »materialisiert«. Aus einer präkognitiven Darbietung war Wirklichkeit geworden.

Als sich die Rauchschwaden verzogen hatten, zog man Bilanz: Vier Bahnbedienstete – die beiden Lokführer, ein Heizer und ein Schaffner – sowie sechs Passagiere hatten den Unfall mit ihrem Leben bezahlt. Die genaue Ursache für diese Katastrophe konnte nie ermittelt werden. Von den drei Personen, die dem Phantomzug unmittelbar begegnet waren, hatte nur Gus Day überlebt, der sich an diesem Tag im Lokschuppen aufhielt. Unter den Toten befand sich auch Bob Twohey, der seine Furcht über den ihm vorausgesagten Tod überwunden hatte. Er war der Lokführer des Unglückszuges. Seiner Bestimmung kann offenbar niemand entgehen.

IV

Nahbegegnungen der spektralen Art –
Erscheinungen und kein Ende

> »Wir leben in einer Phantasiewelt,
> einer Welt der Illusion.
> Die große Herausforderung besteht darin,
> die Realität zu finden.«
>
> IRIS MURDOCH in einem Interview
> mit der »London Times«

Spektrale Wesenheiten – in der Umgangssprache nennt man sie wegen ihres subjektiven Charakters etwas despektierlich »Geister« – wirken zwar in unsere materielle Welt hinein, sind aber nicht Teil derselben, weil Bewußtseinsstrukturen über mehr als vier Dimensionen verfügen. Sie empfinden allem Anschein nach wie Lebende und glauben immer noch ihre frühere Existenz innezuhaben. Indem sie ihre noch lebenden »Mitmenschen« gar nicht oder nur selten, unter gewissen anomalen Bedingungen, auf sich aufmerksam machen können, sind sie verwirrt, geraten sie mitunter in Panik, was spukhaftes Geschehen zur Folge haben kann.

Erscheinungen sind keineswegs Erfindungen von Menschen mit einer allzu üppigen Phantasie, sondern real existierende »Objekte« einer anderen Realitätsebene. Sie hinterlassen bei denen, die irgendwann einmal mit ihnen konfrontiert wurden, meist einen äußerst realistischen Eindruck, zumal sie fast ausnahmslos als Einzelgänger auftreten. Ganze Erscheinungsszenarien mit bedrohlichem Charakter sind wohl eher die Ausnahme...

Im April 1962 hatten die Brüder Dereck (22) und Norman (14) Ferguson mit ihrem Auto eine Spritztour in den Norden Schottlands unternommen. Sie befanden sich bereits auf der Heimfahrt nach Annan am Solvay Firth, wo sie zu Hause waren. Kurz vor Mitternacht mußten sie noch einmal in Dumfries anhalten, um aufzutanken. Nach Annan waren es kaum mehr als 30 Kilometer.

Im fahlen Mondlicht wirkte die Landstraße ziemlich verlassen, wie ausgestorben. Um diese Stunde war so gut wie niemand mehr unterwegs.

Plötzlich flog etwas, das wie ein großer weißer Vogel aussah, direkt auf sie zu. Dereck versuchte auszuweichen. Doch das Ding verschwand, noch bevor es auf der Windschutzscheibe aufprallen konnte. Wenige Augenblicke danach tauchte vor ihnen eine alte Frau auf, die wild gestikulierend mitten auf der Fahrbahn herumtorkelte. Ein Zusammenstoß schien unvermeidlich. Aber auch diese Gestalt löste sich in Luft auf, bevor sie der Wagen erfaßt hatte.

Dies aber sollte erst der Auftakt zu einem in der langen Geschichte glaubhafter spektraler Manifestationen einmaligen Spektakel sein. Ein ganzer Pulk bizarrer Wesen schoß auf den Wagen zu: monströse Katzen, wild aussehende Hunde, merkwürdige Vögel und menschenähnliche Horrorgestalten. Und alle verschwanden unmittelbar vor Derecks Wagen. Obwohl dieser Monstertreck eindeutig immaterieller Natur war, behielt Dereck instinktiv seinen Zickzack-Kurs bei. Er wollte nicht einmal mit Phantomen kollidieren.

Im Wagen wurde es immer kälter, traten Umstände ein, die jeden Autofahrer in Panik versetzen mußten. Dereck: »Meine Hände wurden schwer wie Blei, und ich gewann den Eindruck, als ob eine unerklärliche Kraft die Steuerung des Wagens zu übernehmen versuchte. Ich hatte Mühe, ihn unter Kontrolle zu halten.

Auf einmal glaubten wir ersticken zu müssen, und ich öffnete das Fenster, um frische Luft hereinzulassen. Draußen war es bitterkalt. Während ich mich fest an das Lenkrad klammerte, brach mit einemmal die Hölle los, vernahmen wir unmenschliche Schreie, schrilles Gelächter und gackernde Laute. Ich war mir sicher, daß uns irgend etwas von der Straße abzudrängen versuchte und daß dies eine tödliche Gefahr bedeutete.«

Schließlich brachte Dereck den Wagen doch noch zum Stehen. Sofort wurde er von einer übermächtigen Kraft erfaßt und mit roher Gewalt hin und her geschleudert. Fluchtartig verließen beide den Wagen, um sich in Sicherheit zu bringen. Draußen war alles ruhig und friedlich. Der Spuk war wie weggeblasen. Sobald sie jedoch wieder in ihr Auto eingestiegen waren, setzten die Rüttelbewegungen und das infernalische Gelächter erneut ein, wurde die Karosserie wie von unsichtbaren Fäusten bearbeitet.

Dereck hielt es für das beste, langsam und mit äußerster Vorsicht nach Annan weiterzufahren. Während sie sich im Schrittempo fortbewegten, waren sie wie zuvor allseitig von spukhaften Gestalten umgeben.

Als die Belästigten von weitem die Scheinwerfer eines Lastkraftwagens auf sich zukommen sahen, spürten sie Erleichterung. Er schien das erste normalaussehende Objekt seit ihrer Abfahrt aus Dumfries zu sein. Doch ihre Zuversicht sollte rasch in Furcht umschlagen, als Dereck feststellte, daß sie sich dem entgegenkommenden Wagen mit ungewöhnlich hoher Geschwindigkeit näherten. Schlimmer noch: Plötzlich vermochte Dereck nicht mehr anzuhalten, langsamer zu fahren oder doch wenigstens auszuweichen. Ein Zusammenstoß schien unabwendbar. Bevor dies geschah, ver-

schwand der Lastkraftwagen übergangslos. Auch er war nur ein Phantom.

Unversehrt, aber total erschöpft kamen die Fergusons in Annan an. Der unglaubliche Spuk hatte eine halbe Stunde gedauert. Dereck war fest davon überzeugt, daß, wenn er von der Straße abgebogen wäre oder längere Zeit angehalten hätte, sie heute nicht mehr unter den Lebenden weilen würden.

Es heißt, in der dortigen Gegend habe man früher Schwarze Magie betrieben. Womöglich wurden damals Kräfte geweckt, deren spontane Entfesselung auch heute nicht vorhersehbar ist.

1 Ein Hauch von »Nichts«

Es ist spät abends. Sie betreten die eigene Wohnung, ein
Hotelzimmer oder das Haus ihres Nachbarn, das sie
während dessen Urlaub zu hüten haben. Niemand außer
ihnen hält sich dort auf. Sie sind mutterseelenallein.
Und dennoch haben sie mit einemmal das Gefühl, daß da
jemand ist, jemand, der sie genau beobachtet, alle ihre Bewegungen verfolgt. Sie glauben Atemzüge, ungewöhnliche
Geräusche zu hören – Dinge, auf die sie normalerweise nie
achten würden. Sie spüren förmlich die Anwesenheit einer
»fremden Wesenheit«, eines Etwas, das seine Anonymität
nicht preisgeben will. Hält dieser »Ausnahmezustand« länger an, kann es sein,
– daß sie diese Wahrnehmung einfach auf sich beruhen lassen, sie ganz ignorieren;
– daß sie als verstandesmäßig orientierter Mensch die
»natürlichen« Ursachen ihrer Gefühlsreaktion zu ergründen versuchen, um Abhilfe zu schaffen, oder
– daß sie panisch reagieren und unverzüglich ihren Psychiater konsultieren.
Das, was sie wahrzunehmen glauben, ist eine Erfahrung,
die in angelsächsischen Ländern als »presence« (Anwesenheit) oder, frei übersetzt, *Präsenz* bezeichnet wird. Es ist
dies etwas, das für uns unsichtbar vorhanden ist und nur
rein gefühlsmäßig erfaßt werden kann. Bei uns ist diese

Form der Vorstufe einer quasi-visuellen Erscheinung weniger bekannt, es sei denn, sie ginge mit spontanen psychokinetischen Manifestationen einher, was sie in unseren Augen als Spuk ausweisen würde, von dem die meisten Parapsychologen ohnehin glauben, daß er mehr von anwesenden Personen – häufig von pubertierenden Jugendlichen – ausgelöst wird.

Vielfach werden solche gefühlsmäßig registrierten »Erscheinungen« mit der Anwesenheit von etwas Abgrundbösem in Verbindung gebracht. Die Ursachen für dieses Vorurteil sind wohl mehr psychologischer Natur. Bei »sichtbaren« Erscheinungen weiß man letztlich um deren immaterielle Beschaffenheit und … Harmlosigkeit, was bei unsichtbaren, nur gefühlsmäßig erfaßten Entitäten, den *Präsenzen,* nicht der Fall ist. Die meisten Menschen empfinden die Gegenwart von Präsenzen als eine Bedrohung, da von ihrer Anonymität etwas Undefinierbares, Unheilvolles ausgeht.

Nicht immer lassen sich Präsenzen pathologisch, d. h. mit Hypersensibilität, »überreizten« Nerven, halluzinatorischen Einflüssen oder gar mit Wahnvorstellungen erklären, zumal diese Begriffe nicht klar umrissen sind und nichts Definitives über die eigentlichen Ursachen aussagen.

Die Familie eines protestantischen Geistlichen namens LeLeau lebte viele Monate in einem Haus, das im wahrsten Sinne des Wortes von einer bösartigen Präsenz – einer durch und durch negativen Entität – heimgesucht wurde. Ihr Fall, der für diese Art von Phänomenen besonders aufschlußreich ist, wurde nach eingehender Prüfung in der April-Ausgabe 1951 des »Journal of the American Society for Psychical Research« veröffentlicht.

Das Übel begann mit dem Einzug der LeLeaus in ein im Stil der Südstaaten errichtetes Haus in Oklahoma. Wochenlang hatten sie nach einer akzeptablen Unterkunft gesucht, die sie nun mit dem alten romantischen Haus gefunden zu haben glaubten. Es war recht geräumig, besaß eine große Veranda und einen schattigen Hof – ein Anwesen, so richtig zum Wohlfühlen.

Doch schon in den ersten Wochen nach ihrem Einzug fühlte Esther LeLeau die Gegenwart einer immateriellen Wesenheit. Sie schien vom mittleren Teil der Treppe aus in Richtung der im Parterre gelegenen Räume zu wandern. Die fremde »Kraft« machte sich meist während der späten Abendstunden bemerkbar, wenn Reverend LeLeau in Kirchenangelegenheiten unterwegs war. Aufgrund der Beharrlichkeit und zunehmenden Stärke, mit der sich das sonderbare Phänomen dort manifestierte, stellten sich bei Frau LeLeau alsbald nervöse Störungen ein. Sie erinnert sich: »Je später es wurde, um so mehr nahm sie [die unsichtbare Kraft] an Stärke zu, bis sie – ich konnte sie deutlich spüren – gegen 22 Uhr unmittelbar anwesend war und ›wartete‹. Im Zustand höchster Intensität nahm sie in meiner Vorstellung Gestalt an: eine große, gesichtslose, wie von einem Leichentuch umhüllte Wesenheit von extremer Bösartigkeit. Sie war da in der Halle... abwartend und voller Haß. Ich saß entweder im Studierzimmer oder lag wach im Bett mit der festen Absicht, mich nicht zu fürchten, denn ich wußte, daß, wenn das geschehen würde, alles verloren wäre.«

Der destruktive Einfluß der unsichtbaren Entität auf das Wohlbefinden von Frau LeLeau wurde allmählich so stark, daß sich ihr Gesundheitszustand zunehmend verschlechterte. Es hatte den Anschein, als ob irgend etwas alle Energie aus ihrem Körper saugen würde. Ihrem Mann gegenüber schwieg sie sich zunächst aus, um ihn nicht mit etwas zu belasten, das sie für ihre »ganz private Hölle« hielt. Doch dann mußte sie feststellen, daß ihr Mann die

Gegenwart des »Bösen« ebenfalls wahrnahm. Durch gegenseitigen Vergleich ihrer Tagebücher fanden sie heraus, daß beide mit der penetranten Präsenz sehr ähnliche Erfahrungen gemacht hatten, und dies völlig unabhängig voneinander.

Im Laufe der Zeit wurde die Präsenz für die LeLeaus fast zur physischen Realität. Jedesmal, wenn der Hauch des »Bösen« in ihr Haus wehte, spürten sie dessen Anwesenheit ganz deutlich, fast körperlich. Sie hatten beide den Eindruck, daß die »Wesenheit« aus einer Zisterne im Keller des Hauses aufsteigen und durch eines der Fenster im oberen Stockwerk in ihre Wohnung eindringen würde. Ihr »Besuch« erfolgte ausschließlich bei Dunkelheit, sobald die Beleuchtung ausgeschaltet war. Gegen zwei Uhr nachts – von einem Augenblick zum anderen – endete der Spuk, konnten die LeLeaus beruhigt einschlafen.

Frau LeLeau wußte sich keinen Rat, wie sie das »Ding« loswerden sollte. Sie betete und legte überall im Haus Bibeln aus; aber all dies blieb wirkungslos. Sie kränkelte immer häufiger, und ihr Mann verbrachte keine Nacht ohne Alpträume. Da die Manifestationen immer schlimmer wurden, entschlossen sich die LeLaus, so schnell wie möglich auszuziehen. Die letzte Nacht, die sie in dem spukgeplagten Haus verbrachten, war die schlimmste überhaupt. In jener Nacht will der Reverend beim Packen seiner Bücher die Präsenz sogar quasi-visuell wahrgenommen haben... in einem Raum, der bis dahin von all dem verschont geblieben war.

Ein weiterer Fall, der auf die Anwesenheit einer destruktiven Präsenz hindeuten könnte, der durch das sonderbare Verhalten eines Haustieres an Objektivität gewinnt, wird aus Herne Bay, Grafschaft Kent (England), berichtet. Dort hatte im Jahre 1930 eine Familie Brown (Pseudonym) aufgrund einer Anzeige in der lokalen Presse ein Haus gemietet, einen zweistöckigen Bungalow, der von dichtem Baumbestand umgeben war. Gleich in der ersten Nacht machte Herr Brown eine erschreckende Feststellung: »Meine Frau und die Kinder schliefen oben und ich im Parterre. Gleich nachdem ich mich zur Ruhe begeben hatte, war ich unbeschwert eingeschlafen. So gegen zwei Uhr wurde ich mit einemmal hellwach ... starr vor Entsetzen. Ich sah und hörte nichts, was meine Erregung erklärt hätte, aber der Raum, in dem ich schlief, war erfüllt von etwas Bösem. Gleich am nächsten Morgen versuchte mich meine Frau, der ich dies alles erzählt hatte, davon zu überzeugen, daß ich nur einen Alptraum gehabt hätte. In der Nacht darauf machte ich jedoch die gleiche schlechte Erfahrung. Daher nahm ich in der dritten Nacht unseren Aberdeen-Terrier mit ins Schlafzimmer, wo er sich sogleich auf der Bettdecke behaglich ausstreckte. Als mich dann gegen zwei Uhr nachts erneut das Gefühl einer unsichtbaren Bedrohung überkam, sprang der Hund sofort vom Bett, um bäuchlings aus dem Zimmer zu schleichen. Selbst am nächsten Tag konnten wir ihn nicht zum Betreten des Raumes bewegen. Sobald wir ihn hineintrugen, heulte und knurrte er. Daraufhin wechselte ich das Schlafzimmer und blieb fortan unbehelligt.«

Bedauerlicherweise ließ sich später nicht mehr feststellen, ob die von Brown ausschließlich im Schlafzimmer wahrgenommene bösartige Präsenz etwa auf die feinstoffliche Anwesenheit eines der früheren Hausbesitzer oder Mieter zurückzuführen war. Freilich darf auch nicht die Möglichkeit ausgeschlossen werden, daß die Bewohner eines Hauses dessen psychische »Atmosphäre« zum Teil selbst, d. h. paranormal und paraphysikalisch beeinflussen. Im Fall des Herne Bay-Hauses deutet allerdings manches auf eine negative Einflußnahme durch frühere Bewohner hin, zumal sich die Präsenz stets zur gleichen Zeit manifestierte. Vielleicht lag ihr ein einschneidendes lokales Ereignis – ein Selbstmord oder ein anderes Verbrechen – zugrunde.

Präsenzen werden, wie bereits angedeutet, nicht selten vor der Manifestation echter, d. h. quasi-visueller Erscheinungen wahrgenommen. In vielen Fällen stellen sie nur die Ouvertüre zum eigentlichen spektralen Geschehen dar. Sie veranlassen eine Person, das erst nur vage Erspürte zu orten, um es schließlich vor sich auftauchen zu sehen – ein Stimulanzprozeß also, der auch sogenannte Spuk- oder Poltergeistphänomene auszulösen vermag.

Der bekannte amerikanische Philosoph und Psychologe William James (1842–1910) meinte einmal mit Blick auf den noch weitgehend unerforschten Bereich der *Präsenzen*: »So, wie diejenigen, die diese Erfahrung (Präsenzen) gemacht haben, hierüber sprechen, könnte man meinen, daß es sich um einen unzweideutigen und positiven Geisteszustand handele, verbunden mit dem Glauben an die Realität der [wahrgenommenen] Objekte, der genau so stark sein kann wie jede unmittelbare Sinnesempfindung. Und dennoch ist hiermit offenbar *überhaupt keine* Sinneswahrnehmung verbunden... Dem Phänomen scheint lediglich eine Konzeption zugrunde zu liegen, die von quälender Dringlichkeit gesättigt wird, so, wie sie gewöhnlich nur [echte] Sinneseindrücke hervorrufen.«

Dr. Mcdonald Critchley hat sich in seiner Eigenschaft als Neurologe ausführlich mit den medizinischen und psychologischen Aspekten der Präsenz-Wahrnehmung auseinandergesetzt. In seinem Buch »The Divine Banquet of the Brain« (Das göttliche Bankett des Gehirns) beschreibt er Präsenzen als »eine ziemlich ungewöhnliche geistige

Erfahrung«, die einigen Psychotikern, seltener hingegen Epileptikern sowie, unter gewissen Umständen, auch »normalen« Menschen zuteil wird. Critchley bedauert die unzureichende Erörterung dieses Phänomens im neuropsychiatrischen Schrifttum und meint, den flüchtigen Charakter der Präsenzen ansprechend: »Manchmal ist die Vorstellung [von einer Präsenz] recht lebhaft, ein anderes Mal wiederum nur schwach ausgeprägt. Sie kann längere Zeit andauern oder auch nur von kurzer Dauer sein, wiederholt in Erscheinung treten und dann wieder verschwinden, an Stärke zu- und abnehmen usw. Über die Identität der ›Besucher‹ bzw. der Präsenzen herrscht nur selten Klarheit. Normalerweise vermittelt lediglich ein bestimmtes Gefühl den Eindruck, als ob sich jemand in unserer Nähe befände. Der Eindruck kann sich aber auch auf ein unbestimmtes Gefühl des Nichtalleinseins beschränken. Präsenzen können wohlgesonnen oder bösartig, schützend oder bedrohlich erscheinen. Gelegentlich lösen sie überhaupt keine Emotionen aus: In solchen Fällen erscheinen die Präsenzen eher neutral, farblos und für den Wahrnehmenden ohne persönliche Bedeutung.«

Dr. Critchley sieht von einem vagen Gefühl der Präsenznähe über eine Zwischenstufe, in der man von der Existenz einer unsichtbaren, unhörbaren und nichtberührbaren Entität überzeugt ist, bis hin zur quasi-sichtbaren, -hörbaren und -taktilen (Psi-)Halluzination fließende Übergänge.

Professor Graham Reed, der an der York University, Kanada, einen Lehrstuhl für Psychologie innehat, beschreibt die Wahrnehmung einer Präsenz als das »unbestimmte Gefühl, nicht allein zu sein, obgleich niemand körperlich anwesend ist«. Dieses Gefühl wird, seiner Ansicht nach, weder durch visuelle noch durch akustische oder andere Sinneneindrücke verursacht.

Die fortdauernde verstärkte Wahrnehmung von Präsenzen wird von der Psychiatrie bedauerlicherweise nur halluzinativ, d. h. pathologisch, gewertet. Man vergißt dabei, daß auch gesundheitlich völlig intakte Personen mitunter die Anwesenheit nichtkörperlicher Wesenheiten zu spüren glauben. Spaziergänger, die spät abends auf einsamen Straßen dahineilen, Bergsteiger in unwegsamem Gelände und Wachleute, die in menschenleeren Fabrikhallen ihren Nachtdienst verrichten, haben bisweilen den Eindruck, von irgend jemand oder irgend etwas beobachtet oder gar verfolgt zu werden. Das Gefühl ist da, ohne daß die »Belästigten« diesen Zustand näher begründen könnten. »Überreizte Nerven« ist so ziemlich das einzige, was man als Entschuldigung vorzubringen hat.

Professor Reed sieht in manchen der Präsenz-Erfahrungen ganz natürliche Ursachen: z. B. erhöhte Suggestibilität, ausgelöst durch den Aufenthalt in einsamen Gegenden, in alten Bauten und Gewölben, urplötzliches Aufkommen von Zugluft oder echobedingte, anomale Geräusche. Es mag stimmen, daß solche Ursachen für einen Teil der Präsenzen, jedoch längst nicht für alle ausschlaggebend sind. Viele der hier aufgeführten Fälle ereigneten sich im Umfeld ausgeglichener, psychisch stabiler und keineswegs verängstigter oder nervöser Menschen, in Häusern und Wohnungen, die ihrer Beschaffenheit nach keine derartigen Manifestationen erwarten ließen. Daher erscheint es angebracht, hinter Präsenzen nicht nur psychisch-pathologische, sondern auch paranormale Einflüsse zu vermuten, über deren Herkunft durchaus spekuliert werden darf.

Präsenzen werden vorwiegend in privaten Sphären geschlossener Räume, weniger hingegen im Freien wahrgenommen. Bergsteiger und Forschungsreisende, die tage- und wochenlang entlegene Regionen durchstreifen, natur- verbundene Menschen, deren Denken einzig und allein auf die Vermeidung ständig drohender Gefahren – auf das Überleben – ausgerichtet ist, berichten des öfteren über in- teressante Erfahrungen mit dem Unsichtbaren, über Erleb- nisse, die mitunter groteske Formen annehmen.

Der Polarforscher und Extrem-Bergsteiger Sir Ernest Shakleton will in den Bergen des südlichen US-Bundesstaa- tes Georgia ein solches Erlebnis gehabt haben, auf das er in seinem Buch »South« näher eingeht. Er und seine Begleiter behaupten, bei gefährlichen Bergtouren stets einen »Extra- Mann« – eine nicht sichtbare, gedachte Wesenheit – um sich gehabt zu haben. Sie existierte ausschließlich in ihrer Ge- dankenwelt – im virtuellen Zustand, wie Physiker sagen würden.

Noch abenteuerlicher liest sich die Geschichte des bekann- ten amerikanischen Bergsteigers Frank Smythe in »The Adventures of a Mountaineer« (Die Abenteuer eines Berg- steigers). Er hatte nämlich bei einem Alleingang am Mt. Everest einem unsichtbaren »Begleiter« gedankenverloren etwas Nahrung angeboten, um nach einer Weile die Unsin- nigkeit seines Tuns zu erkennen. Oder handelte er doch etwa guten Glaubens? Das Gefühl der Anwesenheit einer weiteren, nicht sichtbaren Person scheint im Zustand der Isolation besonders ausgeprägt zu sein.

Die als Präsenzen ausgewiesenen Entitäten oder »Kräfte« können sich offenbar auch über kleine Landstriche er- strecken und dort, wie in sogenannten Spukhäusern, ihren negativen Einfluß geltend machen. So entdeckte der engli- sche Schriftsteller Tom Lethbridge in unmittelbarer Nähe der Lodram-Bucht an der englischen Küste ein Stück Land, das allem Anschein nach negativ infiltriert war. Als er und seine Frau eines Tages dort Seegras sammelten, wurden sie plötzlich von panischer Furcht befallen. Der mit paranormalen Phänomenen befaßte Lethbridge war von dieser »Zone des Bösen« so fasziniert, daß er am nächsten Tag die gleiche Stelle erneut aufsuchte, um nach den Auslösern ihrer Gefühlsaufwallung zu forschen. Aufgrund seiner medialen Fähigkeiten konnte er nachweisen, daß diese Zone einer unterirdischen Wasserader folgte, die zum Ufer führte. Noch während er mit der Untersuchung befaßt war, hatte seine Frau eine Anhöhe in Ufernähe bestiegen, um den für sie unerträglichen »Kräften« zu entgehen. Dennoch verspürte sie selbst dort noch einen inneren Zwang, in die Tiefe zu springen. Sie mußte ihre ganze Willenskraft aufbieten, um dem destruktiven Einfluß zu widerstehen.

In jüngster Zeit versuchen amerikanische Parapsychologen und Sensitive des »Office of Paranormal Investigation« unter der Leitung von Loyd M. Auerbach, Buchautor und redaktioneller Mitarbeiter von »Fate«, in spukverseuchten Häusern die Anwesenheit von Präsenzen nicht nur gefühlsmäßig, sondern indirekt auch meßtechnisch zu ermitteln. Hierbei werden mit sogenannten »Tri-Field-Meter« lokale Anomalien (Veränderungen) der magnetischen, elektromagnetischen und Mikrowellenfelder gemessen. Man vermutet, daß zwischen dem Auftauchen bzw. Verschwinden von Präsenzen (sowie Erscheinungen) und dem Auf- bzw. Abbau eines Magnetfeldes gewisse Zusammenhänge bestehen.

Die von Professor Tiller als *Fünfte Kraft* postulierten und als völlig real bezeichneten »subtilen Energien« (vgl. Kapitel III/5) – sie halten sich im Quantenvakuum versteckt und sind daher physikalisch nicht direkt anmeßbar – werden offenbar durch magnetische Feldstrukturen in unsere materielle Welt geschleust, wo sie entsprechende Anomalien verursachen. Wenn den hier erwähnten Präsenzen, aber auch den quasi-visuellen Erscheinungen besagte »subtile Energien« zugrunde liegen sollten, müßten die »Tri-Field-Meter« tatsächlich auf deren Anwesenheit reagieren. Doch damit sind die Möglichkeiten des Aufspürens unsichtbarer Entitäten oder Kräfte noch lange nicht erschöpft. Die Klinische Psychologin Dr. Edith Fiore, Saratoga, Kalifornien, nennt in ihrem Buch »The Unquiet Dead« (Die unruhigen Toten) gleich mehrere Indizien, die auf die Anwesenheit von Präsenzen hindeuten könnten:

– *Ungewöhnliches Verhalten von Haustieren:* Manchmal verhalten sich z. B. Katzen so, als ob sie mit den Augen fasziniert den Bewegungen eines für uns unsichtbaren Objekts folgten, wobei sich mitunter ihr Fell vor Erregung sträubt. Hunde knurren oder bellen scheinbar ohne Grund, nehmen mit eingezogenem Schwanz vor irgend etwas Reißaus.

– *Unerklärliche Scharr- und Klopflaute:* Sie scheinen aus Wänden und Tischen zu kommen.

– *Physikalisch nicht erklärbare Objektbewegungen:* Diese paraphysikalischen Phänomene werden normalerweise als Spuk oder Poltergeist-Aktivitäten bezeichnet. Sie können durch anwesende Personen (animistische Erklärung), aber auch durch autonome »jenseitige« Entitäten ausgelöst werden. Hierzu gehören auch Levitationen und paraphysikalische Objektversetzungen (Teleportationen, Apporte usw.).

– *Taktile, Hör- und Geruchsphänomene paranormaler Art:* Sogenannte Psi-Halluzinationen, die streng wissenschaftlich nur subjektiv gewertet werden.

– *Sogenannte »kalte Stellen«, unerklärliche Zugluft:* In von Spuk (und Erscheinungen) heimgesuchten Häusern wird häufig über Örtlichkeiten berichtet, die im Vergleich zu den Raumtemperaturverhältnissen insgesamt wesentlich kälter sind. An diesen Stellen werden Übergänge zu anderen (höherdimensionalen) Realitäten vermutet. Ähnliches gilt für das unerklärliche Auftreten von Zugluft in geschlossenen Räumen.

2 Traumland

»Man träumt nicht, man wird geträumt.
Wir unterziehen uns dem Traum,
wir sind die Objekte.«

C. G. Jung (1875–1961)

Im Juni 1992 hatte ein Mann aus Forest Hills bei New York einen unwirklichen, schrecklichen Traum. Er wähnte sich in einem Appartement, dessen Fenster und Türen sich selbständig öffneten und schlossen. Unsichtbare Wesen kamen und gingen. Im Traum schrie er sie an, ihn nicht zu stören, die Wohnung augenblicklich zu verlassen.
Mit einemmal schwebte eine »schwarze Gestalt« über ihm, die sich bedrohlich auf ihn herabzulassen begann. Zu Tode erschrocken, stieß der Mann seinen rechten Arm mit aller Wucht nach oben, um den Angreifer gewaltsam abzuwehren. Er erinnert sich: »Das Merkwürdigste an der Sache war, daß ich sie [die Wesenheit] ›fühlen‹ und wegschubsen konnte. In dem Augenblick, als ich sie berührte, wachte ich auf. Halbwegs zwischen Schlafen und Wachen... hatte ich den Angreifer richtig geschlagen, und meine Hand hatte ihn berührt, so als ob er wirklich da gewesen wäre.«
Daraufhin verschwand das Phantom, und der Mann wurde vollends wach. Sein Herz raste. Er schrie aus Leibeskräften, was seine Frau aufweckte, die ihn wieder zur Besinnung brachte, ihn beruhigte. Festzuhalten wäre noch, daß die

durch diesen Horrortraum zutiefst geschockte Person von der Realität des Erlebten fest überzeugt war.

Man fragt sich, welchen Realitätsstatus man solchen Erscheinungen letztlich zubilligen soll. Handelt es sich hierbei um real existierende Objekte des eigenen Bewußtseins (sogenannte »Gedankenobjekte«), um Phantasieprodukte, ohne quasi-materiellen Bestand oder um eigenständige Wesenheiten einer für uns unvorstellbaren, umheimlichen Welt der Halbträume, in die sich unser Bewußtsein gelegentlich hineinverirrt, um dann mit Mühe und Not wieder herauszufinden?

Da ein Großteil der Erscheinungen im hypnagogen, d. h. in einem traumartigen Zustand – der sogenannten REM-Phase – wahrgenommen wird, messen ihnen die meisten von uns, wenn überhaupt, nur eine untergeordnete Bedeutung bei. Alles, was nicht direkt visuell-erkennbar und möglichst noch materiell-faßbar ist, gilt nach heutiger Ansicht als nicht real existent und daher als irrelevant.

Dennoch haben Mediziner in aller Welt in den letzten Jahrzehnten große Anstrengungen unternommen, um in sogenannten Schlaflabors Zusammenhänge zwischen Schlaf, Traum und Psi-Phänomenen aufzudecken. Indem man heute zwischen völlig differenten Schlafphasen und Traumarten zu unterscheiden vermag, ist man auch der Aufhellung des Erscheinungsphänomens ein gutes Stück nähergekommen.

Unser Gehirn erzeugt bekanntlich Aktionspotentiale in der Größenordnung zwischen 10 und 100 Mikrovolt, die 1924 erstmals von dem Jenaer Professor Hans Berger mit einem Vorläufer des modernen Elektroencephalographen aufgezeichnet wurden.

Elektroencephalogramme (EEGs) gehören heute zu den wichtigsten Hilfsmitteln der Gehirnuntersuchung. Sie sagen eine Menge über die Vorgänge im Gehirn, so unter anderem während Denk-, Schlaf- und Traumphasen, aus. Wichtiger noch als die Potentialunterschiede sind bei der Auswertung von EEGs die Schwingungsrhythmen – die Frequenzen.

Beim ruhenden Menschen werden in der ersten Vorschlafphase – bei geschlossenen Augenlidern – Alpha-Wellen mit einer Frequenz zwischen 8 und 12 Hz (Hertz = Anzahl der Schwingungen pro Sekunde) gemessen. Die Nervenzellen sind, gekennzeichnet durch eine besondere Frequenz, auch dann noch aktiv, wenn wir »abschalten«. Sobald man die Augen öffnet, wird der Alpha-Rhythmus unterbrochen. Der Alpha-Phase schließt sich das Einschlafstadium an, das im EEG durch sogenannte Theta-Wellen mit 5 bis 7 Hz in Erscheinung tritt. Diese Phase ist durch langsames Abgleiten in eine Art »Bewußtlosigkeit« gekennzeichnet, womit natürlich nur das Tages- oder Wachbewußtsein, nicht hingegen das Unbewußte gemeint ist, das gerade in dieser Phase auf höchste Aktivität umschaltet. Jeder von uns kennt diesen Zustand zwischen Wachen und Einschlafen, in dessen Verlauf unsere Muskulatur plötzlich und unkontrollierbar zusammenzuckt oder wir ins Bodenlose zu stürzen glauben. Diesem Zustand folgt nach kurzer Dauer das Leichtschlafstadium mit Delta-Wellen von weniger als 4 Hz. Jetzt setzen die ersten, weniger intensiven Träume ein, was sich durch das Hin- und Herrollen der Augäpfel hinter geschlossenen Lidern bemerkbar macht. Man hat den Eindruck, als ob der Träumende vergeblich nach den Ursachen für dieses Stadium der typischen wirren, phantasiereichen Traumfetzen suchen würde. Das mitteltiefe Schlafstadium ist durch größere Delta-Wellen gekennzeichnet, die auf eine weitere Entspannung des Körpers hindeuten. Langsame Delta-

Wellen sind ein Indiz für den ausgesprochenen Tiefschlaf, das letzte und eigentliche Schlafstadium.

Ein paradoxer Schlafzustand tritt ein, wenn drei- bis viermal pro Nacht der Tiefschlaf unterbrochen wird, um einer schlafunähnlichen Aktivität zu weichen, die im Wachzustand durch erhöhte Aufmerksamkeit, Konzentration und geistige Tätigkeit charakterisiert ist. Dieser *paradoxe Schlaf,* in dessen Verlauf Herzschlag und Blutdruck unregelmäßig werden, aber auch Sauerstoffverbrauch und Adrenalinerzeugung zunehmen, hat seine Ursache im Stammhirn. Dieser Zustand wird als *REM-Phase* bezeichnet. Im EEG zeigt sich nunmehr der für den Wachzustand typische Beta-Wellen-Rhythmus von etwa 30 Hz. Ganz im Gegensatz zu den langsamen, willkürlichen Augapfelbewegungen im Leichtschlafstadium werden jetzt die Augäpfel hinter den geschlossenen Lidern ruckartig, aber synchron hin- und herbewegt. In dieser Phase wollen Testpersonen amerikanischer Schlafkliniken stets ausgeprägte Traumerlebnisse gehabt haben.

Interessant sind vor allem die *luziden* oder *Hellträume.* Bei den sogenannten *präluziden Träumen* fragt sich der Träumende, ob er nun eigentlich träume oder ob er wach ist. Während der sich anschließenden total luziden Traumphase weiß die betreffende Person mit Sicherheit, daß sie träumt und daß sie Inhalt bzw. Handlung des Traums beeinflussen kann. Sie ist dem Geschehen nicht hilflos ausgeliefert, sondern kann interaktiv eingreifen.

Der mithin wichtigste Unterschied zwischen einem luziden Traum und dem Wahrnehmen einer Erscheinung besteht darin, daß bei ersterem der Betreffende einen Einblick in das Wesen seiner Erfahrung gewinnt. Er weiß, daß das, was er »erlebt«, halluzinativer Natur ist. Hingegen wird die Person, die eine Erscheinung sieht, erst später (nach dem

Traum) den irrealen Charakter derselben erkennen. Selbst, wenn er feststellen sollte, daß die wahrgenommene Person unecht ist, hält er diese dennoch nicht zwangsläufig für eine Halluzination. Man erinnert sich eines Helltraumes so, als würde man die wahrgenommenen Handlungen im Wachbewußtsein erlebt haben. Die Ursache hierfür ist einleuchtend: Bei Hellträumen verfügen die meisten Menschen über große Teile ihres normalen Gedächtnisses. Nur das Tagesgedächtnis bleibt inaktiv. Während Normalträume meist Phantasiegebilde sind, ohne jeglichen logisch erkennbaren Zusammenhang, verlaufen und enden Hellträume meist konsequent. Bei letzteren ist das Kritikvermögen des Träumers stark ausgeprägt und die Traumhandlung außerordentlich realistisch. Fast jeder Mensch hat schon einmal derartige Träume erlebt. In ihrem Verlauf werden, wie im Wachzustand, oft Überlegungen angestellt, wie sich kritische Traumsituationen abwenden lassen, ohne die Regeln der physischen und physikalischen Welt zu verletzen. Es sind dies sozusagen »Sandkastenspiele« im Transzendenten. Sobald derartige Träume ins Phantastisch-Absurde abgleiten, gelten die Gesetze des Normaltraumes. Häufig vermag der Erwachende die Echtheit des eben Erlebten nicht richtig einzuschätzen. Gelingt es jemandem, den im Helltraum erreichbaren höheren Bewußtseinszustand zu erkennen, ihn vielleicht sogar willentlich herbeizuführen und die Traumsituation richtig einzuschätzen, vermag er gelegentlich erstaunliche hellseherische Leistungen zu erbringen – einen Blick in die Zukunft zu werfen.

Im Schlaf, wenn unser Wachbewußtsein seine Aktivitäten auf ein Minimum zurückfährt, unternimmt die »tiefer« liegende Komponente unseres Bewußtseins – das Unbewußte – Vorstöße in andere, parallele Welten, die uns normalerweise verschlossen sind. Und in diesen (unserer Definition nach) immateriellen Welten, wie von Burkhard Heim beschrieben, gibt es keine raumzeitlichen Beschränkungen, kein Vorher und kein Nachher. Für den, dessen Unbewußtes in dieses Traumland eindringt, entstehen durch Aufhebung der Kausalität mitunter verwirrende Situationen. Wenn die Schranken zwischen Vergangenheit, Gegenwart und Zukunft fallen und sich alles wie auf einem Präsentierteller gleichzeitig vor uns ausbreitet, verlieren wir jeglichen Orientierungssinn, werden wir selbst zu einer spektralen Wesenheit, die, zu irgendeiner Zeit an irgendeiner Stelle – zum Erstaunen dann und dort Anwesender – aus dem Nichts auftaucht, um ein »geisterhaftes« Debüt zu geben. Insofern scheint jeder zu jederzeit alles zu träumen, scheint unsere Welt und das, was sich in ihr abspielt, nichts anderes als ein einziger großer Traum zu sein.

Daß unser Unbewußtes im Schlaf tatsächlich die Raumzeit-Barrieren durchbricht, erhellt allein schon aus dem, was Parapsychologen als *Präkognition* (Vorauswissen) bezeichnen. Eines der interessantesten Beispiele für den zeitneutralen Charakter von Träumen – dafür, daß unser Unbewußtes im streßfreien Zustand in eine offenbar präformierte Zukunft vorzudringen vermag – ist das spektakuläre Traumerlebnis des irischen Flugzeugingenieurs John William Dunne (1875–1949), der zu Beginn dieses Jahrhunderts ein schweres Eisenbahnunglück »vorausgeträumt« hatte.

Eines Nachts im Herbst 1913 träumte er, daß er nördlich der Forth Bridge, auf einem Eisenbahndamm stehend, eine ungewöhnliche Szene beobachtete: Zu seinen Füßen erstreckte sich offenes Weideland, auf dem mehrere Menschengruppen umhergingen. Dieses Bild zeigte sich ihm mehrfach. Beim letztenmal bemerkte er, daß ein in nördlicher Richtung fahrender Zug über den Damm gestürzt war. Am Fuße der Böschung sah er mehrere Wagen liegen, auf die große Steinblöcke herabrollten. Am nächsten Tag warnte Dunne seinen Freund davor, mit diesem Zug nach Schottland zu fahren. Etwa ein halbes Jahr danach, am 14. April 1914, kippte der »Flying Scotsman« nahe Burntisland Station, etwa fünfzehn Meilen nördlich der Forth Bridge, über die Brüstung und stürzte auf den darunterliegenden Golfplatz.

Aufgrund dieses Traumerlebnisses und einer Reihe weiterer präkognitiver Erfahrungen befaßte sich der allem Anschein nach medial veranlagte Dunne eingehend mit dem Wesen der Zeit. Er entwickelte seine berühmte Theorie des *Serialismus,* die die Zeit als vierte Dimension begreift – damals eine beachtliche intelligente Leistung. Heute lassen sich anhand des von Burkhard Heim entwickelten 12D-Weltbildes (vgl. Kapitel II/2), des logisch aufgebauten Hyperraum-Modells, präkognitive Erlebnisse natürlich besser interpretieren als nach der umständlichen Dunneschen Konzeption, da es auch immaterielle Parameter wie z. B. das Bewußtsein berücksichtigt.

Die »Realität« der in betawellen-artigen REM-Phasen erträumten Handlungen könnte womöglich schon dadurch als erwiesen gelten, daß Wissenschaftler bereits Zweifel angemeldet haben, ob man die aktive Schlafphase überhaupt als »Schlaf« bezeichnen soll. Aktiver oder Traumschlaf ist eine Zeit geistigen Wachzustands – eine Art Selbststimulierung, die das System fit hält, indem sie den Organismus auf das körperliche Erwachen vorbereitet, falls sich dies als notwendig erweisen sollte.

Erst in jüngster Zeit haben Neurologen festgestellt, daß im Traum das menschliche Gehirn voll aufwacht, daß sein Energieumsatz Spitzenwerte erreicht. Diese Erkenntnis beruht auf Untersuchungen von Professor Wolf Dieter Heiss und dessen Mitarbeiter am Max-Planck-Institut für

Neurologische Forschung, Köln, nachdem sie erstmals mit Hilfe der Positronen-Emissions-Tomographie (PET) die traumversunkenen Gehirne von Versuchspersonen durchleuchtet hatten. Bei diesem High-Tech-Diagnoseverfahren verfolgt man mit hochempfindlichen Strahlendetektoren den Verbleib einer harmlosen, radioaktiv markierten Zucker-Injektion. Da aktive Nervenzellen sehr viele Kohlenhydrate umsetzen, erhält man so, durch Zwischenschalten komplizierter Computer-Systeme, farbige Schnittbilder des Gehirns, auf denen sich dessen augenblickliche Zonen der Ruhe und der Aktivität deutlich abzeichnen.

Wie nun aus den Kölner »Traumfotos« hervorgeht, ist die Aktivität der »kleinen grauen Zellen« im traumlosen Tiefschlaf über den gesamten Bereich des Gehirns vermindert, und zwar, verglichen mit dem Wachzustand, um durchschnittlich zwölf Prozent. Damit sind übrigens bislang gültige Theorien als überholt zu betrachten, wonach es im Gehirn spezifische Schlafkerne geben soll, die in der Nacht gleichsam zum Leben erwachten und dafür den Rest des Gehirns einschlafen ließen. Ausgerechnet der Stirnlappen – der fortgeschrittenste und am höchsten entwickelte Bezirk des Großhirns, der Sprache und Denken organisiert und den Menschen dazu befähigt, einen Schritt voraus in die Zukunft zu planen – legte mit einer Energiezunahme von 30 % am meisten zu.

Somit gilt es, nach Meinung der Kölner Neurologen, als erwiesen, daß Träume keineswegs »primitive, animalische Vettern des bewußten Geisteszustands« sind, wie dies Sigmund Freud auszudrücken pflegte. Mehr noch: Neben dem gleichsam »vorausschauenden« Stirnlappen beflügelt der Traumschlaf aber auch den Hippokampus – eine ältere Gehirnstruktur –, die unter anderem Erinnerungen aus dem

Langzeitgedächtnis zurückholt. Vielleicht liegt hierin die Erklärung dafür, warum im Traum längst Vergangenes und Hochaktuelles sowie Erwartungen für die Zukunft eine so merkwürdige »Mischung« eingehen. Dennoch reichen diese Feststellungen der modernen Gehirnforschung sicher nicht aus, um den eigentlichen Ursprung und den Operationsbereich der Hellträume zu erklären.

In der Nacht vom 11. zum 12. November 1994 hatte ich einen ungewöhnlich realistischen Traum: Ich befand mich zusammen mit Hunderten von Passagieren an Bord eines riesigen Shuttles, das uns zu einer im Erdumlauf befindlichen, besiedelten Raumstation bringen sollte. Offenbar handelte es sich um eine Art Pauschalflug mit kurzem Aufenthalt im Erdorbit. Ich wunderte mich schon über meinen Mut, eine Raumtour zu unternehmen, zumal ich schon mit Flugreisen meine Schwierigkeiten habe. Dennoch verspürte ich keinerlei Ängste, da Shuttleflüge bereits Routine zu sein schienen. Es kam mir vor, als würde ich mich auf einer jener altmodisch-bequemen Fähren aufhalten, wie sie zwischen Ostende und Dover verkehren, die mir bei all unseren Englandtouren immer ein wohltuendes Gefühl von Sicherheit und Geborgenheit vermittelten.

Ich empfand, daß der Hinflug nur ganze dreißig Minuten dauerte, was bedeuten könnte, daß mein Bewußtsein einen Teil der Reisezeit gerafft oder neutralisiert hatte, um das Traumerlebnis nicht ausufern zu lassen. Die Raumstation glich mehr einer ganz normalen Stadt, deren Gebäude, ähnlich wie beim Mont-Saint-Michel (Bretagne) um einen Berg herum verteilt waren.

Ich erinnere mich noch gut daran, einem anderen Raumtouristen gegenüber geäußert zu haben, daß die Grundstücke hier wahnsinnig teuer sein müßten. Vielleicht hatte man die Siedlung auf einem riesigen terraformierten Gesteinsbrocken errichtet, wie sie im erdnahen Weltraum in großer Zahl vorkommen sollen, gewissermaßen als Außenposten der menschlichen Zivilisation.

Und schon befanden wir uns wieder auf dem Rückflug zur Erde. Ein Laserstrahl tauchte vor uns auf, allem Anschein nach ein Leitsignal, das uns sicher zurücklotsen sollte. Vor der Landung erwachte ich; sie war im »Programmablauf« offenbar nicht vorgesehen.

Waren etwa die tiefen Schichten meines Bewußtseins Tage oder Wochen zuvor durch einschlägige Fernsehfilme, Rundfunksendungen bzw. Literatur entsprechend »programmiert« worden? Hatte mein Unbewußtes diese »Programmierung« weiter ausgeschmückt, auf meine Person abgestimmt, und machte sie mich zum interaktiven Teilnehmer eines Phantasie-Szenariums? Ich kann mich nicht erinnern, in jüngster Zeit etwas Ähnliches über die Funk- und Printmedien aufgenommen zu haben.

Um was aber könnte es sich bei dem von mir als außerordentlich realistisch empfundenen Erlebnis sonst gehandelt haben? Erlebte ich den Shuttleflug als reinkarnierte Version meines Ich-Bewußtseins? War ich als echte Parallel-»Ausgabe« meines Selbst zu einer Zeit unterwegs, in der Touristen-Raumflüge zur Allgemeinbildung gehörten? »Gehören werden« wäre wohl die richtigere Formulierung. Oder hatte mein Hier-und-heute-Bewußtsein an einem Raumflug teilgenommen, der erst in 50 oder 100 Jahren möglich sein dürfte – als »Ghost«-Tourist? Nicht auszuschließen wäre dann, daß mich jemand als spektralen blinden Passagier, als Erscheinung, wahrgenommen hat – als einen »Besucher aus der Vergangenheit«.

Was aber ist dann Traum und was Wirklichkeit, was Vergangenheit und was Zukunft? Wo beginnt die Realität? Gibt es die überhaupt?

3 Im Auftrag des Schicksals

An einem klaren Dezembertag des Jahres 1964 ist der aus Arizona stammende John Blasi allein unterwegs, um in den Pocono Mountains (Pennsylvania) Rotwild zu jagen. Da er als Gast des örtlichen *Rod & Gun Club* mit dem dortigen Gelände nicht weiter vertraut ist, folgt er einfach einem ausgetretenen schlammigen Pfad, von dem er annimmt, daß dieser vorzugsweise von einheimischen Jägern benutzt und ihn zum Ziel führen wird. Plötzlich, völlig unerwartet, sieht er etwa zehn Meter vor sich zu seiner Rechten im Schatten der Bäume das Gesicht seiner schon vor Jahren verstorbenen Mutter. Es gleicht dem Porträt, das sein Vater anfertigen und nach ihrem Tod in dankbarer Erinnerung über dem Kamin im Wohnzimmer aufhängen ließ.

Blasi bleibt wie angewurzelt stehen. Er weiß nicht, was das Erscheinen seiner Mutter zu bedeuten hat, warum sie sich ihm gerade hier und jetzt zeigt. Instinktiv greift er zum Fernglas. Ein Blick genügt, um zu erkennen, daß er sich nicht getäuscht hat: Es ist tatsächlich seine Mutter, die ihm da zulächelt. Er begrüßt sie mehr in Gedanken und wartet auf das, was sie ihm mitzuteilen hat.

Nur wenige Sekunden steht er so da – Sekunden, die ihm wie Minuten vorkommen. Als die Erscheinung allmählich verblaßt, setzt Blasi gedankenversunken seinen Weg fort. Schon nach wenigen Schritten vernimmt er einen lauten Knall. Der Schuß, der von einer Anhöhe zu seiner Linken aus abgefeuert worden war, bringt ihn vollends zur Besinnung. Die Kugel war nur sechs Meter vor ihm in Kopfhöhe in einen Baum eingeschlagen und hatte dort die Rinde zerfetzt. Wäre Blasi nicht durch das plötzliche Erscheinen des Bildes seiner Mutter aufgehalten worden, hätte ihn die verirrte Kugel womöglich in den Kopf getroffen und getötet.

Es bleibt dahingestellt, ob Blasis Bewußtsein, in Erinnerung des häuslichen Porträts, die Erscheinung seiner Mutter selbst in die Umgebung projizierte oder ob sich die geistige Komponente der Verstorbenen jenseits von Raum und Zeit in sein Unbewußtes »einspiegelte«, um ihn aufzuhalten. Die Möglichkeiten der Entstehung solcher Phantasmen scheinen im Bereich höherdimensionaler Strukturen ohnehin zu überlappen. Wie auch immer: Irgend etwas hatte anders »disponiert«, hatte gewollt, daß ihm, zumindest an jenem Tag, nichts zustieß.

Erscheinungen Verstorbener zeigen sich meist ohne einen besonderen Anlaß, als ortsgebundener Spuk, der immer dann auftritt, wenn die »Umgebungsbedingungen« hierfür günstig sind. Die Literatur spektraler Manifestationen kennt aber auch eine ganze Reihe hochinteressanter Fälle, in denen Erscheinungen offenbar eine bestimmte Mission zu erfüllen haben: die Lösung gewisser Probleme, Übermittlung von Warnungen vor gefährlichen Situationen, Aufklärung von Verbrechen oder auch die Verhinderung von Unfällen, soweit dies mit dem »vorprogrammierten« Schicksalsablauf vereinbar ist. Daß in visualisierten Psi-Halluzinationen natürlich auch Elemente der außersinnlichen Wahrnehmung einfließen, kann niemand verwundern, da es sich hierbei allemal um »abgehobene« Bewußtseinszustände handelt. Unsere im Unbewußten gespeicherten Informationen (auch solche präkognitiven Inhalts) und die Bewußtseinsaktivitäten Verstorbener könnten im Traum bzw. in Trance durchaus eine »Aktionseinheit« bilden.

William Casciato war am Ende. Er stand da, auf einer Klippe unmittelbar hinter dem Sportfeld der von ihm besuchten Oberschule von Cleveland (Ohio), fest entschlossen, sich in den 15 Meter tiefer gelegenen Eriesee zu stürzen, um seinem Leben ein Ende zu bereiten.

Unerklärliche, spukhafte Vorgänge, die sich während der letzten Monate in seiner Studentenbude abgespielt hatten, trieben ihn systematisch zum Selbstmord. Daß dieser dann in letzter Minute doch noch verhindert wurde, klingt unglaublich – fast wie ein modernes Märchen: »Im Herbst 1967 begannen diese geheimnisvollen nächtlichen Besuche. Ein junger Mann saß auf meinem Bett und fragte mich, was ich hier in seinem Zimmer zu suchen habe. Die von mir gebastelten Schiffsmodelle wurden, wie von unsichtbarer Hand geworfen, im Zimmer umhergeschleudert und verfehlten meinen Kopf um nur wenige Zentimeter. Meine Eltern wollten mir nicht glauben, was ich ihnen erzählte, obwohl sie wußten, daß der Sohn des Hausbesitzers, der vor mir in diesem Raum gewohnt hatte, dort urplötzlich gestorben war. Sie rieten mir, den Rat des Schulpfarrers einzuholen. Was ich dann von dem jungen Priester zu hören bekam, war wenig tröstlich. Er meinte, ich sei ein gottloser Mensch, der teuflisches Treiben begünstige. Ich solle bereuen und beten. Obwohl ich seinen Rat befolgte, hielten die Manifestationen unvermindert an. Ich wurde immer verschlossener und verfiel schließlich in eine tiefe Depression.

Voller Ängste, mich weiteren Personen anzuvertrauen, und überzeugt davon, daß mich meine sündige Natur soweit gebracht hatte, beschloß ich, Satan das zu geben, was er sich wünschte: mein Leben.

Gerade, als ich mich in die Tiefe stürzen wollte, riß mich jemand mit starker Hand zurück. Ich drehte mich um und blickte in das Gesicht eines mir völlig unbekannten alten, gebrechlich wirkenden Priesters, der mich fragte, warum ich mich selbst töten wolle. Ein Priester war in meiner ausweglosen Situation so ziemlich das Letzte, das ich in Anspruch zu nehmen gedachte. Dennoch: Seine gütigen

Augen verrieten mir, daß ich einen mitfühlenden Menschen vor mir hatte.«

Casciato will sich damals dem alten Priester geöffnet und ihm schonungslos alle seine Probleme geschildert haben. Er erinnert sich heute noch des Rates, den er von ihm empfangen hatte: »Mein Sohn, ich bin nur allzu lange Priester gewesen, um zu wissen, daß es jenseits unseres Verstehens eine [andere] Welt gibt. Das geistige Wesen, das dich plagt, weiß nicht, daß es tot ist. Sage ihm, es möge ins Licht gehen, und in drei Tagen wird es verschwunden sein.«

Casciato, der wie benommen dastand, sah eben noch, wie der alte Mann auf das naheliegende Marienheim zuschritt und in diesem verschwand.

Er beherzigte den Rat des Priesters und will nach Ablauf der ihm mitgeteilten Frist nie mehr von Poltergeistphänomenen heimgesucht worden sein.

Vier Jahre danach hatte Casciato geschäftlich im Marienheim zu tun. An einer der vier Wände des Empfangsraumes sah er das Porträt eines gütig aussehenden Priesters. Es war das Gesicht des Mannes, der ihm in letzter Sekunde das Leben gerettet hatte. Auf einer unter dem Bild angebrachten Gedenktafel stand zu lesen: Geboren 1855, gestorben im Jahre 1930.

In einem anderen Fall verhinderte das Erscheinen eines vor Jahrzehnten Verstorbenen eine Gasvergiftung, womöglich sogar eine Gasexplosion.

Eine berufstätige Frau fühlte sich nicht wohl und ging daher früher als gewöhnlich zu Bett mit der Absicht, einmal gründlich auszuschlafen. Zuvor stellte sie noch das Abendessen für ihren Mann, der Spätschicht hatte, in den Gasofen, um es warmzuhalten.

Nachdem sie etwa drei Stunden fest geschlafen hatte, wurde sie plötzlich wach und sah ihren verstorbenen

Großvater direkt neben sich stehen: »Er hatte mir den Rücken zugedreht und schaute mich über die Schulter unverwandt an. Ich hatte keinesfalls den Eindruck zu träumen und konnte auch alles andere im Zimmer deutlich erkennen. Seine schneeweißen Haare hingen über dem Kragen seines Regenmantels. Wie er so dastand, sah ich sogar die Falten in seiner Kleidung. Er wirkte so echt, daß ich schließlich die Hand nach ihm ausstreckte, um ihn anzufassen. Sofort löste sich die Erscheinung auf – sie schmolz dahin. Ich war sprachlos. Warum sollte ich meinen Großvater ›sehen‹, wo dieser doch schon so lange tot war?

Nunmehr hellwach, entschloß ich mich nach unten zu gehen, um nach dem warmgestellten Essen zu schauen. Noch bevor ich die Küchentür öffnete, mußte ich nach Luft ringen. Ein penetranter Gasgeruch schlug mir entgegen. Ich öffnete alle Fenster und Türen und stellte sofort das Gas ab. Ein Luftzug mußte beim Verlassen der Küche die Gasflamme ausgeblasen haben, so daß das Gas ungehindert ausströmen konnte.

Irgendwie war mein Großvater mir erschienen, um mich zu warnen. Warum aber war es gerade er, den ich gesehen hatte? Mit 15 war ich ihm zum letzten Mal begegnet, und heute bin ich 47. Obwohl er kein Wort sprach, kam er mir sehr lebendig vor.«

Immer wieder wird über Erscheinungen berichtet, deren Mission offenbar darin besteht, die Hinterbliebenen vor materiellen Verlusten zu bewahren. Der Fall des amerikanischen Farmers Mike Conley wurde von Richard Hodgeson, Mitarbeiter der *Society for Psychical Research* (Gesellschaft für paranormale Forschung) in Boston untersucht und von dem berühmten englischen Philosophen und Altphilologen F. W. N. Myers (1843–1901) in den »Proceedings« der dortigen Parapsychologischen Gesellschaft veröffentlicht.

Der im Chickasaw County, Iowa, ansässige Conley wurde eines Tages in einem Außengebäude der Farm nahe Dubuque tot aufgefunden. Da seine Kleidung durch den tödlichen Unfall unbrauchbar geworden war, hatte man sie ihm ausgezogen und in den Hof geworfen, um sie später zu verbrennen. Conleys Leichnam wurde, nachdem man ihn zur Beerdigung eingekleidet hatte, von dessen Sohn nach Hause gefahren, wo man ihn bis zur Bestattung aufzubahren gedachte.

Als eine der Töchter des Verstorbenen hörte, daß ihr Vater tot war, fiel sie in tiefe Ohnmacht, aus der sie erst nach einigen Stunden erwachte. Ihre ersten Worte waren: »Wo sind Vaters alte Kleider? Er ist mir gerade erschienen, trug ein weißes Hemd, einen schwarzen Anzug und Seidenpantoffeln. Vater sagte mir, daß er beim Verlassen des Hauses mit einem Stück rotem Tuch ein Bündel Geldscheine in sein graues Hemd eingenäht habe. Es befände sich immer noch darin.« Daraufhin fiel das Mädchen erneut in Ohnmacht. Nachdem es wieder zu sich gekommen war, bat es, jemanden nach Dubuque zu schicken, um ihres Vaters Kleidung zu holen.

Widerstrebend kam die Familie seiner Bitte nach und schickte den Sohn noch einmal nach Dubuque, um sich dort vom Leichenbestatter Conleys Kleider aushändigen zu lassen. Die Mutter hielt das Ansinnen der Tochter für töricht, zumal die Farm keine Reichtümer abwarf und ihr Mann niemals größere Geldbeträge mit sich führte.

Dem Leichenbestatter war es rätselhaft, woher Conleys Tochter über ihres Vaters Begräbnisausstattung so genau Bescheid wissen konnte. Ihre Schilderung stimmte nämlich mit den Gegebenheiten überein, was verwunderlich war, hatten doch das Mädchen und die anderen Familienmitglieder bislang nicht mehr als das Gesicht des Toten zu sehen bekommen.

Das Erstaunen der beiden Männer wurde noch größer, als sie im Inneren des grauen Hemdes tatsächlich ein mit groben Stichen aufgenähtes rotes Tuch entdeckten, hinter dem ein dickes Bündel Geldscheine versteckt war. Da Conley bei seiner Einkleidung bereits tot war, konnte er wohl kaum eine telepathische Botschaft über die Art seiner Begräbnisausstattung ausgesandt haben. Und über das im Hemd versteckte Geld wußte nur er Bescheid.

Warnungen über drohende Gefahren werden gelegentlich auch von Phantomtieren übermittelt. Ihre »Botschaften« richtig zuordnen und echte Zusammenhänge herstellen zu können, dürfte allerdings nicht ganz einfach sein.

Am Morgen des 24. Februar 1989 sah *ihn* Judith Melton bereits zum dritten Mal: den großen schwarzen Hund, über dessen Herkunft und sonderbares Verhalten sie sich schon seit drei Wochen den Kopf zerbrach. Sein Erscheinen weckte in ihr unerklärliche Angstgefühle.

Als sie den Rasen ihres Anwesens in San Dimas (Kalifornien) wässerte, lief er ihr erstmals über den Weg. Nur wenige Meter von ihr entfernt, schien er plötzlich aus dem Nichts aufzutauchen, um mit raschen Sätzen die nasse Grasfläche zu überqueren. Alles spielte sich völlig lautlos ab, wie unter Wasser. Der Hund hechelte nicht einmal. Vergeblich suchte Judith Melton hinterher seine Spur, die er zwangsläufig im Rasen hinterlassen haben mußte. Hatte sie sich so sehr getäuscht? Fast war sie davon überzeugt, halluziniert zu haben, als sie wenige Tage später von der Garage aus das fremde, unheimliche Tier durch den Hinterhof streunen sah. Wieder spielte sich die Begegnung lautlos ab, hinterließ der Hund keine Spur.

Judith begann über den Phantomhund nachzugrübeln. Die Vorstellung, dem »Geist« eines Tieres bereits zum zweiten Mal begegnet zu sein, ließ sie Ungutes ahnen.

Am Morgen des 24. Februar, als sie den schwarzen Hund durch den unmittelbar an ihrem Haus vorbeiführenden Avocadohain tapsen sah, erschien ihr sein erneutes Auftauchen wie ein böses Omen.

Noch am gleichen Tag wurde sie Opfer eines Raubüberfalls. Ein schwerbewaffneter Gangster war in ihr Geschäft eingedrungen und hatte sie mit vorgehaltener Pistole aufgefordert, den Tresor zu öffnen. Sollte sie sich weigern, würde er sie und drei anwesende Kunden erschießen. Um die bedrohliche Situation zu entschärfen, öffnete der stellvertretende Geschäftsführer den Tresor und händigte dem Räuber die gesamte Barschaft aus. Seinem geistesgegenwärtigen Handeln war es zu verdanken, daß die Anwesenden mit dem Schrecken davon kamen.

Judith Melton ist fest davon überzeugt, daß der Phantomhund sie irgendwie warnen wollte. *Weshalb,* wird man sich fragen müssen, wo doch schicksalhafte Ereignisse ohnehin nicht abwendbar sind, es sei denn, die Verhinderung derselben wäre Teil einer »höheren Strategie«, die niemand von uns zu durchschauen vermag.

4   Bei hellichtem Tage

Die meisten Erscheinungen werden zu nächtlicher Stunde, d. h. bei Dunkelheit oder bei nur spärlicher Beleuchtung, im halbwachen Zustand bzw. im Traum wahrgenommen – immer dann, wenn unser Tages- oder Wachbewußtsein auf »Sparflamme« schaltet. Erscheinungen, die bei Tage und im Freien oder zumindest in beleuchteten Räumen, vielleicht

135

sogar von mehreren Personen gleichzeitig gesehen werden, sind zwar selten, dafür aber um so beeindruckender.

Mitte August 1966 befanden sich Dr. L. Martin Harris, ein Arzt aus Richmond, Virginia, und seine Ehefrau Ann, eine klinische Psychologin, auf einer Sightseeing-Tour durch die englische Grafschaft Wiltshire. Sie hatten von Salisbury aus Stonehenge sowie Avebury besucht und wollten zum Abschluß noch den nahegelegenen *Windmill Hill* besteigen.

Dr. Harris hatte seinen Wagen am Ende der Straße abgestellt. Niemand außer ihnen schien sich an diesem Tag die Mühe zu machen, Windmill Hill zu erklimmen. Der Parkplatz war menschenleer. Rechts vom Pfad, der den Hügel hinaufführte, lag ein eingezäuntes Grundstück, an das sich eine kleine Baumgruppe anschloß. Ansonsten gab es dort nur Weizenfelder, soweit das Auge blicken konnte. Die Harris folgten dem Trampelpfad bis zum Gipfel, verweilten dort für kurze Zeit und machten sich dann auf den Heimweg.

Es war gegen Mittag und drückend heiß, so daß Dr. Harris das erste Mal seit Wochen seinen Pullover ausziehen mußte. Hinter einer kleinen Anhöhe kam die Baumgruppe in Sicht, die sie schon beim Aufstieg passiert hatten. Unmittelbar neben den Bäumen, in einer Entfernung von etwa 30 Metern, bemerkten die Harris plötzlich einen Mann, der sich langsam in Richtung Gipfel bewegte. Die kräftig aussehende Person mittlerer Statur trug einen dunklen, offenbar schweren Mantel, der ihr bis über die Knie reichte, und einen Hut, dessen Krempe nach unten gezogen war. Der für die warme Jahreszeit ungewöhnlich gekleidete Mann befand sich zwischen 30 und 60 Sekunden im direkten Blickfeld des Ehepaares. Nachdem die beiden für wenige Sekunden in eine andere Richtung geschaut hatten, war der Mann mit einemmal verschwunden.

Zunächst vermuteten die Harris, der komische Kauz habe sich bei den Bäumen versteckt, um sie dort womöglich hinterrücks zu überfallen. Sie waren verängstigt, da man Wochen zuvor ihr Auto ausgeraubt hatte. Ihr Verdacht sollte sich jedoch bald als unbegründet erweisen. Die wenigen Bäume waren viel zu niedrig, um sich dort unbemerkt verstecken zu können. Das Weizenfeld schied ebenfalls als Versteck aus, weil keine Spuren dorthin führten. Auch in der eingezäunten Koppel, an der sie zwangsläufig wieder vorbei mußten, hielt sich niemand auf. Der Mann war wie vom Erdboden verschluckt.

Dr. Harris, der alle natürlichen Erklärungsmöglichkeiten für diese seltsame Begegnung eruierte, kam zu dem Schluß, eine echte Erscheinung gesehen zu haben. Die mit den hochsommerlichen Gegebenheiten unvereinbare Bekleidung des Fremden und dessen augenblickliches Verschwinden (gerade als sie für einen Moment weggeschaut hatten), erhärten diese Vermutung. Es könnte sein, daß das Paar durch den Blickrichtungswechsel zum »normalen« Bewußtseinszustand zurückgefunden hatte, dem es – durch welchen Einfluß auch immer – vorübergehend entglitten war. Und in diesem durfte es so etwas wie »Erscheinungen« nicht geben – eine Theorie, die das abrupte Verschwinden der merkwürdigen Person durchaus erklären könnte.

Bizarrer noch erscheint eine Tagessichtung, über die der Journalist Joseph Kerska in einem bekannten amerikanischen Magazin einen Bericht verfaßt hat. Der Vorfall ereignete sich in Fresno (Kalifornien) an einem heißen Sommertag des Jahres 1936. Die damals 17 Jahre alte Carmen Chaney und ihre Tante Frankie rannten auf die Straße, um einer alten Frau zu helfen, die todkrank zu sein schien. Sie wankte auf zittrigen Beinen dahin, so, als ob sie jeden Augenblick zusammenbrechen würde. Als sich die beiden ihr näherten, geriet sie vollends in Panik. Eilig versuchte sie davonzuhumpeln.

Hierzu Kerska: »Beide Beobachterinnen erwähnten mir gegenüber die ungewöhnlich großen, im kreidebleichen Gesicht tief zurückliegenden Augen der Frau und die sich straff über ihren Schädel spannende Haut. Sie war spindeldürr, nicht viel größer als 1,50 Meter und hatte schneeweiße Haare, die unter einem großen, schmuddeligschwarzen Hut wirr heraushingen. Die Person trug ein hochgeschlossenes Kleid mit langen Ärmeln und altmodische hochgeknöpfte Schuhe. Hut und Kleid waren vom Verfall gekennzeichnet. Alles in allem machte die Frau einen heruntergekommenen Eindruck.«

Weitere Anwohner fanden sich ein, um das Drama aus nächster Nähe mitzuerleben. Am Ende der Straße drehte sich die Alte noch einmal um und warf ihren »Verfolgern« einen letzten, verzweifelten Blick zu. Dann verschwand sie, als habe es sie nie gegeben.

Sir Ernest Bennett beschreibt in seinem Buch »Apparitions and Haunted Houses« (Erscheinungen und Spukhäuser) mehrere solcher Tages-Erscheinungen – Phantome, die aus dem Nichts aufzutauchen und nach einer Weile wieder nach dort zu verschwinden scheinen.

Ein Ehepaar erblickte eines Nachmittags auf dem Nachhauseweg vor sich eine altmodisch gekleidete Frau, gerade als diese ihre Hofeinfahrt passierte. Unmittelbar hinter ihr konnten sie jede Einzelheit ihrer Kleidung genau erkennen: ihr Umschlagtuch, ihre Haube in einem dezenten Farbton usw. Das Paar hatte die Frau nie zuvor gesehen. Beiden entfuhr die gleiche Frage: »*Wer ist das?*«

Noch während sie verwirrt dastanden, schritt die Alte munter auf die Haustür zu, nahm spielend die zwei Treppenstufen, hob ihre Hand und zog an etwas Unsichtbarem, was einmal ein Klingelzug gewesen sein mußte. Ohne abzuwarten, daß man ihr öffnete, drang die Frau durch die geschlossene Tür ins Innere des Hauses ein.

Dies alles hatte sich unmittelbar vor den Augen der Eheleute abgespielt, die ganz einfach nicht glauben konnten, was sie da sahen. Obwohl sie die Tür sofort öffneten, konnten sie im Inneren des Hauses nichts Verdächtiges feststellen. Sie sind der Alten nie wieder begegnet.

Vielleicht handelte es sich bei dieser Erscheinung um eine frühere Bewohnerin des dortigen Anwesens, die den Übergang in ihre spirituelle Destination noch nicht geschafft hatte – eine verirrte Bewußtseinswesenheit, die immer noch in ihrer Vergangenheit zu leben glaubt. Da sie den fiktiven Klingelzug betätigte, müßte man annehmen, daß *für sie* das Haus in seiner früheren Form und Ausstattung existierte.

Vergangenheit, Gegenwart und Zukunft verwischen einander, so wie im Fall meines Freundes Ken Webster, auf dessen Computer sich 1984 Wesenheiten sowohl aus dem 16. Jahrhundert als auch eine Zeit-Experimentalgruppe aus dem Jahre 2109 meldeten (vgl. meine Bücher »Zeittunnel« und »Zeitschock«, Langen Müller 1991 bzw. 1993). Zeit ist nicht das, was wir über sie zu wissen glauben, und so manches Bewußtsein Verstorbener mag durch einen falsch programmierten »Abgang« das Schlupfloch zum eigentlichen *Jenseits* nicht finden.

Sir Ernest Bennett berichtet von zwei Engländern, die an einem späten Nachmittag bei »gutem Licht« während einer Radtour in die Umgebung eine im viktorianischen Stil gekleidete alte Frau beobachteten, die offenbar mühelos eine dichte Hecke neben der Straße durchdrang, so, als ob diese gar nicht vorhanden wäre. Sie sahen, wie die Frau hinten in die Hecke hineinging und kurz darauf auf der Straßenseite aus ihr hervorkam, wobei sie von einem der

Männer nur etwa zwei Schrittlängen entfernt war. Als sein Begleiter ihn fragte, warum er soeben gebremst und zur Klingel gegriffen habe, meinte jener, ob er denn nicht die alte Frau gesehen habe, die, aus der Hecke kommend, ihm beinahe vor sein Rad gelaufen wäre. Es stellte sich heraus, daß auch er die Frau gesehen, ihrem Erscheinen aber weiter keine Bedeutung beigemessen hatte. Erst jetzt wurde beiden bewußt, etwas völlig Irreales erlebt zu haben. Mit der festen Absicht, der Sache auf den Grund zu gehen, machten sie kehrt, um sich die Stelle genauer anzuschauen, an der die Alte die Hecke verlassen hatte. Das hohe Gras zwischen Hecke und Straße wies keinerlei Fußabdrücke auf. Phantome hinterlassen keine Spuren – ihre Realität ist nicht die unsrige.

Die bloße Erkenntnis, eine Wesenheit aus vergangenen Tagen gesehen zu haben, schien die Männer nicht zu befriedigen. Akribisch suchten sie an der Austrittsstelle weiter und stießen schließlich auf einen von Brombeer-gehölz überwucherten Torweg. Zu Lebzeiten der alten Frau dürfte es besagte Hecke noch gar nicht gegeben haben, und auch nicht die von ihnen benutzte Landstraße. Genau in dem Augenblick – *jedoch zu ihrer Realzeit* –, als sie von den Radfahrern entdeckt wurde, hatte sie den ihr vertrauten Weg eingeschlagen, vielleicht um im nächsten Ort Besorgungen zu machen.

Das geradezu Unglaubliche an diesem Fall ist die Feststel-lung, daß »damals« (die Lebensepoche der Frau) und »jetzt« (das 19. Jahrhundert) nebeneinander, d. h. *gleich-zeitig* existieren oder koexistieren. Albert Einstein war es, der 1905 in seiner Abhandlung über die Spezielle Relati-vitätstheorie erstmals den absoluten Ablauf der Zeit in Frage stellte, Begriffe wie *Vergangenheit, Gegenwart* und *Zukunft* relativierte. Von einer dimensional übergeordneten Warte aus – unserer real existierenden Hyperwelt – gibt es kein zeitliches Nacheinander, sondern nur ein Nebeneinander. Alles ist *jetzt*.

Für gewöhnlich bleiben uns parallele Realitäten verschlossen, es sei denn, unser Bewußtsein würde autosuggestiv vom Alltagsgeschehen abgelenkt werden, wie im Fall des J. H. Wilson, der im Oktober 1975 in einer beleuchteten Unterkunft der Jugendherberge von Gloucester (England) mit der Erscheinung eines Fremden konfrontiert wurde, der, wie sich später herausstellen sollte, noch unter den Lebenden weilte. Wilson teilte damals den Schlafraum mit zwei anderen Männern, von denen zum Zeitpunkt seiner Beobachtung allerdings nur einer anwesend war. In einem Brief an den Autor heißt es:

»Es war gegen 21.30 Uhr. Ich saß auf einem Stuhl neben meinem Bett. Die andere Person lag in ihrem Bett mir gegenüber und rauchte. Ich hatte mich in ein Buch vertieft, als mein Gegenüber zu sprechen begann. Hin und wieder beantwortete ich seine Fragen mit »ja« oder »nein«, ohne meine Augen vom Buch abzuwenden. Dann geschah es, daß ich doch einmal hochschaute, um zu antworten, und da sah ich diesen [fremden] Mann, der direkt neben ihm [dem Zimmernachbar] lag. Ich schätzte ihn auf 45 bis 50 Jahre. Er hatte weiße Haare… und einen ebensolchen Bart. Das, an was ich mich genau erinnere, war seine ›Lage‹. Ich hatte den Eindruck, als ob er zu schlafen versuchte. Zwei- oder dreimal hob er seinen Arm, um sich das Gesicht zu kratzen…

Indes fragte mich mein Gegenüber, was los sei. Ich sagte ihm, er solle mich nicht für verrückt halten, aber neben ihm läge ein fremder Mann. Ich beschrieb ihm die Person und fragte, ob es jemand sei, den er kenne, was er verneinte. Während dieser Unterhaltung hatte ich das Phantom nicht aus den Augen gelassen und mich beiläufig gefragt, ob ich halluziniere oder tatsächlich jemand sähe.

Um mich zu vergewissern, stand ich auf und ging zum Bett meines Kollegen hinüber. Fast hatte ich das Bettende erreicht, als die Gestalt mit einemmal verschwand. Danach habe ich sie nie wieder gesehen.«

Zwei Tage nach diesem Zwischenfall erfuhr Wilson von seinem Zimmergenossen, er sei an seiner Arbeitsstelle einem Mann begegnet, auf den die Beschreibung des Phantoms haargenau zutreffe. Als er ihm sein Erscheinen in der Unterkunft schilderte, habe er herzlich gelacht.

Es ist nicht auszuschließen, daß die Person, deren spektrale Gestalt Wilson wahrgenommen hatte, irgendwann einmal in der Herberge zu Gast war. Abgelenkt durch spannende Lektüre, könnte Wilsons Bewußtsein in die nahe Vergangenheit abgedriftet sein, in eine Zeit, zu der der Fremde tatsächlich in ihrem Zimmer genächtigt hatte. Dann aber hätten wir es mit einer Erscheinungsform zu tun, die von Parapsychologen gemeinhin als *Doppelgänger* bezeichnet wird, ein Phänomen, mit dem wir uns etwas eingehender zu befassen haben.

5 Psycho-Doppelgänger

Im Jahre 1911 war Charles L. Tweedale Vikar in der nahe Bristol gelegenen englischen Kleinstadt Weston. Am Sonntag, den 21. Oktober gegen 19.30 Uhr verließ er noch einmal das Pfarrhaus, um einem seiner »Schäfchen« außerhalb der Gemeinde einen Besuch abzustatten. Die Visite zog sich etwas länger hin als geplant. Es war schon spät, als er schließlich zu Hause eintraf. Kaum hatten ihm das Hausmädchen und seine jüngste Tochter die Haustür aufgeschlossen, bestürmten sie ihn mit der Frage, wie er zuvor ohne Schlüssel ins Haus gelangt sei und dieses danach wieder verlassen habe, ohne die Tür zu öffnen.

Über dieses bemerkenswerte Eigenerlebnis berichtet Tweedale in seinem Buch »Man's Survival after Death« (Das Fortleben des Menschen nach dem Tod): »Ich schaute sie [das Hausmädchen und sein Töchterchen] erstaunt an, fragte, was sie damit sagen wollten, und fügte noch hinzu, ich sei doch schon mehrere Stunden nicht mehr zu Hause gewesen.« Sie erzählten, zwanzig Minuten vor seiner [tatsächlichen] Ankunft seien sie alle in der Küche gewesen, wo sich folgendes ereignet habe:

Ida, das Hausmädchen, habe sich umgedreht und gesehen, wie er den Gang entlangkam, auf dem Vorplatz zur Küche stehenblieb und alle aufmerksam betrachtete. Sie erkannte seinen Zylinder, seinen langen Mantel und sah sogar, wie sich das Licht in seinen Brillengläsern widerspiegelte. Dann sagte sie: »Papa ist da«, und die drei Töchter schauten hoch und sahen ihn an. Ihr Pseudo-Vater aber kehrte um und lief den Gang zurück. Im gleichen Augenblick fiel den Mädchen ein, daß die Haustür immer noch verschlossen sein mußte, da sie ihm ja nicht geöffnet hatten und er auch keinen Schlüssel besaß. Sie wunderten sich, wie er wohl ins Haus gekommen sein mochte. Als sie nachschauten, stellten sie fest, daß die Haustür nach wie vor verschlossen und verriegelt war. Die Hintertür und sämtliche Fenster waren ebenfalls zu.

Als die Familienangehörigen Tweedale zu sehen glaubten, war dieser noch fast zwei Kilometer von Weston entfernt. Er beeilte sich, nach Hause zu kommen, war aber, wie es in seinem Buch heißt, zum Zeitpunkt seines spektralen Erscheinens mit den Gedanken ganz woanders. Später ließ der Vikar seine drei Töchter über das Beobachtete unabhängig voneinander Berichte abfassen. Sie stimmten selbst in Details überein.

In nordischen Ländern wird diese Art der Erscheinung als *Vorbote* (norwegisch: vardøgr) bezeichnet. Hierunter versteht man *Psycho-Doppelgänger,* die sich in der Regel pseudo-akustisch, gewissermaßen als Hörhalluzinationen äußern: Die Familie hört den Hausherrn die Tür öffnen, den Schirm abstellen, die Schuhe ausziehen, die Treppe hinaufgehen usw. Es gibt aber auch zahlreiche Fälle wie die des Vikar Tweedale, in denen sogar das quasi-visuelle Double der erwarteten Person in Erscheinung tritt.

Bei diesen *Doppelgängern* dürfte es sich (wie in Kapitel II/Einleitung dargelegt) um die *astrale Komponente* des Menschen handeln, die der amerikanische Parapsychologe George W. Meek wiederum in drei »Feinheitsgrade« unterteilt wissen will. Je nachdem, welche dieser Abstufungen vorherrscht, werden die *Doppelgänger* als Hörhalluzination (d. h. quasi-akustisch) oder als echte Erscheinung (quasi-visuell) wahrgenommen.

Zu den Ursachen des Doppelgänger-Phänomens schreibt Aniela Jaffé, eine Schülerin des berühmten Tiefenpsychologen C. G. Jung (1875–1961): »Es ist sehr wohl bekannt, daß lange währende Einsamkeit die Fähigkeit des Menschen steigert, seinen Blick nach innen zu richten ... [In der Isolation] nimmt man die Inhalte des Unbewußten leichter wahr als in der Hetze und Hast des Stadtlebens ... Was tatsächlich geschieht, ist eine *Verdopplung des Vorgangs in der Zeit* – der zukünftige Augenblick findet jetzt statt und dann hinterher noch einmal zu seiner eigenen Zeit. Mit anderen Worten, es ist die Relativität von Raum und Zeit im Unbewußten, die das Phänomen des vardøger hervorbringt und erklärt ...«

Was das Phänomen der »sichtbaren« Doppelgänger anbelangt, unterscheidet man grundsätzlich zwischen drei unterschiedlichen Wahrnehmungsmechanismen:

– Jemand wird von anderen Personen *gleichzeitig* in der materiellen und spektralen Erscheinungsform (dem Astralkörper) wahrgenommen;

– jemand sieht sein eigenes spektrales Double (*Autoskopie* oder »Selbstschau«), d. h., sein Bewußtsein im materiellen Körper sieht seinen Psycho-Doppelgänger in nächster Nähe;

– sein ausgetretenes Double sieht seinen materiellen Körper, wie dies häufig bei sogenannten *außerkörperlichen Erfahrungen (AKE)* der Fall ist.

Vera Christophers Mutter war nach einem Schlaganfall fast vollständig gelähmt und bedurfte daher mehrere Monate lang Tag und Nacht der Pflege. Sie und ihre Schwester Bonnie Harding wechselten sich bei der Nachtwache ab. Sie hatten im Zimmer der Kranken ein Feldbett aufgestellt, um sich zwischendurch ein wenig Schlaf zu gönnen.

In der Nacht vom 2. zum 3. Januar 1963 lag Vera wach und wunderte sich, als sie mit einemmal ihre Mutter beschwingt im Zimmer umhergehen sah. Sie kam zum Feldbett herüber und lächelte ihrer Tochter zu. Vera richtete sich auf und sagte: »Mutti, du kannst ja wieder laufen.« Unwillkürlich schaute sie zum Bett ihrer Mutter hinüber und sah dort, wie gewohnt, ihre kranke Mutter liegen. Die alte Frau existierte für Vera im Augenblick der Beobachtung also gleich zweimal: in der feinstofflich-astralen (offenbar gesunden) und in der materiellen (kranken) Form.

Dann geschah etwas, das für Astralkörperaustritte (AKEs) typisch ist: Im schwach erleuchteten Zimmer sah Vera Christopher ganz deutlich, wie das Psycho-Double ihrer Mutter zum Bett zurückging, sich über den Körper der Schlafenden beugte und mit diesem verschmolz.

Das Hin- und Herspringen des Bewußtseins zwischen materiellem Körper und ausgetretenem Astralleib dürfte ein wichtiges Indiz für das autonome Verhalten unserer geistigen Komponenten und deren nachtodlichem Fortbestand sein. Der Fall der Ellen Frallic, über den der Philosophie-Professor Dr. C. J. Ducasse in seinem Buch »The Belief in a Life after Death« (Der Glaube an ein Leben nach dem Tod) berichtet, ist insofern ungewöhnlich, als daß er sich nicht im Ruhe-/Schlafzustand, sondern beim Gehen im Freien ereignete:

»Ihr Projektionserlebnis fand nicht im Schlaf oder unter Narkose statt, sondern einfach auf der Straße. Sie wurde sich immer deutlicher bewußt, daß sie höher und höher stieg, bis in Höhe des zweiten Stockwerks der umstehenden Gebäude, und dann verspürte sie ein dringendes Bedürfnis, nach unten zu sehen. Da sah sie ihren [materiellen] Körper, etwa einen Häuserblock weiter zurück, dahinschreiten. Dieser Körper konnte sie offensichtlich auch sehen, denn sie bemerkte einen Ausdruck der Bestürzung auf ihrem Gesicht.« Dazu Ellen Frallic wörtlich: »Einen Augenblick später wechselte mein Bewußtsein zu meinem physischen Körper über, und mit seinen Augen sah ich... meinen Astralleib in der Höhe – ein genaues Ebenbild des physischen Körpers, der mitten auf der Straße stand. Das ist mir mehrere Male passiert.«

Es sollte eine ganze Weile dauern, bis Miss Frallic bemerkte, daß sich ihr Bewußtsein vom materiellen Körper getrennt hatte. Rasch verwandelte sich das Gefühl der Ungebundenheit in Furcht. Sie streckte beide Arme aus und beugte sich instinktiv etwas nach vorn, um ihren abgehobenen Astralkörper blitzschnell zu absorbieren – den Zustand der unnatürlichen Trennung wieder aufzuheben.

Sind Alkohol und Drogen im Spiel, können solche Exteriorisationserlebnisse mitunter groteske Formen annehmen, so daß die Betroffenen zuletzt nicht mehr wissen, wer das »Original« und wer der Doppelgänger ist.

In einem solch verwirrenden Zustand befand sich der allem Anschein nach medial veranlagte Engländer Hewat McKenzie, der eines Tages die Wirkung von Alkohol auf sein feinstoffliches Double – seinen Astralkörper – ausprobieren wollte. Hierüber heißt es bei Muriel Hankey in ihrem Buch »J. Hewat McKenzie«: »Als er [nach reichlichem Alkoholgenuß] noch stehen und mit Bewußtsein etwas wahrnehmen konnte, ging er auf die Straße hinaus und spazierte auf dem Bürgersteig einer nur wenig befahrenen Gasse entlang. Er warf einen Blick auf die andere Straßenseite und sah sich auf dem Bürgersteig gegenüber stehen. Da dachte er, er habe seinen Körper verlassen und überquerte die Fahrbahn, um wieder mit ihm zusammenzutreffen. Dann ging er seines Weges weiter. Als er sich aber umdrehte und zum anderen Bürgersteig zurückschaute, auf dem er zuvor gelaufen war, sah er sich dort *immer noch*. Da geriet er in Panik, weil er nicht mehr wußte, welcher sein physischer [materieller] und welcher sein astraler Leib war, da ihm beide gleich wirklich erschienen. Er war tatsächlich ›außer sich‹. Zum Glück kam er dann doch irgendwie als ›Einer‹ nach Hause.«

Dem Erscheinen spektraler Doppelgänger – Parapsychologen sprechen auch von *Bilokation*, d. h. der Fähigkeit, zur gleichen Zeit an zwei oder mehr Orten zu weilen – liegt das Prinzip des *Astralkörperaustritts*, der sogenannten *außerkörperlichen Erfahrung (AKE)*, zugrunde (vgl. Kapitel III/1). Trotz subjektiver Bewertung gibt es heute zahlreiche Indizienbeweise dafür, daß solche außerkörperlichen Erleb-

nisse keinesfalls Träume, Halluzinationen oder pathologisch verursachte Bewußtseinsanomalien sind. Im Gegenteil: Sie unterscheiden sich ganz wesentlich von diesen und
sind Bestandteil einer Erlebniswelt, an der fast jeder von
uns schon einmal partizipiert hat.

6   Astrale Projektionen

> *»Ich möchte unterstreichen,*
> *daß derartige außerkörperliche Erlebnisse*
> *für mich Wirklichkeit sind,*
> *objektiv und greifbar,*
> *bei denen ich Menschen treffe,*
> *die in einer realen Welt leben.«*
>
> R. B. HOUTS
> in: »Exkursionen in die Welt der Toten«

Die Fähigkeit, seinen (»feinstofflichen«) *Astralkörper* im
veränderten Bewußtseinszustand aus dem materiellen Körper austreten zu lassen – die *außerkörperliche Erfahrung
(AKE)* –, ist ein weitverbreitetes, schon seit Jahrhunderten
bekanntes Phänomen. Nach Ansicht vieler Parapsychologen verkörpert dieser Astralleib eine exakte Nachbildung
unserer Physis, d. h. im vollkommenen Zustand, ohne
eventuelle Mißbildungen oder Verstümmelungen. Dieses
Phänomen könnte vielleicht auch den sogenannten Phan-
tomschmerz erklären, den Umstand, daß z. B. Amputierte
mitunter gerade dort Schmerzen zu verspüren glauben, wo
sich früher einmal intakte Körperteile befunden hatten.
Erfahrungsgemäß vermag unser Astral- oder Feinstoffkörper unter bestimmten Bedingungen, gewollt oder unge-
wollt, den materiellen Leib zu verlassen und nach einer
bestimmten Zeit wieder in diesen zurückzukehren. Die

normale »Deckungsgleichheit« beider stofflich unterschiedlicher Körper ist somit im Zustand des »Ausgetretenseins« aufgehoben, und das Bewußtsein oder zumindest ein Teil desselben nach »draußen« verlagert. Bliebe dies ein Dauerzustand, so wäre er dem klinischen bzw. dem Gehirntod gleichzusetzen. Nicht ohne hintergründige Bedeutung spricht der Mediziner beim Tod eines Menschen vom *Exitus*. Dieser aus dem Lateinischen abgeleitete Terminus – er bedeutet soviel wie »Ausgang« – bezeichnet wie kein anderer das endgültige Entweichen des Feinstofflichen aus dem materiellen Körper, denn was sonst könnte wohl gemeint sein, wenn sich beim Ableben nichts Sichtbares aus der Physis verflüchtigt?

Der amerikanische Arzt Dr. Raymond A. Moody fragt in seinem Bestseller »Reflections on Life after Life« (deutscher Titel: Nachgedanken über das Leben nach dem Tod), ob im Hinblick auf die in Nahtodsituationen beobachteten Astralkörperaustritte Menschen, auch ohne zu sterben oder den Tod zu streifen, ähnliche oder gar gleiche Erfahrungen machen. Er meint, daß, wenn es eine direkte Fortsetzung des Lebens nach dem körperlichen Tod gäbe, ein Mechanismus existieren müßte – ein physischer oder geistiger –, der das Bewußtsein (die Seele) im Augenblick des Körpertodes aus dem Leib austreten läßt. Moody fragt: »Könnte es nicht sein, daß besondere Situationen – Belastungen usw. – dazu führen, daß dieser Mechanismus vorzeitig in Gang gesetzt wird?« Und er folgert: »Wenn das alles wirklich so wäre, dann ließe sich damit die Ähnlichkeit zwischen Todesnäheerlebnissen und anderen Erfahrungen, wie z. B. das Austreten der Seele [des Bewußtseins] aus dem Körper, erklären. Auf diese Weise hätte man auch eine Erklärung für die Tatsache, daß die Phänomene, die von Personen in höchster Lebensgefahr, aber ohne die geringste

Verletzung erlebt werden, sich mit den Erfahrungen von anderen, die nach dem Eintritt des klinischen ›Todes‹ wiederbelebt werden konnten, decken könnten.«

Der vagabundierende Astralkörper und sein materielles Gegenstück stehen durch ein »dehnbares« hypothetisches Kraftfeld ständig miteinander in Verbindung – eine Art feinstoffliche »Nabelschnur«, die von Esoterikern als *Silberschnur* bezeichnet wird. Durch sie dürfte der Bewußtseinstransfer zum ausgetretenen Astralkörper erfolgen. Reißt diese Verbindung, verbleibt der Astralkörper mit seinen Bewußtseinsinhalten außerhalb unserer Raumzeit-Welt, würde dies, wie bereits erwähnt, den sofortigen Tod des materiellen Körpers des Exteriorisierten bedeuten, da die Physis ohne das steuernde und lebensnotwendige Primärenergie zuführende Prinzip des Feinstoffkörpers nicht eine Sekunde länger zu existieren vermag.

Es soll Schamanen geben, die nicht nur ihren feinstofflichen Leib bewußt, d. h. kontrolliert, austreten lassen, sondern auch die »Silberschnur« auf Dauer unterbrechen und somit ihre materielle Lebensphase willentlich beenden können. Einschlägige Beispiele – und es gibt nicht wenige – verdeutlichen in einzigartiger Weise die dem materiellen Körper übergeordnete Funktion des Bewußtseins bzw. dessen autonome Rolle, wie sie von dem Physiologen und Nobelpreisträger Sir John Eccles experimentell nachgewiesen wurde.

Grundsätzlich unterscheidet man zwischen unfreiwilligen und absichtlich ausgelösten Projektionen des Astralkörpers. Erstere kommen meist durch Unfälle, Schock, lebensgefährliche Erkrankungen, vorübergehenden Herzstillstand, unterdrückte Wünsche, Hypnose usw. zustande. Willentlich lassen sich Astralkörperaustritte, wenn jemandem diese Fähigkeit nicht gerade mitgegeben wurde, durch eine enthaltsame Lebensweise, entsprechende Übungen und Praktiken herbeiführen. Es gibt zuverlässige Erhebungen über Häufigkeit, Dauer, Intensität und sonstige Merkmale der außerkörperlichen Erfahrung. Fest steht jedenfalls, daß AKE keiner besonderen medialen Fähigkeiten bedarf, daß sie nahezu ausnahmslos von allen Menschen, unabhängig von Geschlecht, Rasse, Alter, Herkunft, Religionszugehörigkeit usw. erlebt wird. Entscheidend ist allein die Art, wie sie der Exteriorisierte erfaßt und deutet.

Über einen ganz und gar »irdischen« Austritt berichtete ein Dr. O., Chefchirurg am Lennox Hill Hospital in New York, seinem Kollegen Dr. Russell MacRobert, der diesen Fall seinerzeit in der Zeitschrift »The Maple Leaf« veröffentlichte: »Der für eine kurze, jedoch schmerzhafte Operation vorgesehene Patient war dem Chirurgen als ein besonders wehleidiger Geistlicher bekannt. Deshalb hatte er dem Anästhesisten die Weisung gegeben, ihn in tiefer Bewußtlosigkeit zu halten. Als alles für die Operation vorbereitet war, bat Dr. O. die Schwester um ein bestimmtes Instrument. Man sagte ihm, daß dieses nicht sterilisiert sei. Etwas verärgert reagierte er sich mit ein paar Flüchen ab, zog seine sterilen Handschuhe und den Kittel aus und stürmte aus dem Operationssaal in den Gang, wo er seine Instrumententasche liegengelassen hatte. Er übergab das fehlende Instrument der Schwester zum Sterilisieren und ließ sich einen neuen Kittel und die Handschuhe überziehen. Dann setzte er die Operation fort, die auch glücklich verlief.

Der Patient lag indes in einer derart tiefen Bewußtlosigkeit, daß es mitunter so aussah, als würde er nicht wieder aus ihr erwachen. Als er endlich zu sich kam, berichtete er, er habe sich während der ganzen Operation außerhalb seines Körpers aufgehalten, sei aber im Vollbesitz seiner Sinne und voll ›bewegungsfähig‹ gewesen. Er schilderte selbst im Detail, was sich alles zugetragen hatte und welche Äußerungen gefallen waren. Der Mann hatte sogar zusammen mit dem Chirurgen den Operationssaal verlassen und war mit ihm den Gang hinuntergeeilt, als dieser das Instrument aus der Tasche holte. Er wußte auch genau, wo die Schwester während der Operation gestanden hatte. Und er machte Dr. O. den scherzhaften Vorwurf, er habe in Anwesenheit eines Geistlichen höchst lästerlich geredet.«

Das Phänomen der Astralkörperaustritte gewinnt durch Erlebnisschilderungen berühmter Zeitgenossen weiter an Glaubwürdigkeit. Der Schriftsteller Ernest Hemingway (1898–1961) erlebte eine solche Astralkörperprojektion während des Ersten Weltkrieges im Schützengraben, als unmittelbar neben ihm eine Mörsergranate explodierte und ihn am Bein verwundete. Er berichtet recht anschaulich, wie sein astrales Double aus seinem materiellen Körper herausbugsiert wurde: »... so, als würde man ein Seidentuch an einem Zipfel aus der Westentasche herausziehen.« Dieses ungewollte Erlebnis muß ihn derart beeindruckt haben, daß er später in »A Farwell to Arms« seinen Romanhelden Frederic Henry gleiches erleben ließ.

Der Tiefenpsychologe und Psychiater Carl Gustav Jung will Anfang 1944 nach einem Herzinfarkt unter dem Einfluß von Sauerstoff und Kampfer ähnliches erlebt haben. In seiner von Aniela Jaffé herausgegebenen Biographie »Erinnerungen, Träume, Gedanken« sinniert Jung: »Es schien mir, als befände ich mich hoch oben im Weltraum. Weit unter mir sah ich die Erdkugel in herrlich blaues Licht getaucht. Ich sah das tiefblaue Meer und die Kontinente. Tief unter meinen Füßen lag Ceylon, und vor mir der Subkontinent von Indien... Später habe ich mich erkundigt, wie hoch im Raume man sich befinden müsse, um einen Blick von solcher Weite zu haben. Es sind etwa 1500 Kilometer! Der Anblick der Erde aus dieser Höhe war das Herrlichste und Zauberhafteste, was ich je erlebt hatte.«

Von der Echtheit seiner Austrittserlebnisse überzeugt, schwärmt Jung: »Ich hätte nie gedacht, daß man so etwas erleben könne, daß eine immerwährende Seligkeit überhaupt möglich sei. Die Visionen und Erlebnisse waren vollkommen real; nichts war empfunden, sondern alles war von letzter Objektivität.«

Es ist keinesfalls ungerechtfertigt, einem Psychoanalytiker vom Format eines C. G. Jung ein höheres Maß an Objektivität als tiefenpsychologisch Unerfahreneren zuzubilligen, was seine außerordentlich plastischen Schilderungen noch realer und erstaunlicher erscheinen läßt.

Die beachtlichen außerkörperlichen Erfahrungen des amerikanischen Autors William Seabrook an Bord eines Segelschiffs des New Yorker Verlegers Harrison Smith sind in seinem Buch »Witchcraft« (Hexerei) festgehalten. Über ähnliche Erlebnisse im exteriorisierten Zustand berichten auch die englischen Schriftsteller Sax Rohmer und William Gerhardi.

Cromwell Varley, ein bekannter englischer Erfinder, der sich unter anderem um die Verlegung des Transatlantikkabels verdient gemacht hatte, berichtete seinerzeit vor der *Dialektischen Gesellschaft von England* über seine außerkörperlichen Erfahrungen.

Während Töpferarbeiten, die er als Hobby betrieb, hatte er einmal Flußsäuredämpfe eingeatmet, was dazu führte, daß er anfallsweise an Stimmritzenkrämpfen litt. Sein Hausarzt riet ihm, stets Chloroform zur Hand zu haben, um sich bei Anfällen Erleichterung zu verschaffen. Eines Nachts sank er im Verlaufe eines Anfalls betäubt rückwärts auf sein Bett. Dort ausgestreckt, hielt er das chloroformhaltige Schwämmchen immer noch vor seine Nase – auf die Dauer eine gefährliche Situation. Rasche Hilfe war nicht zu erwarten, da seine Frau in einem der oberen Stockwerke schlief.

Hierzu Varley wörtlich: »Ich sah meine Frau oben schlafend und mich selbst auf dem Rücken liegend. Was immer ich anstellte, ich war unfähig, auch nur eine Bewegung auszuführen. Da versuchte ich willentlich in ihrem [meiner Frau] Bewußtsein die lebhafte Vorstellung zu erwecken, daß ich in Gefahr sei. Sie stand auf und kam, von plötzlicher Unruhe getrieben, zu mir herunter, um das Schwämmchen sofort zu entfernen. Ich war gerettet.«

Astralkörperaustritte unterscheiden sich ganz wesentlich von Träumen bzw. vom ASW-Phänomen *Hellsehen* (Fernwahrnehmung). Dies behaupten nicht nur die von dem lettischen Psychologen Dr. Karlis Osis und dessen ehemaligen Mitarbeiterin Donna McCormick Befragten, sondern die Mehrzahl all derer, die irgendwann einmal in ihrem Leben Austrittserlebnisse gehabt hatten. Diese Erlebnisse werden trotz der ungewöhnlichen Umstände, unter denen Austritte stattfinden, durchweg als geradezu plastisch-real geschildert, wohingegen Träume an ihrem irrealen Verlauf zu erkennen sind.

Sigmund Freud (1856–1939) meinte einmal, die Irrealität der Traumerlebnisse reduziere für den Träumenden die Wichtigkeit des Trauminhalts und mache es möglich, Nachfolgendes zu ertragen. Anders ausgedrückt: Das Unrealistische eines Traumes läßt den Träumenden trotz möglicherweise störender Wahrnehmungen weiterschlafen. Das Irreale wäre somit eine Art »Sicherheitsventil«.

Nach Auffassung des kanadischen Anthropologen und Soziologen Ian Currie, der sich in seinem Buch »Niemand stirbt für alle Zeiten« nicht nur mit sogenannten Nahtod-Erlebnissen, sondern auch mit dem AKE-Phänomen auseinandersetzt, gibt es zwischen der außerkörperlichen Erfahrung und Träumen zahlreiche gravierende Unterschiede. Folgende Merkmale sind für Astralkörperaustritte typisch:

– Die »Umwelt« wird vom Exteriorisierten so wahrgenommen, wie sie sich dem Beobachter normalerweise auch im Wachzustand zeigt, lediglich unter oft bizarren Blickwinkeln (das Bewußtsein kann in Raum beliebige Positionen einnehmen);

– seinen eigenen Körper sieht das Astral-Double wie ein fremder Betrachter – von außen, d. h. unbeteiligt;

– in vielen Fällen wird von (wachen) Anwesenden bestätigt, was Ausgetretene gesehen oder erlebt haben;

– viele Exteriorisierte berichten, daß sie ihre Umwelt lebhafter, wirklichkeitsgetreuer und überzeugender wahrgenommen haben als unter »normalen« (Wach-)Bewußtseinsbedingungen;

– Farben werden im außerkörperlichen Zustand viel klarer, reiner wahrgenommen. Ich selbst habe einmal in einem solchen Zustand beim »Herabsinken« um mich ein Kaleidoskop bunter Kugeln erlebt, deren Brillanz und Intensität mit nichts in unserer Welt vergleichbar waren; dieses Farbszenarium läßt sich in unserer materiellen Welt unmöglich simulieren;

– während Träumende nach dem Erwachen wissen, daß sie geträumt haben, ist der Exteriorisierte nach Beendigung der AKE fest davon überzeugt, daß alles, wie erlebt, tatsächlich stattgefunden hat. Sein Eindruck, keinen Traum erlebt zu haben, ist unauslöschbar, wie der Autor aus eigener Erfahrung zu berichten weiß;

– viele Ausgetretene überkommt das Gefühl, hellwach zu sein;

– bei AKEs wirken Hintergrundgeräusche (Straßenlärm, vorbeifahrende Züge, Hundegebell, Ticken der Uhr,

Glockenläuten usw.) echt; im Traum integriert man diese Geräusche häufig ins jeweilige Szenarium, d. h. sie werden zum Bestandteil des Traumgeschehens;
– hochentwickelte Tiere sind in der Lage, Astralkörper Lebender und Verstorbener wahrzunehmen und hierauf zu reagieren.

Astralkörperaustritte erfolgen meist nach bestimmten »Mustern«, die sich von Träumen und außersinnlicher Wahrnehmung deutlich unterscheiden. An Exteriorisationen früher reich »gesegnet« – ich konnte sie eine Zeitlang sogar willentlich herbeiführen –, hatte sich bei mir folgendes Verlaufsschema herausgebildet:
– Wahrnehmung eines winzigen grellen, sich rasch vergrößernden Lichtpunktes in Zimmerdeckenhöhe rechts;
– subjektives »Flattern« des Trommelfells (beidseitig);
– Gefühl des Hin- und Herpulsierens gewisser Energieströme vom Kopf (Scheitelchakra) zum Nabel und von dort zu den Füßen und umgekehrt;
– Wahrnehmung eines »Hall-Effekts« wie in großen Bahnhöfen oder in Flughäfen; manchmal vernimmt man ganz deutlich irgendwelche Worte;
– langsames Herauskippen des Astralkörpers über die Bettkante; will man mit der Hand den Boden berühren, dringt diese in denselben ein, so als ob er aus einer sehr weichen Masse bestünde;
– auf Wunsch oder bei Bedarf kann sich der Astralleib rasch wieder in seinen materiellen Körper zurückziehen;
– nach dem »Erwachen« aus dem hypnagogen Zustand wird meist eine erhöhte Pulsfrequenz gemessen.

In einer besonders extremen Phase mußte ich die Erfahrung machen, daß die einleitenden Effekte schon vor dem Zubettgehen in sitzender Position (Sessel), d. h. im wachen Zustand, auftreten können – für mich ein überzeugender

Beweis dafür, daß außerkörperliche Erfahrungen etwas völlig anderes als Träume sind.

Geradezu kurios nehmen sich Astralkörperaustritte aus, die mit *Psychokinese* einhergehen. Einen solchen Fall will ein Lucien Landau während seiner Verlobungszeit bei seiner späteren Frau Eileen erlebt haben. In seinem Bericht an das »Journal der S.P.R.« (Bd. 42, September 1963) heißt es: »Ich kannte meine Frau schon einige Jahre vor der Heirat, und sie erzählte mir oft von ihren außerkörperlichen Erlebnissen. Sie bewegten sich durchaus im Rahmen des Üblichen, und ich konnte mehrmals nachweisen, daß tatsächlich etwas Außernatürliches im Spiel war… Als ich einmal krank war, besuchte sie mich zu Hause und bezog das Gästezimmer gegenüber meinem Schlafzimmer. Eines Morgens sagte sie mir, sie sei während der Nacht (ohne ihren materiellen Körper) in mein Schlafzimmer gekommen, um meinen Puls und meine Atmung zu überprüfen. Ich bat sie, in der kommenden Nacht dies noch einmal zu wiederholen und dabei zu versuchen, einen Gegenstand mitzubringen: mein kleines Tagebuch, das gerade 38 Gramm wog. In besagter Nacht ließen wir die Türen beider Schlafzimmer offen, weil ich mir kaum vorstellen konnte, daß ein materielles Objekt massives Holz durchdringen könne. Bevor ich einschlief, nahm ich mir fest vor aufzuwachen, falls etwas Ungewöhnliches in meinem Zimmer passieren sollte… (Später) wachte ich plötzlich auf. Es dämmerte schon, und es drang gerade so viel Licht durch die halb zugezogenen Vorhänge, daß man hätte lesen können.«

Landau sah Eileens Astralkörper in seinem Zimmer. Sie trug ein Nachthemd und schaute unverwandt zum Fenster. Ihr Gesicht war sehr blaß, fast weiß. Die Gestalt bewegte sich langsam rückwärts auf die Tür zu, blieb dabei aber völlig starr. Es war eigentlich kein Gehen. Als sie den Korridor betrat, stieg Lucien aus seinem Bett und folgte ihr. In seinem Bericht heißt es: »Ich konnte die sich rückwärts bewegende Gestalt, die völlig durchsichtig war ... und gleichzeitig den Kopf der [materiellen] Eileen, die schlafend in ihrem Bett lag, deutlich sehen. Dabei fiel mir auf, daß sich die Bettdecke hob und senkte, wenn sie atmete. Ich folgte der Gestalt, die sich die ganze Zeit über rückwärts bewegte und stur geradeaus schaute, mich aber offenbar nicht wahrnahm.«

An der Tür zum Gästezimmer blieb Lucien stehen. Eileens astrales Double hatte inzwischen das Bett des schlafenden »Originals« erreicht, mit dem es sich blitzschnell vereinigte. Zurück im eigenen Zimmer, fand Lucien auf dem Fußboden neben seinem Bett einen kleinen Gummihund, der Eileen gehörte und zuvor auf der Kommode in ihrem Zimmer gestanden hatte. Eileen ergänzte später Luciens Ausführungen mit ihrer Version:

»Ich erinnere mich, daß ich aufstand (ich weiß aber nicht genau wie), zu meinem Schreibtisch ging und das Tagebuch sah. Als Kind hatte man mich gelehrt, niemals Briefe oder Tagebücher anderer Leute in die Hand zu nehmen. Wahrscheinlich zögerte ich deshalb, das Büchlein anzufassen. Statt dessen nahm ich meinen Gummi-Spielzeughund. Ich kann mich daran erinnern, daß ich ihn durch die Tür über die Schwelle in das andere Zimmer mitnahm, kann mich aber nicht entsinnen, wirklich gelaufen zu sein ... Ich weiß nicht mehr, was ich schließlich mit ihm [dem Hund] tat, erinnere mich aber, gesehen zu haben, daß Lucien schlief und normal atmete. Bis zu diesem Augenblick erschien mir mein Bewußtsein normal, ebenso die Fähigkeit, die Umgebung wahrzunehmen ... Mir fehlt jedoch jedwede Erinnerung, rückwärts in mein Zimmer gegangen oder in mein Bett gestiegen zu sein.«

Es fällt auf, daß Eileen nur den materiellen Körper Luciens gesehen haben will. Könnte es sein, daß sich dieser gar nicht aus seinem Bett erhoben, sondern nur seinen Astralkörper zur Beobachtung entsandt hatte? Warum aber hatte dann Luciens feinstofflicher Leib zwar Eileens Double, dieses aber nicht den Astralkörper ihres Verlobten gesehen? Diese Fragen müssen unbeantwortet bleiben, weil uns über die möglicherweise unterschiedliche »Konsistenz« des ohnehin hypothetischen Astralkörpers nichts bekannt ist.

Es wäre widersinnig anzunehmen, daß Eileen den Gummihund mit ihren »astralen Händen« erfaßt und ins Zimmer ihres Verlobten gebracht hat. Sollte sich dieser Vorfall tatsächlich so wie geschildert abgespielt haben, müßte man eher von einer psychokinetischen Objektversetzung – einer Teleportation – sprechen. Feinstoffliche »Hände« vermögen nichts Materielles in unserem Sinne anzufassen. Sie müßten zwangsläufig durch alles hindurchgreifen, da sie einer anderen Realitätsebene angehören.

7 Blick in die Vergangenheit

»Im Jahre 1964 bewohnten wir ein altes Haus in den Cotswold Hills südlich von Birmingham (England). Eines Abends, etwa sechs Monate vor unserem Umzug, sah ich mich beim Aufräumen in der Küche plötzlich einer großen grauhaarigen Frau gegenüber, deren unerwartetes Erscheinen ich mir nicht erklären konnte. Über ihrer schäbigen dunklen Kleidung trug sie eine schwere, steife Schürze. Sie hatte ein blasses Gesicht, hellgrüne bis blaue Augen und eine Adlernase. Die Frau stand einfach da in der Diele und blickte zum Küchenherd hinüber. Kopf und Augen bewegten sich. Sichtlich überrascht fixierte sie die Kücheneinrichtung, vor allem den Gasherd. Als sie ihre Augen auf mich richtete, verschwand sie langsam vom Kopf abwärts, bis auch ihre extrem dünnen Beine und ›Männerschuhe‹ nicht mehr zu sehen waren. Ihre Anwesenheit erschien mir zunächst gar nicht einmal so außergewöhnlich... bis sie auf diese merkwürdige Weise zusammenzuschrumpfen begann. Auf dem dortigen Gelände standen noch die Überreste einer früheren Wäscherei. Die Phantomfrau mit der ›wasserdichten‹ Schürze (offenbar ein steifes Material) mußte, ihrer Kleidung nach zu urteilen, dort beschäftigt gewesen sein. Sechzehn Jahre wohnten wir in jenem Haus, ohne jemals etwas Derartiges erlebt zu haben.«

Dieser Erlebnisbericht einer Erscheinungen gegenüber wohl eher nüchtern bis skeptisch eingestellten Engländerin veranschaulicht die Zeitlosigkeit allen Geschehens, das nicht etwa in einer parallelen Realität »eingefroren«, sondern für die Wahrgenommene offensichtlich topaktuell ist. Die »Gegenwart« der Erscheinung platzt förmlich in unser »Jetzt« hinein, jedoch ohne mit uns zu interagieren. Und weil diese »Dinge« nicht in unsere Epoche – unser Jetzt – hineinpassen, weil sie beim Verbleib in unserer Realität irgendwelche Anachronismen auslösen würden, müssen sie zwangsläufig verschwinden – ebenso schnell wie sie gekommen waren. Es gibt zahllose Beispiele dafür, daß sich die spektralen Akteure aus einer Vergangenheit, die nur unserer Hintereinander-Zeitrechnung nach eine solche ist, bei ihrem Erscheinen in unserer Realität tatsächlich *auf ihrem eigenen Terrain* bewegen.

Winifred Chambers aus Bilborough bei Nottingham (England) berichtet über einen solchen Fall, der sich bereits im Jahre 1934, als sie noch ein Kind war, zugetragen haben soll. Sie und ihre Freundin Florence Hemsley spielten damals in den Ruinen von Hardwick Hall, als dort plötzlich ein Mann auftauchte, der ihnen durch sein sonderbares Verhalten Furcht einflößte: »Er erschien mitten in der Luft, und seine Bewegungen glichen mehr einem Schweben. Die Gestalt kam von ›nirgendwo‹, durchquerte den Raum, oder was dies [früher einmal] gewesen war, und erreichte schließlich die gegenüberliegende Wand, in der sie verschwand. Wir beide waren minutenlang sprachlos. Dann stießen wir gellende Schreie aus und rannten nach Hause. Ich sehe ihn immer noch vor mir. Der Mann wirkte mit seinem rosigen Gesicht und seinen grauen Haaren so echt. Er trug Reithosen, ein offenes Hemd mit hochgekrempelten Ärmeln, kniehohe Strümpfe, Spangenschuhe und hatte eine Schürze umgebunden. Auf einem Tablett, das er in Händen hielt, standen zahlreiche Krüge. Die Gestalt vermittelte den Eindruck eines Gastwirtes oder Kellners aus längst vergangenen Zeiten. Meine Freundin und ich waren felsenfest davon überzeugt, einen ›Geist‹ gesehen zu haben. Wir schwiegen uns aber gegenüber Dritten aus, um nicht verulkt zu werden.«

Die schwebende Position, in der die beiden Mädchen den Pseudo-Wirt wahrgenommen hatten, läßt darauf schließen, daß dort in einem der oberen Stockwerke früher einmal der Fußboden eines Raumes gewesen war, und genau entlang diesem hatte sich die Gestalt bewegt.

In meinem Buch »Zeittunnel« habe ich den Fall des siebzehnjährigen Installateurgehilfen Harry Martindale aus York, Grafschaft Yorkshire (England), erwähnt, der 1953 in den Kellern des in der Chapter House Street gelegenen *Treasurer's House* beim Installieren von Leitungsrohren eine ähnliche Erfahrung gemacht haben will. Eines Tages sah er eine Formation römischer Legionäre durch das äußere Mauerwerk in den Keller eindringen. Ohne ihn zu beachten, marschierten die offenbar erschöpften Männer an ihm vorbei, um in der gegenüberliegenden Wand zu verschwinden.

Das Komische an diesem Fall: Die Soldaten waren nur von den Knien aufwärts zu sehen, so als ob sie auf einer niedriger gelegenen Straße dahinschritten. In den sechziger Jahren fand man bei Ausgrabungsarbeiten des Rätsels Lösung. Genau an der Stelle, wo Martindale die spektralen Krieger marschieren gesehen hatte, entdeckten Archäologen in Knietiefe eine römische Heerstraße, die *Via Decumana*.

Gelegentlich verschwinden komplexe Erscheinungen erst nach und nach. Über einen solchen Fall berichtet eine Frau, die gegen ein Uhr nachts mit leicht erhöhtem Puls erwachte und die Anwesenheit von irgend etwas Fremdem gespürt haben will: »Ich öffnete die Augen, konnte aber wegen der Dunkelheit nichts sehen. Um bequemer liegen zu können, drehte ich mich um. Dabei sah ich die Erscheinung einer jungen, etwa 20 Jahre alten Frau, die ein langes weißblau gesprenkeltes Musselinkleid, einen kleinen spitzenbesetzten Schal bzw. ein großes Tuch um ihre Schultern trug. Unter einer von weißen Spitzen umsäumten Morgenhaube war hellbraunes Lockenhaar zu sehen. In ihren Armen hielt sie ein etwa acht Monate altes, gesund aussehendes Kind. Mutter und Kind waren hellhäutig und besaßen eine gesunde Gesichtsfarbe. Das Baby – ein Junge – hatte nur wenige blonde Haare.

Sie [die Mutter] stand am Fuß meines Bettes und schaute zum Kopfende, so, als ob sie ihr Kind jemandem in einem Bett etwa 60 Zentimeter zu meiner Rechten zeigen wollte. Ich richtete mich in meinem Bett auf, um einen besseren Überblick zu gewinnen, und erwog, meinen Mann aufzuwecken. Da ihm das Aufwachen schwerfällt und er Situationen nicht schnell genug erfaßt, verzichtete ich darauf. Ich dachte, daß die hierdurch ausgelöste Störung die Erscheinung auflösen würde. Das Phantom schien eine eigene Lichtquelle zu besitzen. Sie war nicht gerade besonders hell, genügte aber, um die Gestalt deutlich wahrnehmen zu können. Plötzlich verschwand die Frau. Zurück blieb das Baby, das für wenige Sekunden mitten in der Luft zu schweben schien. Dann verschwand auch dieses.«

Die Beobachterin verglich das plötzliche Verschwinden von Mutter und Kind mit dem Zerplatzen eines Luftballons – eine Art »Dematerialisation«, wie man sie aus der Paraphysik kennt. Das Hintergrundleuchten, das hier schon einmal im Fall Kerska (Kapitel III/5) erwähnt wurde, könnte ein Indiz für die höherdimensionale Herkunft der Erscheinung, für deren erhabenen Realitätsstatus sein. Vielleicht kommt es an den Schnittstellen zwischen unserer Raumzeit-Welt und zeitlich differierenden Seinsebenen zustande – durch einen »Reibungseffekt« zwischen stofflich/dimensional unterschiedlich strukturierten Welten.

Auch nichtbelebte, nicht-biologische Objekte sind offenbar in den Annalen der Ewigkeit gespeichert, tauchen *im Bewußtsein* bestimmter Personen mitunter dort auf, wo sie früher einmal gestanden hatten oder wo man sie vielleicht einmal zu plazieren gedachte. Eine solche Begegnung mit einer womöglich nie realisierten *Idee*, die sich dann irgendwann einmal verselbständigte, hatte einer meiner Leser, K. H. Sebel aus dem Großraum Frankfurt, Mitte der achtziger Jahre:

»Vor etwa 15 Jahren wurde einer meiner Bekannten spät abends mit einem bedenklichen Magendurchbruch ins Frankfurter Heilig-Geist-Krankenhaus eingeliefert. Als ich eine knappe Stunde später mit seiner Frau dort eintraf, wurde er gerade in den Operationssaal gerollt. Während seine Frau im Besucherraum Platz nahm, um den Ausgang der Operation abzuwarten, verließ ich die Klinik, um mir ein wenig die Beine zu vertreten. Ziellos irrte ich umher, bis ich mich mit einemmal durch Zufall vor dem Haupteingang des Domes befand. Kurz vor Mitternacht war das Portal natürlich geschlossen. Auf der linken Seite gibt es einen kleinen Eingang, dessen einer Flügel halboffen stand. Neugierig betrat ich den spärlich beleuchteten Raum. Da es nichts weiter zu sehen gab, wollte ich schon umkehren, als ich plötzlich das Gefühl hatte, daß jemand hinter mir steht. Erschrocken drehte ich mich um und sah mich, in einer spitzbogigen Nische eingelassen, einer 50 bis 80 Zentimeter hohen Figur aus Sandstein gegenüber. Über ihrem linken Arm hing eine Art Fell oder Haut, in der rechten Hand hielt sie ein vom diffusen Licht angestrahltes langes Messer, das gegen meinen Hals gerichtet zu sein schien.

Ich begann mit der Figur einen Monolog folgenden Inhalts [aus dem Hessischen ins Hochdeutsche übertragen]: ›Ei, mein Lieber, wenn dein Messerchen bloß kein [böses] Omen ist. Wollen wir beide kein Geschäftchen miteinander machen? Du hilfst der ,armen Haut', die nur ein paar hundert Meter von hier auf dem Operationstisch liegt. Dafür bekommst du von mir zehn Wochen lang eine schöne Kerze gestiftet.‹ Beim Weggehen sagte ich noch: ›Also denke daran, auf meine Kerzchen kannst du dich verlassen!‹

Da nach gelungener Operation die Genesung meines Bekannten erstaunlich gute Fortschritte machte, fuhr ich zehn Tage später nach Frankfurt und holte mir bei der Firma Braunwart an der Paulskirche zehn lange gedrehte Kerzen. Als ich dann zur Pforte kam, war diese zwar offen, doch hing an ihr ein Schild mit der Aufschrift ›Betreten der Baustelle verboten‹. Aber: Wenn ich zu einem Heiligen will, lasse ich mich von einem Schild partout nicht aufhalten. Besagter Raum stand jedoch voller Gerüste. Der Fußboden war aufgerissen, und an den Wänden war weder eine Nische noch eine Figur zu sehen. Daher entzündete ich während der nächsten Wochen meine Kerzen vor der Pietà im Hauptschiff des Frankfurter Domes.

Im Laufe der Jahre vergaß oder verdrängte ich die Geschichte, zumal aus dem Bekannten von damals ein komischer Kauz geworden war. Am 23. Dezember 1994 fuhr ich nach Frankfurt, um noch einige Weihnachtseinkäufe zu tätigen. Beim Verlassen des Parkhauses kam ich seit Jahren wieder einmal am Dom vorbei. Obwohl ich wenig Zeit hatte, zog mich die Beleuchtung des Dom-Museums magisch an, und ich betrat den Empfangsraum. Auf den ersten Blick sah ich es: Die Wand, an der die Pseudo-Figur – es war wohl die Statue des heiligen Bartholomä – gestanden hatte, war glatt verputzt und hing voller Vitrinen. Nachdem ich mich der Kompetenz des jungen Mannes an der Kasse versichert hatte, erkundigte ich mich nach dem Heiligen ›mit dem Messer‹. Er ließ mich wissen, daß es dort eine solche Figur nie gegeben habe.

Zur Jahreswende erinnerte ich mich, das Museum durch die Pforte von damals betreten zu haben. Das konnte aber nicht stimmen. Als ich dann am 3. Januar 1995 erneut den Dom aufsuchte, war sie [die Pforte] geschlossen. Die gesuchte Figur fand ich weder im Museum noch im Dom selbst, dessen Ecken und Nebenräume ich allesamt durchstreift hatte.

Auch ein Gespräch mit dem Kustos des Domes verlief ergebnislos. Er meinte: ›Diese Figur hat es während meiner Frankfurter Zeit nicht gegeben. Davor war der Kreuzgang eine Rumpelkammer, und er diente auch der Firma Hembus, die am Dom arbeitete, als Werkstatt. Seit dem Bestehen des Dom-Museums ist das von ihnen beschriebene Portal nicht mehr zu öffnen.‹

Ein Anruf beim früheren Präses des Domes, der als 82jähriger in seinem Niederrader Haus wohnt, brachte ebenfalls keine Klärung. Er sagte mir: ›Im Dom und in der einschlägigen Literatur hat es keinen solchen Heiligen gegeben, der ein Messer in besagter Angriffshaltung trägt.‹

Am 10. Januar verstaute ich die Weihnachtsdekoration in dem dafür vorgesehenen Schrank im Keller. In der untersten Schublade, wo der alte Baumschmuck von vor zehn Jahren liegt, entdeckte ich zu meinem Schrecken noch zwei Kerzen von damals. Wieso ich sie nicht nach Frankfurt bringen konnte, kann ich heute nicht mehr sagen, aber es dürften triftige Gründe vorgelegen haben.«

Vieles deutet darauf hin, daß unser Bewußtsein unter bestimmten Umständen die Gegenwart wegzuspiegeln und durch Szenen aus der Vergangenheit zu ersetzen vermag.

So will eine Engländerin in den fünfziger Jahren in Londons Queen Street mehrmals an einem total ausgebombten Haus vorbeigegangen sein, das in Wirklichkeit nicht (mehr) existierte, denn im Zuge des Wiederaufbaus der Stadt waren dort neue Häuser errichtet worden.

Die Passantin beschreibt das Bild der Zerstörung recht anschaulich, so wie es sich dem Betrachter unmittelbar nach dem Zweiten Weltkrieg dargeboten haben mag: »... Nichts war übriggeblieben außer der Rückwand und einem kleinen ›Sims‹, der an ihr entlangführte, offenbar der Rest von dem, was früher einmal der Fußboden eines Zimmers war. Dann kam der Tag, an dem ich auf dem ›Sims‹ einen kleinen Jungen mit rotem Pullover und marineblauen Shorts herumturnen sah ... Ich überquerte die Straße, um ihm zuzurufen, daß er vorsichtig sein soll. Doch [auf der anderen Straßenseite angekommen] war da niemand, und der Betreffende (Junge) hätte auch von nirgendwo herkommen bzw. nirgends hingehen können [weil dort ein Neubau stand]. Für mich war das höchst rätselhaft, bin ich doch an diesem [zerstörten] Haus ziemlich oft vorbeigegangen.

Am nächsten Tag ging ich noch einmal dorthin, doch das zerbombte Haus war verschwunden. Ich versuchte es auch mit der nächsten Straße, aber da war es auch nicht.«

Das, was die Frau in der Folgezeit beim Passieren der betreffenden Stelle zwischen der Curzon und Charles Street vorfand, war ein terrassenförmig angelegtes weißes Haus.

Wenn es sich in diesem Fall nicht gerade um plumpen Schwindel, Wichtigtuerei oder Selbsttäuschung handelt, müßte die Frau mit ihrem Bewußtsein mehrfach in die Vergangenheit, in die Zeit gegen Kriegsende oder kurz danach abgedriftet sein. Menschen, die zu jener Zeit lebten, wäre sie dann ebenfalls als Phantom begegnet. Womöglich hatte der Junge sie als Erscheinung wahrgenommen und war darüber so in Panik geraten, daß er vor ihr flüchtete, d. h. sich vor Schreck dematerialisierte. Wahrscheinlich beendete die Begegnung mit dem Jungen eine Serie unfreiwilliger »Versetzungen« in die Vergangenheit, die durch einen physikalisch nicht erklärbaren, geheimnisvollen Mechanismus irgendwo entlang der Queen Street ausgelöst worden war. Durch diesen Zwischenfall muß der Frau das Irreale ihrer Situation bewußt geworden sein.

Berichte über Erscheinungen großen Stils, wie z. B. die spektrale Wiederholung historisch relevanter Schlachten, sind wohl eher anekdotisch zu werten. Und dennoch kann nicht ausgeschlossen werden, daß sich an Orten, wo einstmals heftige kriegerische Auseinandersetzungen stattfanden, bei denen Menschen zu Tausenden gewaltsam ums Leben kamen, selbst noch nach Jahrzehnten oder gar Jahrhunderten die Bewußtseinsinhalte der Verzweifelten in spukhaften Aktivitäten äußern. Die letzten schrecklichen Minuten ihres irdischen Daseins müssen im Bewußtsein der

Gefallenen deutliche Spuren hinterlassen haben – Engramme, die unter bestimmten Voraussetzungen in den tiefen Bewußtseinsschichten von am Ort des Geschehens zufällig anwesenden Personen einen Wiederholungseffekt auszulösen vermögen. Sie erleben dann nochmals akustisch oder gar quasi-visuell Szenen des früheren Kampfgeschehens. Es wäre fast wie im Kino, jedoch mit einem »Projektor« jenseits unserer Raumzeit.

Historisch überliefert ist der Schlachtfeldspuk von Edgehill (Warwickshire). Dort fand am 23. Oktober 1642 die erste Schlacht des englischen Bürgerkrieges zwischen den königlichen Truppen unter dem Kommando von Prinz Rupert of the Rhine – dem Neffen des Königs Charles I. – und Oliver Cromwells Parlamentariern unter Robert Devereux, dem dritten Grafen von Essex, statt. Damals gab es weder Sieger noch Besiegte. Nach der Schlacht lagen die Leichen von 2000, nach anderen Quellen von 5000 Männern auf dem gefrorenen Boden von Edgehill.

Bereits einen Monat nach der Schlacht wollen dort ansässige Schäfer gesehen haben, wie die Soldaten des Königs und die des Parlaments noch einmal miteinander kämpften. Sie vernahmen Trommelsignale, die Schreie der Verwundeten, das Klirren der Rüstungen und Wiehern der Pferde, und sie sahen den Rauch, der beim Abfeuern der Kanonen aufstieg. Das unheimliche Szenarium glich einer perfekten Neuinszenierung der vorangegangenen Ereignisse, nur daß diesmal die Leichen fehlten.

Einheimische wollen am Heiligabend des Jahres 1642 die Geisterschlacht erneut beobachtet haben. Ein Londoner Drucker namens Thomas Jackson, der Zeugen dieses Vorfalls persönlich befragt hatte, veröffentlichte hierüber am 4. Januar 1643 einen ausführlichen Bericht.

Als Charles I. von den unheimlichen Vorgängen bei Edge-

hill erfuhr, befahl er sechs seiner Offiziere, von denen
Oberst Sir Lewis Kirk dort selbst gekämpft hatte, vor Ort
Untersuchungen anzustellen. Nach ihrer Rückkehr bestätigten sie die Richtigkeit der Gerüchte. Sie hatten nicht
nur mit den Zeugen des spukhaften Geschehens gesprochen, sondern die spektralen Kampfhandlungen zweimal
selbst erlebt, in deren Verlauf sie Gefallene wiedererkannt
und Prinz Rupert, der noch am Leben war, gesehen haben
wollten.

Charles I. interpretierte die Phantomschlachten von Edgehill als Zeichen dafür, daß der Aufstand gegen ihn bald nie-
dergeschlagen werden würde, was sich bereits sechs Jahre
später als ein verhängnisvoller Irrtum herausstellen sollte.
Cromwells Partei kam an die Macht, der König aber wurde
geköpft.

8 Phantomgesichter

Jeder von uns hat es schon einmal erlebt: Man liegt bequem
auf dem Sofa und döst vor sich hin, läßt seiner Phantasie
freien Lauf. Aus dem Muster der Tapete auf der gegenüberliegenden Wand schälen sich mit einemmal Dinge heraus,
die man normalerweise mit dem Tagesbewußtsein niemals
wahrnehmen würde. Unsere Phantasie zerlegt die Tapeten-
muster in ihre Komponenten, um sie gleich darauf wieder
zu neuen, eigenwilligen Schemen zusammentreten zu lassen. Da erscheinen markante Köpfe, wohlproportionierte
oder auch abenteuerlich anmutende Gestalten, seltene
Pflanzen und Fabelwesen oder bizarre Landschaften – ein
Kaleidoskop phantastischer Möglichkeiten. Meist sind es
Objekte unserer Wünsche und Begierden, die unser Unbewußtes speziell für uns komponiert. Ein unterhaltsames
Spiel – *Nintendo* für Fortgeschrittene, ohne Elektronik.

Erschöpfung und pathologische Zustände – z. B. Fieber – steigern die Fähigkeit unseres schöpferischen Bewußtseins, auf bemusterten, gemaserten oder polierten Substraten – an Wänden, auf Böden und Wasseroberflächen oder auch am Himmel Dinge zu sehen, die in Wirklichkeit dort gar nicht vorhanden oder dargestellt sind. Schauen wir für nur wenige Augenblicke in eine andere Richtung, verlieren wir die subjektiven Zusammenhänge zwischen den bildgestaltenden Elementen: Das Phantasieprodukt ist verschwunden, und es fragt sich, ob wir es in der zuerst wahrgenommenen Gestalt je wieder erstehen lassen können. Überlassen wir uns hingegen ganz solchen Vorstellungen – Psychologen sprechen von *eidetischen Bildern* –, werden wir schon bald feststellen, daß wir diese nicht mehr steuern können. Je mehr uns die Kontrolle über diese Phantasiegebilde entgleitet, desto deutlicher, filmartiger werden sie, bis wir – wie in einer Art *virtuellen Realität* – interaktiv am subjektiven Szenarium beteiligt zu sein glauben. Es soll sogar Personen geben, die nicht nur kurz beobachtete Dinge mit sinnlicher Deutlichkeit wie einen realen Gegenstand eidetisch weiterzusehen, sondern auch lebhafte innere Vorstellungen wie echte Bilder nach außen, auf geeignete Substratoberflächen, zu projizieren vermögen. Dritte sind von der Wahrnehmung solcher Projektionsprodukte natürlich ausgeschlossen.

Beim sogenannten Kristallsehen (Kristallomantie) werden inneren Erfahrungen und Visionen durch Betrachten spiegelnder, leuchtender bzw. durchsichtiger Objekte künstlich stimuliert. In der Magie dient diese Technik meist hellseherischen Zwecken.

Manchmal erlangen, ohne direkten Anlaß, auf Flächen projizierte »Bilder« für den Wahrnehmenden ausgesprochen aktuelle Bedeutung, wie im Fall eines Arbeiters, dessen jüngerer Bruder während des letzten Krieges auf See ums Leben kam. Seine Aufgabe war es, an der Werkbank durch eine dunkelrote Glasscheibe einen Lichtbogen-Verbrennungsprozeß zu überwachen. Die Scheibe reflektierte seinen Schreibtisch und den dahinterstehenden Stuhl. Mehrere tausend Mal hatte er die gleiche Tätigkeit verrichtet und dabei jedesmal die gleiche Reflexionsszene beobachtet. Diesmal aber sah er beim Betrachten der Scheibe ganz deutlich einen Matrosen der Royal Navy im Stuhl hinter seinem Schreibtisch sitzen. Als er sich umdrehte, war der Stuhl leer. Insgesamt dreimal schaute er in das Schutzglas, entdeckte er darin den Matrosen auf seinem Stuhl. Und dreimal stellte er beim Umschauen fest, daß da niemand war. Dieser sonderbare Zwischenfall bestärkte ihn in der Vermutung, seinem Bruder sei etwas Schlimmes zugestoßen.

Das, was ihm durch die Phantom-Reflexion angedeutet worden war, sollte schon bald zur Gewißheit werden. Sein Bruder war bei einer Kampfhandlung zusammen mit seinen Kameraden ums Leben gekommen. Es ist anzunehmen, daß in diesem Fall Telepathie oder auch Fernwahrnehmung (Hellsehen über größere Distanzen) mit im Spiel war. Die Glasscheibe war nur die »Projektionswand«, auf welcher der Arbeiter die telepathisch bzw. hellseherisch übermittelte Botschaft vom Ableben seines Bruders selbst projizierte.

Wenn auf einer polierten Fläche das Brustbild eines kürzlich Verstorbenen erscheint, das von mehreren Personen unabhängig voneinander als solches identifiziert wird, darf man annehmen, daß es sich in einem solchen Fall wohl kaum um eine der eingangs erwähnten eidetischen Erscheinungen handelt. Genau dies geschah sechs Wochen nach dem Dahinscheiden von Kapitän Towns am 5. April 1873 in seinem Haus in Cranbrook (Rose Bay) nahe Sydney, N.S. Wales, Australien.

Es war gegen 21 Uhr, als Towns Tochter in Begleitung einer jungen Dame, Miss Berthon, eines der Schlafzimmer im oberen Stock betrat. Im hellen Schein des Gaslichtes erkannten beide Frauen auf der polierten Oberfläche des Kleiderschrankes das Konterfei des toten Kapitäns in Lebensgröße: Kopf, Schultern und Oberarme. Sein Gesicht wirkte fahl, wie kurz vor seinem Tod. Er trug eine graue Flanelljacke, die er, wie üblich, beim Schlafen anhatte.

Zuerst glaubten die Frauen, daß jemand an der gegenüberliegenden Wand ohne ihr Wissen ein Porträt vom Kapitän aufgehängt hatte, das sich in der Politur des Schrankes widerspiegele. Diese Vermutung sollte sich jedoch sofort als unzutreffend erweisen. Es gab da nichts, was eine solche Reflexion hätte verursachen können.

Während die Damen staunend, aber auch ein wenig erschrocken, vor dem Pseudo-Bild verharrten, betrat Miss Towns Schwester das Schlafzimmer und erkannte auf Anhieb, ohne zuvor darauf aufmerksam gemacht worden zu sein, das Porträt ihres Vaters.

Nach und nach wurden alle Hausangestellten ins Schlafzimmer gebeten, um sicherzugehen, daß man sich nicht täusche, um festzustellen, ob auch diese ihren früheren Arbeitgeber einwandfrei wiedererkennen würden. Drei Personen betraten den Raum und bestätigten beim Anblick des »Bildes« sofort, daß dies die Physiognomie von Towns darstelle.

Die »Gegenüberstellung« mit Towns Witwe – man hatte sie als letzte verständigt, um sie im Falle einer Täuschung nicht unnötig aufzuregen – verlief dramatisch. Mit ausgestreckten Armen ging sie auf die Erscheinung zu, so, als ob sie diese berühren wollte. Als dann ihre Hände sanft über die

Stelle glitten, auf der sich das Bild des Kapitäns materialisiert hatte, verblaßte das »Porträt«. Es sollte dort nie wieder erscheinen.

Hatte sich Towns aus seinem neuen jenseitigen Refugium für kurze Zeit ins Diesseits projiziert, um seine trauernden Angehörigen von seiner geistigen Fortexistenz zu überzeugen? Oder handelte es sich hierbei lediglich um ein psychokinetisches Phänomen, ausgelöst durch das gestaltende Bewußtsein eines Familienmitglieds, das besonders intensiv an den Verstorbenen dachte? Genau läßt sich dies heute nicht mehr rekonstruieren.

1993 erschien bei *Villard Books* (USA) ein neues sensationelles Buch des bekannten amerikanischen Arztes Dr. Raymond Moody, der sich bereits Anfang der siebziger Jahre ausgiebig mit Nahtoderlebnissen reanimierter Patienten befaßt und hierüber erstmals zwei vielbeachtete Bücher veröffentlicht hatte: »Reunion – Visionary Encounters with Departed Loved Ones« (etwa: Wiedervereinigung – Visionäre Begegnungen mit verstorbenen Angehörigen). In diesem Buch greift Moody die in der Antike hochentwickelten mantischen Traditionen des »Spiegel-Sehens« auf, um sie neben der heute praktizierten *instrumentellen Transkommunikation* (Prof. Dr. E. O. Senkowski) als eine weitere Spielart der Kontaktaufnahme mit jenseitigen Bewußtseinspersönlichkeiten vorzustellen. Das für diese Zwecke entwickelte sogenannte *Psychomanteum* (griech.: Sitz des Sehers) – neuerdings hat sich hierfür die Kurzbezeichnung *Manteum* eingebürgert – nutzt die »Tiefenwirkung« polierter, spiegelnder Flächen (Spiegel), um das Bewußtsein des Experimentators in einen für den Transkontakt notwendigen höherdimensionalen Zustand zu versetzen. Man versteht hierunter einen schwarz drapierten, nur schwach beleuchteten Raum, in dem als zentrales Element ein Spiegel aufgehängt ist. Der Kontaktsuchende nimmt in einem in Raummitte aufgestellten, bequemen Sessel vor dem Spiegel Platz und schaut so in diesen hinein, daß er sein eigenes Spiegelbild nicht sieht. Zur Erzielung befriedigender Resultate müssen die Abmessungen des Spiegels, sein Abstand vom Fußboden, die Position des Sessels sowie die Beleuchtung möglichst genau aufeinander abgestimmt sein.

Der Benutzer des Manteums versucht durch Anstarren des Spiegels mit den Bewußtseinsinhalten Verstorbener bzw. mit seinem »inneren Selbst« Verbindung aufzunehmen – ein Prozeß, dem Psychotherapeuten eine heilsame therapeutische Wirkung zuschreiben. Mit dieser Einrichtung werden ganz unterschiedliche Erfahrungen gemacht. Dee Busch – eine Lebensberaterin aus Concord, Kalifornien, die sich vornehmlich auf »Trauerarbeit« spezialisiert hat – will im Zustand geringfügig veränderter Bewußtseinszustände selbst »Energiefelder« (sic!), Lichter, Farben, Symbole, geometrische Formen und sogar bestimmte Gerüche wahrgenommen haben, die sie als indirekte Kontaktaufnahme mit jenseitigen Bewußtseinspersönlichkeiten wertet. Personen mit entsprechenden Erfahrungen sollen von der Realität dieser Manifestationen fest überzeugt sein. Dee ließ mich wissen, daß die quasi-visuelle Wahrnehmung echter Erscheinungen Verstorbener eher die Ausnahme sei, daß ihre Klientel jedoch häufig die Anwesenheit von Transwesenheiten (Präsenzen) zu spüren glaubt. Sie nutzt ihr eigenes Manteum nicht nur für ihre Konsultationen in Trauerfällen, sondern auch zur Vermittlung von Rat und Beistand in kritischen Lebenssituationen.

Bei Sitzungen im Spiegelkabinett scheint tatsächlich etwas stattzufinden, das nicht mit gewöhnlichen Halluzinationen verwechselt werden sollte – ein echter Realitätsdrift. Dies erhellt allein schon aus der Zeitverzerrung, über die ihre Klienten nach den Sitzungen zu berichten wissen.

Offenbar bedarf es zur Manifestation jenseitiger Bewußtseinspersönlichkeiten nicht immer *spiegelnder* Flächen. Als am Morgen des 23. August 1971 Maria Pereira die Küche ihres bescheidenen Heimes im andalusischen Bélmez de la Moraleda betrat, sah sie auf dem Zement-Fußboden einen komischen Fleck, der am Vorabend dort noch nicht vorhanden war. Im Laufe einer Woche nahm er immer deutlicher die Form eines Gesichtes an, dessen Färbung dem Ganzen eine sehr realistische Note verlieh. Die Pereiras waren über die unheimlichen Vorgänge in ihrem Haus so schockiert, daß sie ihren Sohn Miguel das »Bild« zerstören ließen. Das Unglaubliche geschah: An seiner Stelle entstand wenig später ein zweites Konterfei in der Reihenfolge Augen, Nase, Lippen und Kinn. Den »letzten Schliff« erhielt das Gesicht durch perfekt geformte Augenbrauen und Pupillen.

Bélmez' Bevölkerung war durch die unheimlichen Vorgänge in Pereiras Haus so geschockt, daß der Gemeinderat die Entfernung des »Gesichts« anordnete. Man ließ das »Bild« aus dem Fußboden heraustrennen, rahmen und neben dem Kamin aufhängen. Nachdem man die Schnittstelle ausgekratzt hatte, wurden die Rückstände sorgfältig analysiert. Außer Zement, Sand und Lehm konnte nichts gefunden werden, was auf die Entstehung des »Gesichts« hingedeutet hätte. Die durch das Entfernen des Bildes entstandene Vertiefung wurde ausgebessert. Nur wenige Tage danach »materialisierte« sich an der gleichen Stelle ein neues Gesicht, das von Miguel sofort zerstört wurde. Kaum hatte man den Boden repariert, entstand hier erneut ein Gesicht. Diesmal war es das Profil einer Frau, deren Haare offenbar vom Wind bewegt wurden. Im Dezember des glei chen Jahres verschwanden einige der entstandenen Gesichter von selbst; an ihrer Stelle erschienen gleich wieder neue. Wie nicht anders zu erwarten war, fanden sich in dem kleinen Ort schon bald zahlreiche Schaulustige ein, die im »Haus der Gesichter« Einlaß begehrten. Der örtliche Klerus war in seiner Meinung über die Echtheit der Boden-»Porträts« zerstritten. Während einige Priester Betrug witterten, hielten andere, die die Familie besser kannten, sowie der dortige Polizeikommandant die Pereiras für absolut glaubwürdig und somit die Bilder für echt. Die Polizei führte damals auf dem Anwesen der Pereiras insgeheim eigene Untersuchungen durch, die jeden Verdacht auf Manipulationen widerlegten.

Professor Germán de Argumosa von der Universität Madrid, einer der wenigen spanischen Parapsychologen, untersuchte das Gesichter-Phänomen vor Ort und unterrichtete hierüber auch seinen deutschen Kollegen Professor Hans Bender vom *Institut für Grenzgebiete der Psychologie und Psychohygiene,* Freiburg.

De Argumosa waren von der Universität Salamanca Dokumente zugegangen, die dem Fall eine neue Wendung gaben. Ihnen konnte man entnehmen, daß im 17. Jahrhundert ein aus Bélmez stammender Gouverneur von Granada fünf Mitglieder einer ortsansässigen Familie ermorden ließ. Alles deutete darauf hin, daß dies in Pereiras Haus oder in dessen unmittelbarer Nähe geschah. Das Verbrechen, dem religiöse Motive zugrunde gelegen haben sollen, blieb in der Erinnerung nachfolgender Generationen haften. Schon in der Vergangenheit war es in Pereiras Nachbarschaft wiederholt zu paranormalen Manifestationen gekommen, hatte man in Verbindung mit der offenbar medial veranlagten Maria gelegentlich »Stimmen« vernommen. Hinzu kommt, daß Pereiras Haus auf einem Grundstück errichtet worden war, das früher einmal der Friedhof von Bélmez gewesen sein soll. Als man dort den Boden aufgrub, will man in einer Tiefe zwischen 2,50 und 3,00 Metern menschliche Überreste gefunden haben, darunter auch zwei Skelette mit abgetrenntem Schädel. Unter den Häusern der Nachbarn wurde man ebenfalls fündig. Professor de Argumosa will dort selbst wiederholt seltsame Laute vernommen und fremde Stimmen aufgezeichnet haben. Leise, aber dennoch gut verständlich waren Äußerungen wie »Seele«, »Trunkenbold«, »armer Cico«, »kleiner Enkel« und »Was wird aus deinem Leben?« zu vernehmen. Sie wurden von unverständlichen Schreien und von Stöhnlauten untermalt.

Im Jahre 1972 besuchte Professor Bender den Ort des Geschehens gleich zweimal. Er ließ die Gesichter, die sich unter einer dort ausgelegten Plastikfolie gebildet hatten, mehrfach fotografieren. In einem Fall erschien das Gesicht einer hübschen jungen Frau, das nach einer Weile verschwand, um später an der gleichen Stelle mit einem weniger zarten Gesichtsausdruck erneut in Erscheinung zu treten. Waren das vielleicht »Momentaufnahmen in der Zeit« – eine nach dem Zeitrafferprinzip »zusammengeschnittene« Veränderung der Physiognomie dieser Frau?

José Martinez Romera, ein Freund der Familie Pereira, konnte sogar den Prozeß der Entstehung eines Frauengesichts unmittelbar beobachten. Er versuchte diesen durch Abreiben des Bodens mit bloßen Händen bzw. Abdecken desselben mit einem feuchten Tuch zu unterbinden, was ihm jedoch nicht gelang. Die Formgebung des Porträts nahm unbeirrt ihren Fortgang.

Im Jahre 1973 versuchte der Arzt Dr. Francisco Velasquez Gazetlu einige der neu entstehenden Gesichter zu fotografieren, als er plötzlich eine merkwürdige graue Wolke bemerkte, die sich auf dem Boden ausbreitete. Sie nahm rasch die Form eines Gesichtes an. Gazetlus Kamera stand einsatzbereit auf einem Stativ direkt daneben, so daß er die Bildgenese in allen Phasen fotografieren konnte.

Möglicherweise wurde die Entstehung der Gesichtsbilder tatsächlich erst durch die Nähe von Maria Pereira begünstigt. Vielleicht war sie der »Katalysator«, der die gestalterischen subtil-energetischen »Vorlagen« – wenn auch mehr unbewußt – psychokinetisch auf den Zementboden übertrug. Vielleicht wollten ihre jenseitigen Auslöser den Menschen unserer Tage die Tragödie in Erinnerung bringen, die sich dort im 17. Jahrhundert abgespielt hat.

9   Die Psychowelt der Kids

Kinder leben bekanntlich in ihrer eigenen Welt – einer Phantasiewelt grenzenloser, bizarrer Möglichkeiten, in der Fiktion und Realität nahe beieinander liegen. Sie erfinden mitunter Geschichten über irgendwelche fiktiven Freunde und deren sonderbares Verhalten, um Gleichaltrigen und Erwachsenen zu imponieren, um ernst genommen zu werden. Doch nicht immer sind es Auswüchse der Phantasie, wie sie nun einmal zur ganz normalen Entwicklung eines jeden Jugendlichen gehören. Es gibt eine Vielzahl beeindruckender Fälle, in denen Kinder ausführlich und überzeugend über Begegnungen mit für andere unsichtbaren Wesenheiten berichten, in denen man geneigt ist, diese als echte Visionen anzuerkennen.

Eine meiner Bekannten hatte als Kind ein solches phantastisches Erlebnis, das ihr bis zum heutigen Tag unerklärlich erscheint. Als sie noch klein war, starb ihre geliebte Großmutter, an deren feierliches Begräbnis sie sich noch gut erinnern kann. Kurz darauf spielte sie, wie gewohnt, im

Zimmer der Verstorbenen. Sie war freudig überrascht, die alte Dame in ihrem Lehnstuhl am Fenster sitzend vorzufinden, hatte man ihr doch gerade gesagt, daß ihre Großmutter jetzt im Himmel sei. Offenbar war sie von dort zurückgekommen. Alles schien wieder so wie früher zu sein.

Später erzählte sie ihrer Mutter, daß sie ihre Oma im Lehnstuhl gesehen und dann, wie bisher, mit ihr gespielt habe. Ihre Mutter schien hierüber gar nicht erfreut zu sein. Von da an blieb Großmutters Zimmer verschlossen, begegnete sie der Verblichenen nie wieder.

Die aus Irland stammende amerikanische Sensitive Eileen Garrett (1893-1970) hatte als Kind eine ähnliche Vision, über die sie in ihrem Buch »My Life as a Search for the Meaning of Mediumship« (Mein Leben als Suche nach der Bedeutung der Medialität) berichtete.

Als sie etwa vier Jahre alt war, sah sie eines Tages im Torweg des Hauses drei fremde Kinder stehen – zwei Mädchen und ein Junge. Da die Tante, bei der sie lebte, ihr das Spielen mit anderen Kindern verboten hatte, machte sie erst gar nicht den Versuch, sich diesen zu nähern. Später begegnete sie den Kindern erneut, und diesmal schloß sie sich ihnen an, um mit ihnen zu spielen. Von da an besuchten sie die kleine Eileen täglich außerhalb des Anwesens, da sie im Haus selbst unglücklich zu sein schienen. Eileen nannte die drei schlicht »meine Kinder«. Sie wurden mit der Zeit zu einem wichtigen Teil ihres jungen Lebens. Häufig berührte sie ihre fiktiven Spielgefährten und fand diese »so weich und warm wie ich«. Für sie waren ihre Phantom-Begleiter die selbstverständlichste Sache der Welt. Erwähnte sie diese in Anwesenheit der Älteren, wurde sie stets verspottet und ausgeschimpft. Ihre Tante war über »Eileens Lügen« sehr ungehalten. Tröstlich für sie war es zu wissen, daß wenigstens der Onkel zu ihr hielt und sie ernst nahm.

Eileen erkannte schon bald, daß es besser war, über die Begegnungen mit »ihren Kindern« zu schweigen. Es interessierte sie nicht im geringsten, wer oder was sie waren. Als Kind hatte sie nie etwas von Erscheinungen gehört, denn im Hause ihrer Tante waren spirituelle Themen tabu. Ihre frühen, natürlichen Kontakte zur Welt der Erscheinungen müssen es gewesen sein, die sie später zu einer der fähigsten Paragnostinnen ihrer Zeit werden ließen, mit der bedeutende Forscher vorwiegend in den USA über Jahrzehnte erfolgreich experimentierten.

Oftmals fragen wir uns, ob Kinder, die über ungewöhnliche Begegnungen mit irgendwelchen, für andere unsichtbare Wesenheiten berichten, über ein besonders hohes Maß an Imagination verfügen oder ob sie mitunter nicht doch etwas wahrnehmen, das tatsächlich mit unserer Welt zeit- und/oder dimensionsverschoben koexistiert.

Waren es vielleicht nur Wachträume – Erlebnisse im hypnagogen Zustand, kurz vor dem Aufwachen –, wenn die fünfjährige S. D. aus Tampa, Florida, jeden Morgen eine Gruppe schwarz gekleideter Typen mit spitz zulaufenden Kapuzen unmittelbar neben ihrem Bett stehen sah? Um diese Zeit war das Mädchen stets allein im Haus, da ihre Mutter zum Melken in den Stall gegangen war.

Ein Geräusch, wie es von einer entfernten Lokomotive oder von einer jener altmodischen Tret-Nähmaschinen verursacht wird, riß das Kind jäh aus tiefem Schlaf. Nach dem Erwachen will es dann jedesmal jene schwarzgekleideten Gestalten gesehen haben, deren Rücken dem Fenster zugewandt waren. Gesichter konnte sie nicht erkennen, da die Entitäten im Gegenlicht eng beieinander standen. S. D. wörtlich: »Ich zog mir die Bettdecke über den Kopf, so daß ich sie nicht mehr ansehen mußte. Ab und zu lugte ich vorsichtig nach draußen, um zu schauen, ob sie noch da waren.

Solange das merkwürdige Geräusch anhielt, standen sie noch neben meinem Bett.«

Erst ganz allmählich ebbten die Manifestationen ab, schwanden ihre Ängste vor den unheimlichen Besuchern. Seit ihrer Kindheit stellt sich S. D. immer wieder die Frage, was sie nun wirklich gesehen hatte, und sie meint: »Ich bin mir sicher, daß ich mir dies alles nicht eingebildet habe, denn ich konnte sie (die Schwarzgekleideten) wirklich sehen und während ihrer Anwesenheit das seltsame Geräusch einwandfrei vernehmen. Ich habe auch nicht geträumt, denn jedesmal, wenn ich unter der Decke hervorlugte, waren sie noch da. Und ich wußte, daß sie verschwinden würden, sobald das Geräusch verstummte.«

Es ist gut möglich, daß Kinder über umfangreichere und profundere paranormale Wahrnehmungsfähigkeiten als Erwachsene verfügen. Und dies nicht so sehr, weil sie etwa einfältig wären und noch zu lernen hätten, was man zu glauben habe, sondern – ganz im Gegenteil – weil sie unbefangener und empfänglicher als Erwachsene sind, weil ihnen noch beigebracht werden muß, was sie anzuzweifeln haben, ganz gegen ihre Natur.

An der berühmten Stanford University, Stanford, Kalifornien, hat sich der Psychologe Ernest Hilgard über Jahre mit den von Kindern angeblich wahrgenommenen »imaginären Begleitern« befaßt. Er untersuchte vorwiegend Kinder, die unter sechs Jahre alt waren. Dabei machte er die interessante Entdeckung, daß eine überraschend große Zahl dieser Kinder (zwischen 15 und 20%) regelmäßig »Leute« kontaktierten, die für sie offenbar sehr real waren, die aber von niemand sonst wahrgenommen wurden. Als er sie in späteren Jahren hierzu erneut befragte, schienen sie ihre frühen Erlebnisse vergessen zu haben, wohl deshalb, weil sich diese nicht länger mit ihrem Erwachsenenstatus vertrugen.

War dies Ausdruck eines anerzogenen Verdrängungsmechanismus?

Ein anderer Psychologe, Dr. Thomas Armstrong, untersuchte die unterschiedlichen Phasen, die Kinder normalerweise durchlaufen, um zur vermeintlich »richtigen Überzeugung« zu gelangen, Imagination besäße keinen Realitätswert. Armstrong unterscheidet nach Auswertung seiner diversen Untersuchungen zwischen vier Interpretationsstufen:

– Die *präpersonale Stufe*, in deren Verlauf Kleinkinder gewöhnlich destruktive Monster imaginieren; sie´ sollen die Mutter-Kind-Bindung, den Ursprung im Mutterleib reflektieren;

– die *subpersonale Stufe;* in ihr – sie fällt meist mit dem Beginn der Schulzeit zusammen – stellen sich die imaginären Begleiter meist als »kleine Leute«, unsichtbare Geister oder geheimnisvolle Kräfte dar; hier vermutet man, daß sich das Kind als winziges Wesen sieht, verloren in einem riesigen Universum unvorstellbarer Kräfte;

– die *personale Stufe,* in der die Phantom-Spielgefährten »reale« imaginierte Wesen sind; sie werden erschaffen, um die Welt sozialer Interaktionen (z. B. im Schulbetrieb) verstehen zu helfen;

– die *suprapersonale Stufe* (nach dem sechsten Lebensjahr); vorherrschender Typ des imaginären Begleiters ist hier der »spirituelle Meister«, der schamanenhaft mit weisen Botschaften in Erscheinung tritt. Heute begegnet man ihm mehr in der Gestalt des *Alien* aus den Tiefen des Alls bei sogenannten *Begegnungen der dritten Art* und *Abduktionen.*

Die zuvor zitierte klinische Psychologin Dr. Edith Fiore hält die imaginären Begleiter unserer Kids im Prinzip für Bewußtseinspersönlichkeiten Verstorbener, die den Übergang ins Nachleben noch nicht geschafft haben, die immer noch auf der irdischen Ebene hilflos umherirren und in ihrer Einsamkeit nach Menschen Ausschau halten, von denen sie verstanden und akzeptiert werden. Kinder wären, so Fiore, wegen ihrer Unvoreingenommenheit und ihres »offenen« Bewußtseins, ideale Kommunikationspartner für »gestrandete« Geistwesen, vor allem, wenn es sich hierbei um verstorbene Jugendliche handelt, denen es entgangen ist, daß sie sich bereits auf einer anderen Realitätsebene befinden. Kommt es dann zu einem engeren, länger anhaltenden Kontakt mit dem auf der irdischen Ebene angesiedelten Partner, könnte dies nach Fiore unter Umständen dessen »Übernahme«, d. h. Besessenheit, zur Folge haben – ein Vorgang, der sich fast unbemerkt im Unbewußten der betreffenden Person abspielt. Sie würde zwangsläufig einer Persönlichkeitsspaltung zum Opfer fallen.

10 Jenseitsstimmen

Bisher haben wir uns vorwiegend mit Präsenzen – rein gefühlsmäßig wahrgenommenen Bewußtseinspersönlichkeiten – und mit echten visuellen Halluzinationen, sogenannten Psi-Halluzinationen, befaßt. Das Spektrum paranormaler Halluzinationen reicht aber viel weiter und erstreckt sich auch auf die anderen Sinneswahrnehmungen:
– *Hörhalluzinationen:* Unerklärliche Geräusche, Stimmen, Musik usw., die aus dem »Nichts« zu kommen scheinen;
– *Taktile Halluzinationen:* Das Gefühl, von etwas Unsichtbarem berührt zu werden bzw. Pseudo-Berührungen mit visuellen Erscheinungen;
– *Geruchshalluzinationen:* Eine relativ seltene Spielart der Psi-Halluzinationen; Personen glauben bestimmte

Düfte zu riechen, die sie mit ihnen bekannten Verstorbenen in Verbindung bringen (z. B. Parfüms, Zigarrenrauch usw.).

Psi-Hörhalluzinationen verdienen wegen der Häufigkeit ihres Auftretens besondere Beachtung. Sie können sich als bloße Geräusche, undefinierbare Laute, Stimmen, Zurufe, Gesänge, Musik usw. äußern. Hin und wieder treten sie auch in Verbindung mit visuellen Psi-Halluzinationen (Erscheinungen) auf, was dem spektralen Szenarium ein besonders realistisches Flair verleiht.

Im Jahre 1946 hatte Kapitän Lionel Leslie auf der im Norden Schottlands am Firth of Lorne gelegenen Isle of Mull, nahe dem kleinen Ort Lochdon, ein abgelegenes leerstehendes Haus gekauft, in dem sich seit etwa 1960 unerklärliche Stimmen, Schreie und Klagelaute manifestierten, die »aus dem Nichts« zu kommen schienen.

Eines Tages kam Leslies Ehefrau Barbara aufgeregt ins Haus gestürzt, um ihren Mann zu fragen, was passiert sei. Sie habe von draußen ganz deutlich Männerstimmen vernommen, die sie sich nicht erklären konnte, da sie keinen unmittelbaren Nachbarn und zur Zeit des Geschehens auch keinen Besuch hatten. Obwohl Leslie selbst nichts gehört hatte, suchten sie gleich das Haus und die nähere Umgebung gründlich ab, ohne jedoch irgend etwas Verdächtiges zu finden.

Fünf Jahre später sollte sich das merkwürdige Geschehen wiederholen, nur, daß diesmal eine Frauenstimme zu hören war. Ihre Schreie schienen von hinter der Wand eines alten Kuhstalls zu kommen. Natürlich konnten die Leslies auch diesmal nichts entdecken, was auf die Herkunft der Schreie hingedeutet hätte. Dann, mit einemmal dämmerte es Barbara, begriff sie, welche Stimme sie gehört hatte. Da bestand ein ganz realer Zusammenhang mit der Kneipe, die ihr Haus früher einmal gewesen war – eine billige Absteige für Viehtreiber, die hier vorbeikamen. Die schrecklichen Schreie, die sie vernommen hatte, mußten die der Ehefrau des Wirtes gewesen sein, die dort vor rund 90 Jahren ermordet worden war. Ihr Mann hatte sie nach einer Eifersuchtsszene getötet. Die durch diese Tragödie ausgelösten Emotionen müssen dem Anwesen ein intensives Energiemuster aufgeprägt haben, das die natürliche Barriere zwischen den Realitäten offenbar immer dann durchbricht, wenn sich medial veranlagte Personen wie die Leslies in einer »empfangsbereiten« Situation befinden. Kapitän Leslie will in diesem Zustand sogar einmal einen Ausschnitt aus dem früheren Kneipenszenarium wahrgenommen haben, als sich seine Frau für einige Zeit auf dem Festland aufhielt:

»Es war Winter und sehr kalt. Damals hatten wir noch keine andere Heizmöglichkeit als offenes Feuer und Paraffinöfen. Die Küche war der einzig warme Raum im ganzen Haus, und so entschloß ich mich, dort zu nächtigen. Mit einer Matratze auf dem Boden und ein paar Wolldecken machte ich es mir gemütlich. Ich schlief, wie immer, felsenfest bis gegen drei Uhr früh. Dann wurde ich hellwach, d. h., ich befand mich in einem jener verwirrenden Zustände an der Grenze zwischen klarem Bewußtsein und unbewußtem Dahindämmern. Ich konnte zwar klar denken, doch mein Körper erschien mir empfindungslos, wie taub. Natürlich wußte ich, daß ich mich nach wie vor in der Küche aufhielt, aber es war nicht die gleiche wie zuvor. Es schien, als ob ich ›in eine andere Wellenlänge‹ (sic!) geschlüpft sei. Obwohl ich zunächst niemand sehen konnte, fühlte ich instinktiv, daß ich nicht länger allein war, spürte ich die Anwesenheit anderer Personen. Es waren freundliche Menschen, und ich empfand irgendwie, daß sie hier lebten oder zumindest, daß sie früher einmal hier gelebt hatten.

Dann sah ich plötzlich eine Frau über mir stehen. Sie war blond, jung, recht hübsch und im viktorianischen Stil gekleidet. Die Frau trug einen olivfarbenen Rock mit weißen Tupfen. Ich versuchte, ihre Aufmerksamkeit auf mich zu lenken, konnte aber meinen Arm nicht gleich heben. Als mir dies dann doch gelang, kam ich zu mir, meldete sich mein Bewußtsein zurück. Das Bild der Frau verblaßte.

Ich stand auf, zündete die Öllampe an und begann über das gerade Erlebte nachzudenken. Das hübsche Gesicht der Frau ist mir noch so deutlich in Erinnerung, daß ich es niemals vergessen werde...«

Es ist anzunehmen, daß Leslie im hypnagogen Zustand die Frau des Wirtes zu einer Zeit vor der Ehetragödie wahrgenommen hat. Der Faktor Zeit scheint im Halbschlaf bedeutungslos zu sein. Szenen aus der Zeit von vor hundert Jahren werden problemlos ins Bewußtsein eines heute Lebenden projiziert und umgekehrt. Leslies quasi-visuelle Psi-Halluzination dürfte die Echtheit der zuvor geschilderten Hörhalluzinationen weiter bekräftigen.

Über eine akustische Halluzination im Freien, die von einem Hund verursacht wurde, berichtet eine Frau, die einige Zeit im Südwesten Irlands nahe der Bantry-Bucht Urlaub gemacht hat. Als sie eines Tages ihren Cairn-Terrier am Ufer entlang ausführte, hörte sie plötzlich neben sich das schwere Schnauben eines dem Geräusch nach großen Hundes: »Meinem Hund standen vor Schreck die Haare zu Berg. Doch zu sehen war absolut nichts. Und es gab dort, außer ein paar Bäumen, kein Versteck [von dem aus ein Hund dieses Geräusch hätte verursachen können]. Verängstigt lief ich zum Hotel zurück. Wieder bei klarem Kopf, redete ich mir ein, dies alles nur imaginiert zu haben, obwohl ich mir nicht vorzustellen vermochte, wie man sich die Anwesenheit eines großen Hundes, der einen fast berührt hat, einbilden konnte. So ging ich erneut los, kam aber nicht weit. An genau der gleichen Stelle wie zuvor geschah es wieder, hörte ich abermals das Atemgeräusch des unsichtbaren Hundes.«

Aus Schilderungen von Personen mit Hörhalluzinationen gewinnt man den Eindruck, daß die meisten dieser Pseudo-Wahrnehmungen, genau wie echte Geräusche, von einer bestimmten Stelle ausgehen. So will z. B. einer der Zeugen die Stimme eines alten Mannes aus dem Schrank im Schlafzimmer vernommen haben. Ein anderer berichtete, die Stimme seiner verstorbenen Tante »vom Fenster her« gehört zu haben.

Im Jahre 1960 ging man im schottischen Alloa einem Fall nach, in dem ein elfjähriges Mädchen am Kopfende seines Bettes seltsame Geräusche – wie von einem abprallenden Ball oder einer Trommel verursacht – gehört haben wollte. Der Vorfall wurde gründlich untersucht, und man konnte an der angegebenen Stelle tatsächlich Vibrationen feststellen – ein Phänomen, das aufgrund seiner physikalischen Nachweisbarkeit jedoch eher psychokinetisch, d. h. als *Poltergeisteffekt,* einzustufen ist. Anders ausgedrückt: Wahrscheinlich war das Mädchen selbst Auslöser des sonderbaren Geschehens. Unbewußt, versteht sich.

Auffallend ist, daß in vielen Fällen reiner Psi-Hörhalluzinationen die Tonquelle außerhalb des Gesichtsfeldes der wahrnehmenden Person zu liegen scheint. Dies gilt besonders für Situationen, in denen angeblich Schritte vernommen wurden. Pseudo-Schritte in Räumen, wo sich der Wahrnehmende gerade aufhält, sind hingegen seltener.

Alte Gebäude – Kirchen, Klöster, Schlösser, Burgen, Herrenhäuser und Ruinen – scheinen für spektrale Manifestationen aller Art, auch für die »Reproduktion« von Stimmen, Musik und anderen Geräuschen aus früheren Zeiten wie geschaffen zu sein. Manche von ihnen erfüllen die Funktion von »Resonanzböden«, die unter bestimmten Voraussetzungen das wiedergeben, was in ihren Mauern auf einer höherdimensionalen Ebene seit Jahrhunderten gespeichert ist.

Die Ruinen der Abteikirche des kleinen Ortes Beaulieu-sur-Dordogne im Südwesten Frankreichs, in dem während des letzten Krieges klammheimlich Spezialagenten zur Unterstützung der französischen Widerstandsbewegung ausgebildet wurden, haben sich nachgerade als ideales Übertragungsterrain für solche Manifestationen erwiesen – für die Chorgesänge der Mönche, die sich dort im Jahre 1204 niedergelassen hatten.

Der Kurator des berühmten Motor-Museums von Lord Montague, Mr. Sedgwick, dessen Haus mit einigen anderen ganz in der Nähe der Abtei-Ruinen steht, will die Phantomgesänge der Mönche erstmals kurz vor Weihnachten 1959 gehört haben. Er hatte bis in die frühen Morgenstunden in seinem Büro gearbeitet und schickte sich gerade an, den Raum zu lüften, als er mit einemmal ganz deutlich Meßgesänge hörte, von denen er zunächst annahm, daß es sich um eine Rundfunkübertragung aus irgendeiner Kirche handeln würde:

»Es waren eindeutig Chorgesänge. Sie kamen mit schwankender Lautstärke herein, wie von einem defekten Radio – einmal ziemlich laut, ein anderes Mal fast unhörbar… Ich wunderte mich noch, daß jemand so früh das Radio eingeschaltet hatte. Es klang so schön, daß ich meinen eigenen Empfänger einschaltete, um den Sender zu suchen, der diese Gesänge übertrug. Ich suchte sämtliche Programme der französischen und italienischen Sender ab – alles, konnte aber nichts finden.

Später erst erfuhr ich, daß es sich bei diesen ›Darbietungen‹ um ein dort bekanntes, ungewöhnliches Phänomen handelt: den Chorgesang der Mönche von Beaulieu, der immer dann zu hören ist, wenn jemand im Ort das Zeitliche gesegnet hat.«

Sedgwick vernahm den Chorgesang ein zweites Mal am Vorabend einer anderen Beerdigung. Seine Erfahrung deckte sich mit der von Frau Day, einer dort ansässigen Managerin, die am späten Abend des gleichen Tages auf dem Heimweg ebenfalls von den wunderbaren Chorgesängen der Mönche überrascht wurde.

Psi-Hörhalluzinationen können auch durch bloße Absichtsbekundungen Lebender ausgelöst werden. Ein englischer Arzt, Dr. E. West Symes, berichtet: »Es war in der Nacht vor Weihnachten 1889 gegen 00.30 Uhr, als meine Nachtglocke läutete und ich zum ›Sprechrohr‹ unmittelbar neben meinem Bett griff. Ein Herr, dessen Stimme ich wohl kannte, bat mich, sofort seine Frau aufzusuchen, die in den Wehen läge und dringend meines Beistandes bedürfe. Ich stand auf, zog mich an und begab mich zum Haus des betreffenden Mannes, wo ich mit meinem Stock mehrmals an die Hintertür klopfte. Da mir niemand öffnete, ging ich wieder nach Hause und legte mich schlafen. Am nächsten Morgen besuchte ich die Kirche. Kurz nach 9 Uhr ließ mich der gleiche Herr wissen, ich möge dringend seine Frau aufsuchen. Ich fragte ihn, ob er nachts nicht schon einmal hier war, worauf er antwortete, daß er dies gegen 00.30 Uhr beinahe getan hätte. Ohne die Unterhaltung fortzusetzen, begab ich mich zu seiner Frau, um mich nach ihrem Befinden zu erkundigen. Sie sagte mir, daß es ihr eine halbe Stunde nach Mitternacht schlechter gegangen sei und sie nach mir verlangt habe. Die Nachtschwester habe aber meinen Besuch nicht für notwendig gehalten. Frau S. wollte auch mein Klopfen an der Hintertür bemerkt haben, schenkte dem aber weiter keine Beachtung, da sie glaubte, daß es sich hierbei um jugendliche Weihnachtssänger handele.«

Frau Symes will die Nachtglocke nicht gehört haben und erst dann erwacht sein, als ihr Mann über das Sprechrohr mit jemand sprach. Nachträglich stellte sie fest, daß immer nur ihr Mann gesprochen hatte, daß aber keine Gegenstimme zu vernehmen war. Als sie ihn auf einen möglichen Irrtum hinwies, bekam sie zu hören, er habe mit Herrn S. gesprochen und müsse sofort dessen Frau aufsuchen. Schon kurz darauf sei ihr Mann unverrichteter Dinge zurückgekommen.

Dr. West Symes scheint eine telepathisch verursachte Hörhalluzination erlebt zu haben. Die anfängliche Absicht von Frau S., ihn rufen zu lassen, muß in Symes' Unbewußtem halluzinativ das Läuten seiner Nachtglocke ausgelöst haben. Den Teil des vermeintlichen Gesprächs, das Herr S. am Sprechrohr geführt haben soll, hatte Symes ebenfalls halluziniert. Rede und Gegenrede müssen dabei »logisch« aufeinander abgestimmt gewesen sein. Dieser Fall zeigt einmal mehr, zu welch raffinierten Handlungen das Unbewußte im Menschen fähig ist.

11 Der Griff ins Leere

»Am hinteren Eingang zum Queen's College in Oxford, links vor der Hertford-Brücke, beschreibt die Straße eine unübersichtliche Kurve. Auf dem Weg vom New College zur Broad Street sah ich zwei Studenten, von denen einer auf einem kastanienbraunen Pferd saß, während der andere mit einer Hand die Zügel hielt. Ich war überrascht, an dieser Stelle ein Pferd zu sehen, und schaute daher nochmals genauer hin. Als ich mich den beiden näherte, bog ein anderer Student auf einem Fahrrad – einen Tennisschläger unter dem Arm – mit hoher Geschwindigkeit um die Kurve. Erschrocken hielt ich inne, glaubte ich doch, gleich Zeuge eines schlimmen Unfalls zu werden. Doch, zu meinem größten Erstaunen, durchfuhr der Radfahrer das Hinterteil des Pferdes... stellte ich fest, daß gleich darauf die beiden jungen Männer und das Pferd verschwunden waren. Es war das einzige Mal, daß ich so etwas Ungewöhnliches erlebt habe, und dabei hatte alles doch so normal ausgesehen. Die Studenten hatten Reithosen getragen. Ihre Haare waren kurzgeschnitten.

Erst viel später, als ich Erkundigungen einzog, erfuhr ich, daß die großen Türen [am Hintereingang] früher einmal zu den Pferdeställen des Queen's College führten.«

Dieser, von einem Bürger Oxfords geschilderte Fall einer visuellen Psi-Halluzination bei Tage, weist ein besonderes Merkmal auf, das alle spektralen Erscheinungen gemeinsam haben: Sie verschwinden, sobald jemand bewußt oder unbewußt das halluzinierte Szenarium irgendwie störend beeinflußt. Die Einflußnahme kann dadurch erfolgen, daß sich der Wahrnehmende oder ein anderer Anwesender der Erscheinung zu nähern oder diese zu berühren versucht, daß sie, wie im eingangs erwähnten Fall, durchfahren wird bzw. daß man sie anspricht. Durch Dritte ausgelöste Ablenkungen und, wenn es sich um Erscheinungen in dunklen Räumen handelt, das Einschalten der Beleuchtung, können ebenfalls zum Zusammenbruch halluzinativer Zustände führen.

Ungewöhnlich ist ein Fall, in dem ein Phantom-Radfahrer

mit einem Fuhrwerk »kollidierte« und sich dabei in Nichts auflöste. Hierüber wurde in Band IX (1899–1900) des »Journal of the S.P.R.« berichtet:

Im Frühjahr 1896 war ein Radfahrer auf der Hauptstraße von Wheedon nach Daventry nahe Northampton (England) allein unterwegs, als er vor sich einen grau gekleideten Radler bemerkte, den er Augenblicke zuvor noch nicht wahrgenommen hatte. Nach einer Weile tauchte vor ihm ein großes Pferdefuhrwerk auf, das mitten auf der Fahrbahn dahinratterte, dessen Lenker sich offenbar wenig um die Belange anderer Verkehrsteilnehmer scherte. Dann geschah etwas Unerwartetes: Der vordere Radfahrer raste offenbar unbekümmert auf das Fuhrwerk zu und... direkt in dieses hinein. Er schien mit dem dahinfahrenden Wagen förmlich zu verschmelzen.

Der Zeuge dieses unglaubliches Spektakels war trotz des realistischen Eindrucks, den der Pseudo-Radfahrer bei ihm hinterlassen hatte, davon überzeugt, dies alles nur »geträumt« zu haben. Tagträume – Psi-Halluzinationen sogar während einer körperlichen Betätigung – beweisen einmal mehr, daß wir anderen Realitäten überall und zu jeder Zeit begegnen können.

Den hier geschilderten Psi-Halluzinationen bei Tageslicht und im Freien, mit beobachteten Direktkontakten zwischen anderen Personen und halluzinierten Szenarien (Reitergruppe bzw. Radfahrer) steht die Masse taktiler Erlebnisse in den Nachtstunden gegenüber. Und diese offenbaren gewisse Eigenheiten, die es etwas genauer zu analysieren gilt. Wenn ein Hellträumer (jemand, der einen luziden Traum hat) die von ihm halluzinierte Umgebung berührt, wird er bemerken, daß er diese mit seinen Extremitäten nicht zu durchdringen vermag, anders als wenn z. B. die Pseudohand einer Erscheinung in den Körper einer anderen Erscheinung eindringt. Der Hellträumer weiß, daß er träumt und daß sowohl der Körper, den er zu besitzen glaubt, und der Rest der wahrgenommenen Umgebung lediglich Bestandteile seines Traumes sind. Er hält daher deren Status für gleichwertig, und es ist interessant, festzustellen, daß, wenn sein Traumkörper mit seiner Umgebung interagiert, dies auf sehr realistische Weise geschieht. So ergriff eine Hellträumerin während eines luziden Traumes den Arm einer geträumten Person. Fazit: Die Normalität ihrer Empfindung war für sie ausgesprochen schockierend: »...Dann stand ich an einem Ende des gleichen Raumes und bemerkte abermals, daß ich träumte. Ich sprach mit einer mir unbekannten Frau, die mir sagte, daß sie College-Dozentin in Ausbildung sei (ich selbst bin Lehrerin). ›O nein! Sie sind nur ein Produkt meiner Phantasie‹, sagte ich und griff nach ihrem Arm. Dabei erlitt ich einen mächtigen Schock; es war der lebhafteste Eindruck meines Traumerlebnisses. Mein Gegenüber wirkte unglaublich real, massiv, warm und ›fleischig‹ (sic!). Damals dachte ich, es war genau so, als ob ich den Arm einer lebenden Person angefaßt hätte, und doch weiß ich, daß ich die Berührung nur geträumt hatte.«

Was aber geschieht nun wirklich, wenn es jemandem gelingt, eine Erscheinung zu berühren, wenn die betreffende Person eine echte Empfindung zu haben glaubt? Hält ihre Hand inne, wenn sie die Stelle erreicht hat, wo die Erscheinung ihrer Auffassung nach sein müßte, oder erlebt sie auch dann nur eine Halluzination? Und wenn die Hand tatsächlich innehält: Was veranlaßt sie, dies zu tun? Ist es ein vasomotorischer Impuls aus dem Unbewußten oder ein psychokinetischer Akt, der zwar im Wahrnehmenden seinen Ursprung hat, der aber so auftritt, als ob er von außerhalb seines Köpers käme?

Eine Engländerin, die zusammen mit ihrem Mann in Griechenland Urlaub machte, will in einer alten Villa, die sie bewohnten, nächtens mehrfach die Erscheinung einer traurigen alten Dame wahrgenommen haben. Als sie eines Nachts das Phantom zu berühren versuchte, machte sie eine ungewöhnliche Erfahrung: »...Meine Hand stieß auf ein massives Hindernis... Die Barriere schien eine Art unsichtbares Kraftfeld zu sein. Es war, als würde man seine Hand aus einem fahrenden Wagen gegen den Wind halten. Ich hatte nicht das Gefühl, daß jemand meinen Arm von hinten zurückhielt... Der Abstand zwischen der Erscheinung und mir dürfte etwa 30 Zentimeter oder weniger betragen haben...«

Dieser Barriere-Effekt läßt sich unterschiedlich deuten:

– Das Unbewußte des Wahrnehmenden kontrolliert dessen Muskeln, um das Berühren der Erscheinung zu verhindern. Ähnliches geschieht auch bei der Hypnose, in deren Verlauf der Hypnotiseur dem Subjekt suggeriert, daß es in einer bestimmten Richtung und Entfernung ein festes, wenn auch unsichtbares Hindernis vorfindet. Ein anwesender Beobachter wird feststellen, daß die hypnotisierte Person trotz größter Anstrengungen ihre Hand nicht über die vom Hypnotiseur bezeichnete Stelle hinaus bewegen kann.

– Eine weitere Möglichkeit, die in Betracht gezogen werden muß, ist *Psychokinese*. Entweder der Wahrnehmende selbst oder irgendeine in der Nähe befindliche Person könnte Psychokinese angewandt haben, um den Arm des Wahrnehmenden davon abzuhalten, sich der Erscheinung zu nähern.

– Denkbar wäre allerdings auch, daß der Wahrnehmende seine Hand überhaupt nicht ausgestreckt und er die gesamte Situation nur halluziniert hat: das Auftreten der Erscheinung, deren »sichtbare« Umgebung, die vermeintliche Annäherung des Armes an die Erscheinung, das Gefühl, ihn in deren Richtung zu bewegen und das Empfinden einer unsichtbaren blockierenden Kraft (Barriere).

In einigen wenigen Fällen wollen »Kontaktler« bemerkt haben, daß Teile ihrer Extremitäten – Hände oder ganze Arme – beim Eindringen in eine Erscheinung unsichtbar wurden. So unglaublich sich dies auch anhören mag: Es könnte durchaus sein, daß jene Kontaktpersonen im halbwachen Zustand tatsächlich das Eintauchen ihrer Extremitäten in ein fremddimensionales Objekt – eine Erscheinung – beobachtet haben. Diese Körperteile befänden sich, wie z. B. bei sogenannten Teleportationen, vorübergehend außerhalb unserer Raumzeit.

Eleanor Sidgwick und Alice Johnson berichten im »Report on the Census of Halluzinations« (Bericht über die Registrierung von Halluzinationen) in den »Proceedings of the Society for Psychical Research« (England) über ein solches Halluzinationserlebnis eines jungen Mannes, der beim Erwachen aus tiefem Schlaf im fahlen Mondlicht die Erscheinung einer luxuriös gekleideten Dame wahrgenommen haben will: »Ich war ganz ruhig, mehr wissenschaftlich als spekulativ interessiert. Ich kniff mich, um festzustellen, ob ich tatsächlich wach war, und hielt meine Uhr dicht ans Ohr, um mein Hörvermögen zu überprüfen. Mein Puls schlug völlig normal. Daraufhin sagte ich ganz laut (um meine Nüchternheit und Gelassenheit zu testen): ›Dies ist eine optische Täuschung. Ich werde jetzt meine Hand durch diese Erscheinung stecken.‹ Als ich dies tat, drang meine Hand durch sie [die Dame] hindurch, wie durch Wasser (jedoch ohne die leiseste Empfindung). Die Kleider der Frau behielten ihre Falten und Position bei… Meine Hand und das Bündchen meines weißen Nachthemdes *waren nicht mehr zu sehen.* Und als ich sie zurückzog, hinterließen sie kein Loch…«

Wenn man über die »Konsistenz« dieser halluzinierten »nachgiebigen« Gebilde Überlegungen anstellt, drängen sich einem zwangsläufig Vergleiche mit der Ufo-Szene auf. Auch hier will man bei direktem Kontakt mit der Oberfläche von Ufos – beim Hineingreifen oder Hineinstecken von Ästen oder dergleichen in die oft massiv erscheinenden »Maschinen« – das Verschwinden der Tastobjekte beobachtet haben.

Es läßt sich wohl kaum noch bestreiten, daß wir es bei Ufos mit einer ganz *speziellen Art von Erscheinungen* zu tun haben – allem Anschein nach mit *Projektionen aus unserer Zukunft*, d. h. sogenannten Zeitmaschinen. In meinen beiden Büchern »Zeittunnel« und »Zeitschock« (Langen Müller, 1991 bzw. 1993) erörtere ich die wissenschaftlich abgesicherte Theorie der amerikanischen Astrophysiker Michael Morris, Kip Thorne und Ulvi Yurtsever vom California Institute of Technology (CALTECH), Pasadena, derzufolge Zeitreisen irgendwann einmal realisiert werden dürften. In einem nachgerade sensationellen Beitrag »Wormholes, Time Machines, and the Weak Energy Condition« (Wurmlöcher, Zeitmaschinen und schwache Energiekonditionen) – er erschien in der angesehenen physikalischen Fachzeitschrift »Physical Review Letters« – vertreten die drei CALTECH-Wissenschaftler die Auffassung, daß es einer technischen Hochzivilisation möglich sein müßte, auf künstlichem Wege »Wurmlöcher« (Öffnungen in der Raumzeit) zu schaffen und sie durch Stabilisieren in »Zeitmaschinen« umzuwandeln. Und dies, ohne dabei die Kausalität zu verletzen. Das Thema wurde seinerzeit auch in anderen naturwissenschaftlichen Blättern lebhaft diskutiert, wobei sich die vorgelegten Kalkulationen als völlig korrekt erwiesen.

Das CALTECH-Papier und die später von dem israelischen Physik-Professor Yakir Aharonov sowie dem Princeton-Kosmologen Professor Richard Gott präsentierten Zeitreisemodelle stellen nur eine erste theoretische Bestätigung der Durchführbarkeit von Zeitreisen dar. Was die Realisierung von Vor- und Rückwärtsbewegungen in der Zeit anbelangt, scheint das von dem deutschen Diplom-Physiker Illobrand v. Ludwiger vorgestellte *Projektor-Modell* noch am aussichtsreichsten zu sein. Es geht hierbei um das Hineinprojizieren von Personen und Gerät in andere Zeitepochen über den sogenannten Hyperraum – ein hypothetischer Bereich jenseits unserer vierdimensionalen Raumzeit. Der von mir (in »Zeitschock«) als *Transjektionsvorgang* bezeichnete Prozeß des Hinein-Beamens kompletter Realzeit-Szenarien in Vergangenheit (oder Zukunft) könnte praktisch vom Labor aus erfolgen. *Transjektoren* würden z. B. in der Vergangenheit einsatzfähige »Doubles« – belebte Phantome und technisch nutzbare Geräte – entstehen lassen, denen man, je nach Erfordernis, unterschiedliche Dichtheitsgrade – von unscharf-verschwommen, über durchsichtig und bildhaft klar umrissen bis zu spurenhinterlassend-massiv – verleihen könnte. Illobrand v. Ludwiger hält es für möglich, daß sich zeit- und dimensionsüberbrückende »Projektionen« später einmal über sogenannte *Syntropoden-Brücken* realisieren lassen – hypothetische Informationskanäle aus Transbereichen, über die, bei ähnlichen psychischen Strukturen, Informationen in Form psychischer Muster ausgetauscht werden könnten. Ufos wären dann *artifizielle Erscheinungen aus unserer eigenen Zukunft* – Projektionen unserer Nachnachfahren, die sich in unterschiedlichen Epochen »materialisieren«, um vor Ort und Zeit ihre Vergangenheit zu studieren, vielleicht auch, um schicksalhafte Veränderungen größeren Stils vorzunehmen. Vielleicht sind *Virtual Reality*-Computer ein allererster Anfang. Wer weiß?

12 Poltergeist-Aktivisten

An drei aufeinanderfolgenden Wochenenden im Juni/Juli 1993 geschieht im Krankenhaus des Warschauer Stadtteils Cerniaków in der Stepinskastraße 19–25 Unglaubliches. Psychokinetisch ausgelöste Spukmanifestationen setzen das Personal des Krankenhauses und die Patienten in helle Aufregung. Auf der »Inneren« machen sich chirurgische Instrumente, Glasgefäße und Heftpflasterrollen selbständig, fliegen »aus dem Nichts« kommend scheinbar schwerelos durch die Luft, um mit einem ungewöhnlich lauten Knall irgendwo aufzuprallen. Zahlreiche Gegenstände, die in verschlossenen Schubladen und Behältern untergebracht waren, tauchen unvermittelt in anderen Räumen auf. Irgendwo »wächst« Heftpflaster, schält sich plötzlich ein Löffel aus der Wand. Die »verlagerten« Objekte scheinen mühelos feste Hindernisse – Deckel, Wände, Türen usw. – zu durchdringen.

Verursacher dieses Chaos ist der schwerkranke 30jährige Karol Borek, der – an einen Infusionsapparat angeschlossen – nur hin und wieder einmal zu Bewußtsein kommt. Er war am 9. Juni nach dem Genuß von vergiftetem Alkohol in die Intensivstation eingeliefert worden. Der Mann leidet an einer Leber- und Bauchspeicheldrüsenentzündung, hat ein Lungenödem sowie Hirnhautentzündung. Teile seines Gehirns sind bereits abgestorben. Sein Leben hängt an einem seidenen Faden.

Borek schickt, während er – ans Bett gefesselt – zwischen

Leben und Tod schwebt, sein Bewußtsein auf Reisen, läßt es Aktivitäten entfalten, die allen Gesetzen der Physik Hohn sprechen. Der Dahindämmernde kündigt zudem seine psychokinetischen Manipulationen mit dem Hinweis an: »Ich beginne jetzt mit meiner Tätigkeit…«

Konventionell-medizinisch erscheint es unvorstellbar, wie ein vergiftetes, teilweise zerstörtes Gehirn solche Aktivitäten auf materieller Ebene auszulösen vermag. Da das Gehirnpotential zur Entfaltung derart heftiger psychokinetischer Wirkungen ohnehin nicht ausreichen dürfte – eine fast inaktive Gehirnmasse schon gar nicht –, muß man annehmen, daß das autonome menschliche Bewußtsein, das eigentliche »Ich«, für das willkürlich inszenierte Chaos verantwortlich war. Ob Boreks Bewußtsein allein das chaotische Geschehen auszulösen vermochte oder ob ihm Unterstützung aus »jenseitigen« Gefilden zuteil wurde, bleibt dahingestellt. Die Meinungen hierüber gehen weit auseinander. Tatsache ist, daß wir es im Fall Borek mit typischen Spuk- oder Poltergeist-Aktivitäten zu tun haben. Parapsychologen bezeichnen diese etwas nüchterner als »wiederkehrende spontane Psychokinese« oder RSPK (engl. *R*ecurrent *S*pontaneous *P*sycho*k*inesis) und verstehen hierunter den Einfluß anonymer (psychischer) Kräfte auf deren unmittelbare Umgebung, wobei es meist zu Lärm- und physischen Belästigungen kommt, die sich bis zu gesundheits- oder gar lebensbedrohlichen Exzessen steigern können.

Grundsätzlich können beim Spuk (Poltergeisteffekten) die gleichen Phänomene auftreten, wie wir sie von der Psychokinese her kennen: unerklärliche Geräusche (Klopfen, Scharren, Klirren, Schritte, verbale Äußerungen), Objektbewegungen, Levitationen, Teleportationen, Apporte, Penetrationen, Materialisationen und Dematerialisationen, elektromagnetische Anomalien, Leuchtphänomene, Brände ohne Ursachen, Temperaturabfall, das Auftreten von Erscheinungen usw.

Man fragt sich, wo der oder die Auslöser solch willkürlicher oder auch gezielter (intelligent gesteuerter) Spuk-/Poltergeistphänomene zu suchen sind. Haben wir es mit psychokinetischen Energien Lebender in bestimmten Ausnahmesituationen – Pubertät, Krisen, komatöse Zustände usw. – zu tun (animistische Hypothese), oder werden jene destruktiven Kräfte von jenseitigen Bewußtseinspersönlichkeiten (spiritistische Hypothese) ausgelöst? Vielleicht werden bei Spukmanifestationen beide Verursacher aktiv, indem sich die Bewußtseinskerne Verstorbener der bioplasmatischen Komponenten eines geeigneten Lebenden bedienen.

Zwischen Ende August 1977 und Oktober 1978 kam es bei Familie Harper im Londoner Vorort Enfield zu etwa 2000 unterschiedlichen spukhaften Einzelmanifestationen, die von Maurice Grosse und dem bekannten Autor Guy Lyon Playfair, Mitglieder der renommierten englischen *Society for Psychical Research* (S.P.R.), akribisch untersucht und dokumentiert wurden. Vom Spukgeschehen betroffen waren Frau Harper, die von ihrem Mann getrennt lebte, und ihre Kinder Margaret (damals 13), Janet (12) und Billy (7). Das von Grosse zusammengetragene Beweismaterial ist so umfangreich, daß Sichtung und Auswertung Jahre in Anspruch genommen haben. Im einzelnen wurden bei den Harpers folgende Phänomene registriert:

– Klopflaute entwickelten eine gewisse Systematik;
– Möbelstücke bewegten sich selbsttätig in den Räumen;
– Türen und Schubladen öffneten und schlossen sich von allein;
– kleine Gegenstände flogen umher, ohne von jemandem berührt oder geworfen worden zu sein;

- Bettzeug machte sich »selbständig«;
- flüssige (Wasser- und Urinlachen) und feste Objekte tauchten unvermittelt auf;
- Personen und Objekte levitierten bzw. teleportierten;
- Kinder wurden aus dem Bett geschleudert;
- Glühbirnen zerplatzen, ohne berührt worden zu sein;
- Phantome/Doppelgänger wurden beobachtet;
- Anwesende wurden von Gegenständen oder unsichtbaren Händen attackiert;
- es kam zu De- und Rematerialisationen sowie zu Penetrationen;
- Direkt- und Tonbandstimmen-Phänomene traten auf;
- merkwürdige pyrokinetische Effekte wurden registriert (z. B. verbrannten sämtliche Streichhölzer, ohne daß die Schachtel beschädigt wurde).

Playfair versuchte damals, für dieses massive und konzentrierte Spukgeschehen eine halbwegs vernünftige Erklärung zu finden. Er resümierte: »Manche Menschen, insbesondere Kinder, produzieren mehr Energie, als sie tatsächlich ausagieren und gebrauchen können. Diese Energie verläßt den Körper der Betreffenden und formt *Bioplasma-Taschen* oder (abstrakter) *Bioplasma-Einheiten,* die zu realen physikalischen Wesenheiten werden. Diese wiederum sind eng mit ihrer Energiequelle verbunden, können jedoch unabhängig davon agieren und von völlig eigenständigen Wesenheiten oder, wenn man so will, von ›Geistwesen‹ benutzt werden. Diese ›Plasmataschen‹ können sich frei bewegen und von den meisten Leuten aufgrund ihrer extremen Kälteabstrahlung wahrgenommen werden. Manchmal explodieren sie, wobei sie einen sehr unangenehmen Geruch verursachen. Während sie sich bewegen, sind sie in der Lage, phänomenale Kunststücke von physikalisch beeindruckender Wirksamkeit hervorzubringen, indem sie große Tische,

Stühle und Betten umstürzen. Es ist mir völlig unerklärlich, wie so eine Interaktion zwischen einer Bioplasma-Tasche und einem Tisch stattfindet, aber da es sie augenscheinlich gibt, muß es auch irgendwann einmal eine Erklärung dafür geben, und es ist lediglich eine Frage der Zeit, daß die Physiker sie finden.«

Was Playfair damals noch nicht wissen konnte: Es gibt sie tatsächlich, zumindest ansatzweise. Auch hier muß wieder auf Professor Tillers im Subquantenbereich angesiedelte reale *subtile Energie* verwiesen werden (vgl. Kapitel III/5), die über menschliche »Kraftwandler« durchaus in unsere materielle Welt hineinzuwirken vermögen.

Ende der siebziger, Anfang der achtziger Jahre sorgte der Spukfall *Berini* (Pseudonym) in den USA für Aufsehen. Er wurde von einem der erfahrensten amerikanischen Spukforscher, dem in Bremen geborenen William G. Roll, im Auftrag der *Psychical Research Foundation* untersucht und exakt dokumentiert. Schauplatz des ungewöhnlichen Spukgeschehens, in dem gleich zwei jenseitige Entitäten auftraten, war ein zweistöckiges Holzhaus in einer kleinen Stadt im US-Bundesstaat Massachusetts. Joe Berini bewohnte es zusammen mit seiner fünf Jahre älteren Ehefrau und seinen zwei Kindern John und Daisy. Der Ablauf der Ereignisse war derart komplex, die Zahl der registrierten Manifestationen so umfangreich, daß hier nur die wichtigsten Geschehnisse in Kurzfassung chronologisch aufgezählt werden können.

Mai 1979: Kurz nach dem Einzug der Berinis in das Haus begannen die Probleme. Zwischen Mai und November hörten die Eheleute insgesamt sechsmal das Wimmern eines kleinen Mädchens: »Mama, Mama, hier ist Serena.« Die Stimme war immer dann zu vernehmen, wenn die Familie von einem Schicksalsschlag getroffen wurde.

9. März 1981: Frau Berini war mit den Kindern allein zu Hause, da ihr Mann Nachtschicht hatte. Gegen 02.30 Uhr erwachte sie plötzlich, glaubte sie ihren Sohn in der Diele stehen zu sehen. Als sie nachschaute, fand sie ihn jedoch in seinem Zimmer schlafend vor. Nachdem sie sich wieder zur Ruhe begeben hatte, erschien die ganz in Weiß gekleidete Gestalt erneut in der Diele. Und diesmal bemerkte sie, daß der junge Mann viel kleiner als ihr Sohn war. Der Spuk – das abwechselnde Erscheinen und Verblassen der Gestalt – dauerte volle zwei Stunden.

20. März: Das Phantom des Jungen tauchte im Schlafzimmer von Frau Berini drei- oder viermal auf, und es »fragte« (Hörhalluzination) unter anderem: »Wohin gehen alle diese einsamen Leute, wohin gehöre ich?«

23. März: Während die beiden Berinis im Bett lagen, erschien die spektrale Gestalt mit der ominösen Bemerkung, daß »eine Lüge verbreitet werden soll«, aber »die Wahrheit ans Licht kommen werde«. Herr Berini stand auf und folgte der Erscheinung mehrfach durch das ganze Haus, bis diese schließlich wieder verschwand.

Während der darauffolgenden Wochen wurde die »sprechende« Erscheinung von den Berinis selektiv wahrgenommen – entweder von Frau oder von Herrn Berini.

Natürlich war das Ehepaar an der Aufklärung dieses bis dahin mehr harmlosen Spuks interessiert. Joe fragte seinen Vater, ob ihm der Vorname »Serena« etwas sage. Es stellte sich heraus, daß sein Vater eine Schwester dieses Namens gehabt hatte, die allerdings als Fünfjährige im gleichen Haus gestorben war. Die Berinis hatten hierüber nie gesprochen, so daß man davon ausgehen kann, daß zumindest die Ehefrau nichts von Serenas Existenz wußte.

Bei der Erscheinung des jungen Mannes mußte es sich um einen jüngeren Bruder von Berinis Vater gehandelt haben, um Giorgio, der 50 Jahre zuvor als Achtjähriger bei einem Unfall außerhalb des Hauses ums Leben gekomen war.

Ende März/Anfang April 1981: Die Besuche der Erscheinung erfolgten jetzt häufiger als zuvor. Jedesmal, wenn sie verschwand, wurde das Telefon von einer unsichtbaren Kraft quer durch das Schlafzimmer geschleudert. Sobald Herr Berini das Telefon auf das Nachtschränkchen zurückgestellt hatte, wiederholte sich dieser Vorgang.

28. Mai/Anfang Juni: Frau Berini war wieder einmal mit den Kindern allein zu Hause. Die Türen des Einbauschrankes im Schlafzimmer öffneten und schlossen sich von selbst. Von der Treppe her waren Schritte zu vernehmen, so als ob jemand hinauf- bzw. heruntergehen würde.

Obwohl auf Herrn Berinis Ansuchen hin zwei Priester im Haus eine Messe zelebriert hatten, machte sich die lästige Erscheinung in der darauffolgenden Nacht erneut bemerkbar. Daraufhin bat Herr Berini die Wesenheit inständig, ihr Haus endgültig zu verlassen. Dies schien gewirkt zu haben. Die »Besuche« wurden seltener, die Erscheinung schien den »Rückzug« angetreten zu haben. Dafür sollte sich schon bald neues Unheil anbahnen.

5. Juni: In der Nacht materialisierte sich dort eine etwa 1,60 Meter große bucklige Gestalt, die eine Kapuze trug. Deren Füße sollen, so Herr Berini, auffallend groß gewesen sein. Und mit ihr setzten verstärkt psychokinetische Belästigungen ein, wurde wieder das Telefon durch das Zimmer und die Nachttischlampe Frau Berini an den Kopf geschleudert. Die Attacken wurden von Flüchen begleitet, die eine tiefe rauhe Männerstimme ausstieß.

Sommer 1981: Die Poltergeistphänomene nahmen weiter zu: Beleuchtungskörper wurden ein- und ausgeschaltet, Bettücher durcheinandergewirbelt, Geschirr und Figuren von den Regalen gestoßen, schwere Möbel herumgerückt und im Dachgeschoß selbst Dielen herausgerissen. Durch das ständige selbsttätige Öffnen und Zuschlagen der Ruck-Zuck-Treppenklappe zum Dachboden entstanden allmählich Risse in der Decke.

Die Angriffe der bösartigen Wesenheit schienen sich allmählich auf Frau Berini zu konzentrieren. Seltsame Arm- und Kopfverrenkungen waren keine Seltenheit. Nachts wurde sie von einer unwiderstehlichen Kraft aus dem Bett geschleudert. An Armen und Beinen waren unerklärliche Fingerabdrücke zu sehen und auf der Brust sowie auf dem Rücken zeigten sich mitunter tiefe Kratzspuren. Frau Berinis Schwester Mona, die am 11. Juli dort zu Besuch weilte, war ähnlichen Attacken ausgesetzt.

5. August: Die Berinis brachten einen Wachhund, einen jungen Dobermann, mit nach Hause. Gegen drei Uhr nachts begannen die Wände des Hauses zu dröhnen, und die Betten hoben vom Boden ab. Die Schlafzimmertür schlug von selbst zu, und Frau Berini konnte den Raum nicht verlassen. Als der Hund knurrte, ging die Tür auf, und Frau Berini versuchte, sich ins Kinderzimmer zu flüchten. Doch dessen Tür schien blockiert zu sein. Verzweifelt rief sie nach ihrem Sohn, woraufhin sie von etwas ins Schlafzimmer zurückgezerrt wurde. »Es« begann sie zu würgen und zu kratzen.

Dann aber gelang es der Berini, ihren Mann anzurufen. Als dieser kurz darauf zu Hause eintraf, bot sich ihm ein Szenarium ähnlich wie in Steven Spielbergs *Poltergeist*: Seine völlig verstörte Frau saß, Kruzifix und Weihwasserflasche fest umklammernd, auf dem Bett, das mehr als einen halben Meter über dem Fußboden schwebte.

28. August: An diesem Tag – es war Daisys Geburtstag – steckte frühmorgens, als die Berinis die Küche betraten, eines ihrer Vorlegemesser tief in der Tischplatte. Das gab

Tabelle 1: Unterscheidungsmerkmale für durch Lebende bzw. Verstorbene ausgelöste Poltergeisteffekte

Fall-Charakteristika	Bei lebenden Verursachern	Bei verstorbenen Verursachern
1. Art des bewegten Objekts	Meist leichte Objekte	Schwerere Objekte, z. B. Steine, Ziegel
2. Operationsbereich der bewegten Objekte	Kurze Strecken (zwiwenigen Zentimetern bis zu 5 Meter)	Längere Strecken (etwa zwischen 10 und 17 Meter)
3. Flugbahn	Einfache Bahnen	Komplizierte Bahnen mit engwinkligen Kurven, Abweichungen und abruptem Geschwindigkeitswechsel
4. Schaden am bewegten Objekt	Es kommt gewöhnlich zum Bruch	Objekte zerbrechen selten oder nie
5. Landeverhalten	Objekte scheinen herabzufallen oder umgeworfen zu werden; sie landen »hart«	Objekte scheinen getragen und sanft abgesetzt zu werden
6. Offensichtliches Motiv für die Objektbewegung	Motivlose Bewegung; Objekte werden offensichtlich willkürlich umgeworfen	Die Bewegungen lassen einen bestimmten Sinn erkennen; so wird z. B. ein Ziegel auf jemanden geworfen[1]
7. Nutzen für das Subjekt	Das Subjekt könnte durch die erzeugten Effekte seine destruktiven Impulse gegen Dritte zum Ausdruck bringen	Das Subjekt könnte Gegenstand destruktiver Impulse oder der Benachteiligte sein. Das Phänomen bringt ihm eher Nachteile

Fall-Charakteristika	Bei lebenden Verursachern	Bei verstorbenen Verursachern
8. Bedeutung von Raps (spukhafte Klopflaute) oder anderen paranormalen Geräuschen	Durch Raps keine intelligenten Kontakte	Intelligente Reaktionen mittels Raps
9. Auftreten visueller Phänomene	Sie fehlen oder treten erst später auf	Sie treten früh, reichlich und kollektiv in Erscheinung
10. Mediumistische Trance und Hörkontakte mit offenbar Verstorbenen	keine	vorhanden
11. Standort des Phänomens	In der Umgebung einer bestimmten Person	In der Umgebung einer bestimmten Person oder an einer bestimmten Stelle
12. Alter des Subjekts	Normalerweise unter 20 Jahre	Kein charakteristisches Alter
13. Behebung der Störungen	Subjekt unterzieht sich einer Psychotherapie	Fürbitten, Besänftigung, Exorzismus oder andere Maßnahmen, die sich an Jenseitige richten

[1] Scheint Position 5 zu widersprechen, die sanfte Bewegungen konstatiert. Beide Bewegungsarten können jedoch in differenten Fällen oder selbst im gleichen Fall zu unterschiedlichen Zeiten auftreten. Es kommt auf die Zweckbetontheit an, die die Bewegung der Objekte von einer Stelle zur anderen erkennen läßt.

den Ausschlag. Einen Tag später verließen sie, nachdem sie ihre Möbel und andere wertvolle Gegenstände in der Garage verstaut hatten, das Spukhaus.

Während ihrer dreiwöchigen Abwesenheit führte dort ein Priester den Exorzismus durch. Kurz darauf kehrten die Berinis zurück und blieben von da an unbelästigt.

Der bekannte amerikanische Psychiater Professor Ian Stevenson hat sich im Zuge seiner weltweit durchgeführten Reinkarnationsforschung auch mit den Ursachen von Poltergeistmanifestationen befaßt. Er widerspricht einigen seiner Kollegen, die hinter Spukphänomenen ausschließlich psychokinetische »Kraftakte« lebender Personen vermuten und meint: »Lassen sie uns stets die Möglichkeit im Auge behalten, daß verschiedene Poltergeisteffekte tatsächlich von Verstorbenen herrühren. Der ›modus operandi‹ [Geschehensablauf] der von Verstorbenen verursachten psychokinetischen physikalischen Bewirkungen könnte sich durchaus von dem lebender Personen unterscheiden« (vgl. Tabelle 1). Stevenson vergleicht die durch lebende und verstorbene Auslöser verursachten physikalischen Effekte anhand eines mühelos nachvollziehbaren Beispiels – Objektbewegungen, die willkürlich durch einen Tornado, und solche, die gezielt durch ein pneumatisches Rohrpostsystem verursacht werden: »Der Tornado besteht aus einem Wirbel schnell rotierender Luftteilchen, der innerhalb seines Einflußbereiches alle beweglichen Objekte je nach Gewicht, Festigkeit und evtl. Halterung beeinflußt. Unabhängig von deren physikalischen Eigenschaften macht der Tornado keinerlei Unterschiede zwischen der Art der bewegten Objekte. Er kann einen Stuhl ebenso leicht bewegen wie einen Tisch, wenn beide in seinen Saugbereich gelangen, wenn sie über das gleiche Gewicht, die gleiche Festigkeit und evtl. die gleiche Bodenhaftung verfügen.

Bei pneumatischen Rohrpostsystemen werden hingegen die Luftströme in Rohren kanalisiert und dazu benutzt, um Objekte (im Versandzylinder) gezielt mit einer genau bemessenen Kraft an einen ganz bestimmten Ort (und nirgendwo anders hin) zu bringen. Das pneumatische Rohrsystem transportiert den Zylinder aus einem bestimmten Grund zu einer bestimmten Zeit an einen ganz bestimmten Ort. Ähnlich könnte man erwarten, daß das freigesetzte Bewußtsein eines Verstorbenen z. B. auf einen Stuhl oder Tisch anders einwirkt als das eines lebenden Poltergeistverursachers. Es könnte womöglich einen Stuhl immer dann wegziehen, wenn sich eine Person, die es nicht leiden kann, daraufsetzen möchte... Es wäre freilich unzulässig, wollte man annehmen, daß ein lebender Poltergeistagent nicht ebenso zu handeln [unterscheiden] vermag. Die Frage kann nur durch weitere Untersuchungen und nicht so sehr durch Behauptungen, denen gewisse Erwartungen zugrunde liegen, geklärt werden.«

V

Nicht von dieser Welt

*»Die Realität gleicht einer Treppe,
die weder nach oben
noch nach unten führt.«*

OCTAVIO PAZ
in: »The Endless Instant«

*Im Laufe der letzten hundert Jahre haben parapspchologi-sche Forschungsinstitute, aber auch Hochschulen und Uni-versitäten in aller Welt die Häufigkeit des Auftretens von Psi-Halluzinationen und deren phänomenologisches Er-scheinungsbild auch statistisch untersuchen lassen. Dabei hat es sich herausgestellt, daß paranormale Halluzinationen aller hier behandelten Kategorien häufiger erlebt werden, als man zunächst vermuten möchte. Umdenken ist ange-sagt. So muß vor allem die irrige Auffassung korrigiert wer-den, daß nur alte und ungebildete, abergläubige Zeitgenos-sen an »Erscheinungen« glauben. Gerade das Gegenteil ist der Fall: Eine breit angelegte Befragungsaktion des ameri-kanischen Soziologen Dr. Charles E. Emmons bei Hong-kong-Chinesen und Amerikanern Anfang der siebziger Jahre hat gezeigt, daß es überwiegend junge Menschen mit einem hohen Bildungsniveau sind, die von der Existenz »echter« Psi-Halluzinationen – von Erscheinungen – über-zeugt sind.
In den Jahren von 1968 bis 1974 sammelte die ehemalige Direktorin des* Institute of Psychophysical Research *(Insti-*

tut für psychophysikalische Forschung) in Oxford, die Physikerin Celia Green, Erlebnisberichte von Personen, die Erscheinungen – Dinge, die »nicht wirklich existieren« – wahrgenommen haben wollen. Dadurch, daß sie bei ihren Bemühungen, möglichst viele Eigenerlebnisse zusammenzutragen, von dortigen Medien vorbehaltlos unterstützt wurde, meldeten sich bei ihr nach zwei Aufrufen insgesamt 1800 Personen aus England sowie aus europäischen und überseeischen Ländern. Von den verschickten Fragebögen erhielt sie 850 einwandfrei beantwortete, auswertbare Exemplare zurück.

Zwei Drittel der »Begegnungen« ereigneten sich im jeweiligen Zuhause der betreffenden Personen, ein weiterer beträchtlicher Anteil im Haus von Verwandten und Freunden. Etwa 12 % der Manifestationen fanden an fremden Orten, wo sich der Zeuge zuvor nie aufgehalten hatte, und ganze 4 % am Arbeitsplatz statt.

Was den subjektiv geschätzten »Abstand« des Perzipienten von der Erscheinung anbelangt, gaben diesen 41 % mit einem Meter oder weniger, 27 % mit einem bis zwei Meter, 16 % mit zwei bis vier Meter, 10 % mit vier bis zehn Meter und 6 % mit mehr als zehn Meter an.

97 % aller Erscheinungen traten unvermittelt, d. h. ohne vorherige Anzeichen auf. Viele der Wahrnehmenden hatten an der Erscheinung zunächst nichts Außergewöhnliches bemerkt, bis sie die Person, die sie gesehen oder mit der sie gesprochen hatten, urplötzlich, meist auf ungewöhnliche Weise, verschwand: Sie verblaßte, löste sich »in Luft« auf oder ging durch die Wand. Die meisten Perzipienten konnten über ihren emotionalen Zustand unmittelbar vor Beginn der Manifestation nichts Bestimmtes sagen. 84 % berichteten über visuelle, 37 % über Hör-, 15 % über taktile und 8 % über Geruchserlebnisse. In einigen dieser Fälle war

mehr als nur ein Sinnesorgan an der Wahrnehmung beteiligt.

Die Untersuchung ergab ferner, daß es sich bei 80 % der Erscheinungen um menschliche Wesen – meist um Angehörige
oder Bekannte des Wahrnehmenden – handelte, und von
zwei Dritteln derselben wußte man genau, daß diese schon
tot waren. Zu den restlichen 20 % der Erscheinungen zähl-
ten Tiere – meist Haustiere –, kleinere oder größere Objekte
sowie komplette Szenarien.

Fast alle diese Manifestationen ereigneten sich im entspann-
ten Zustand in vertrauter Umgebung, häufig im Bett kurz
vor dem Einschlafen oder Erwachen – immer dann, wenn
unser Tagesbewußtsein »zurückschaltet«. Dies ist nicht verwunderlich, da der gesunde Mensch im Durchschnitt pro
Nacht acht Stunden schläft, d. h. etwa ein Drittel seines Lebens im Liegen verbringt. Die Statistik besagt denn auch,
daß rund 38 % aller Erscheinungen in der Horizontalen
wahrgenommen werden. Im Sitzen sind es 23 %, im Stehen
19 % und beim Spazierengehen 18 %. Interessant ist ein
Vergleich mit der Wahrnehmungssituation bei außerkörperlichen Erfahrungen (AKEs; vgl. Kapitel IV/6). Hier sollen
sich 70 % aller Austritte im Liegen ereignen.

Der physische Zustand der Wahrnehmenden spielte bei
Greens Befragung ebenfalls eine wichtige Rolle. Etwa die
Hälfte der erfaßten Personen gaben an, während der Wahrnehmung in ihrem körperlichen Befinden keine Veränderung gespürt zu haben. Vierzig Prozent wollen in dieser Situation eine muskuläre Spannung, die restlichen zehn Prozent sogar so etwas wie Entspannung empfunden haben.
Alle Aussagen deuten darauf hin, daß die Muskelanspan-
nung erst durch die Wahrnehmung der Erscheinung selbst
ausgelöst wurde.

Die Oxford-Studie macht deutlich, daß es für Erscheinungen eine Vielzahl von Interventionsmöglichkeiten gibt. Sie reichen von Erscheinungsfiguren, die in die normale Umgebung hineingleiten, bis hin zu komplizierten Situationen, in denen die Umgebung der wahrgenommenen Person verändert oder gar vertauscht wird.

Nach den Erkenntnissen von Professor Erlendur Haraldsson, Universität Reykjavik (Island), der im Jahre 1976 bei der dortigen Bevölkerung eine Repräsentativumfrage durchführte, glauben die meisten der Befragten, daß Erscheinungen nur bei Dunkelheit oder in der Dämmerung gesehen werden.

Der bekannte amerikanische Parapsychologe Charles Honorton will erkannt haben, daß Erscheinungen vorwiegend bei herabgesetzter äußerer Stimulation wahrgenommen werden. George N. M. Tyrrell (1879–1952) – ein englischer Mathematiker und zeitweiliger Präsident der Society for Psychical Research (S.P.R.) – sowie der US-Psychologe Gardner Murphy teilen Honortons Ansicht und machen für solche Manifestationen Schläfrigkeit oder Zustände der Zusammenhanglosigkeit verantwortlich, wenn Außeneinflüsse minimal sind. Diese Hypothesen, so logisch sie auf den ersten Blick auch erscheinen mögen, lassen allerdings die vielen bei Tageslicht oder künstlicher Beleuchtung wahrgenommenen Erscheinungen sowie die zahlreichen Mehrfachsichtungen außer acht. Aus den veröffentlichten Resultaten unterschiedlicher Befragungsaktionen erhellt, daß etwa ein Drittel aller Erscheinungen kollektiv beobachtet wurden. In solchen Fällen läßt sich die Theorie vom herabgesetzten Tagesbewußtsein nur schwer aufrechterhalten.

Sir Ernest Bennett berichtet von einer englischen Gutsbesitzerin, die im Jahre 1926 an einem Nachmittag in Begleitung ihres Verwalters und der Masseuse einem auf ihrem Gut Beschäftigten älteren Landarbeiter einen Krankenbesuch abgestattet hatte. Auf dem Rückweg am Seeufer entlang, sahen alle drei einen »alten Mann mit langem, weißem Bart, der im Wind wehte, als jener den See zum anderen Ufer überquerte«. Er bewegte die Arme so, als ob er, in einem Kahn stehend, diesen mit einer Stange durch Abstoßen fortbewegen würde. Da aber kein Kahn zu sehen war, hatte es den Anschein, als ob der Mann selbst über das dunkle Wasser dahingleiten würde – ein gespenstischer Anblick.

Alle drei hatten ihn gesehen, und sie stimmten darin überein, daß die Gestalt große Ähnlichkeit mit dem gerade Besuchten besaß. Am Abend erfuhr die Gutsbesitzerin, daß der Alte just zu der Zeit gestorben war, als sie die Erscheinung auf dem See wahrgenommen hatten.

Wie sich später herausstellte, hatte jeder der drei involvierten Personen die Erscheinung auf unterschiedliche Weise gesehen. Während die Gutsbesitzerin die Gestalt in der zuvor beschriebenen Weise beobachtet hatte, will der Verwalter den Mann auf dem Wasser wandelnd gesehen haben. Die Masseurin hatte indes den Eindruck »eine schattenhafte, gebeugte Gestalt« gesehen zu haben, wie diese aus dem Schilf hervortrat und in ein Boot stieg.

Solche Diskrepanzen erscheinen zunächst widersinnig. Bei genauer Überlegung kommt man jedoch zu dem Schluß, daß gerade voneinander abweichende Fallschilderungen wie diese vorherige Absprachen unter Zeugen ausschließen. Psi-Halluzinationen werden offenbar von jedem Bewußtsein unterschiedlich interpretiert.

Hinsichtlich der Dauer quasi-visueller Erscheinungen wurden ebenfalls Untersuchungen angestellt. Zeitangaben können bei Vorgängen, die sich außerhalb unserer materiellen Raumzeit-Welt – im Hyperraum – abspielen, und um solche handelt es sich bei Erscheinungen allemal, nur subjektiver

Art sein. In einem sechs bzw. zwölf Dimensionen umfassen-
den Weltmodell, wie von Burkhard Heim konzipiert (vgl.
Kapitel II/2), spielt bekanntlich »Zeit« nur eine unterge-
ordnete Rolle. Deshalb lassen sich dort angesiedelte Be-
wußtseinsprozesse – Gedanken, Träume, Erscheinungssze-
narien usw. – höchstwahrscheinlich überhaupt nicht quanti-
fizieren, d. h. zeitlich festlegen. Jeder Mensch wird, je nach
Disponiertheit, Bewußtseinsabläufe in ihrer »Dauer« unter-
schiedlich einschätzen. Alles spricht dafür, daß der Begriff
»Dauer« völlig unangebracht ist. Bewußtseinsprozesse fin-
den nicht statt, benötigen keine Zeit; sie sind ganz einfach –
zeitlos erhaben.

1 Die Ruhelosen

»Ich war todmüde und hatte das zwingende Bedürfnis zu schlafen. Aber zuerst wollte ich noch gründlich duschen. Auf dem Weg zum Etagenbad kam mir eine Frau entgegen, die ein langes, altmodisches Kleid trug. Ich grüßte höflich und wünschte ihr einen ›guten Abend‹, aber sie ging wortlos an mir vorbei – wie ein Zombie –, so, als ob ich für sie überhaupt nicht existieren würde. Zwar fand ich ihr Verhalten recht merkwürdig, entschuldigte es aber mit weiblicher Zurückhaltung und einer gewissen Abneigung, sich zur nächtlichen Stunde von einem Fremden ansprechen zu lassen. Obwohl ich mich über den Auftritt der seltsam gekleideten Dame wunderte, lag es mir fern, sie für eine Erscheinung zu halten...

Ich legte mich gleich ins Bett, knipste das Licht aus und schlief vor Übermüdung sofort ein. So etwa gegen ein Uhr dreißig erwachte ich durch dumpfe Schläge und Geräusche, die vom Fußboden her zu kommen schienen. Ich schaltete das Licht ein, und sofort wurde es ruhig. Mich fröstelte.

Nachdem ich mich davon überzeugt hatte, daß da niemand sonst im Zimmer war, und ich vorsichtshalber meine Uhr und Brieftasche unter dem Kopfkissen verstaut hatte, schaltete ich erneut das Licht aus. Die nach gleichem Muster verlaufende Störung wiederholte sich in jener Nacht noch zweimal – gegen drei Uhr und um vier Uhr fünfzehn. Und jedesmal überfiel mich ein kalter Schauer.

Als die unerklärlichen Geräusche ein drittes Mal einsetzten, bekam ich regelrecht Angst und ließ das Licht an. Daraufhin unterblieben die spukhaften Manifestationen, und ich konnte bis zum Morgen unbehelligt durchschlafen.«

Diesen Bericht verdanken wir Elvet Price, einem Kriminalinspektor der Londoner Metropolitan Police, der im Juni 1969 in einem Hotel einer Waliser Kleinstadt übernachten mußte, weil der letzte Zug nach Hause bereits abgefahren war.

Eine Woche nach seinem nächtlichen Erlebnis machte Price zufällig die Bekanntschaft eines anderen Kriminalbeamten, der aus besagtem Landstädtchen stammte. Dieser wußte zu berichten, daß es in jenem Hotel bisweilen spuken würde. Am 30. August 1920 hatte der damalige Wirt Guto Llewelyn in einem Wutanfall seine Ehefrau Angharad erdrosselt. Der seinerzeit zur medizinischen Begutachtung herangezogene Pathologe Dr. Bernhard Spilsbury hatte festgestellt, daß das Opfer während der Tat auf einer harten Fläche gelegen haben mußte, vermutlich auf dem Fußboden (!). Der Tod war erst zwei Stunden nach dem Erdrosseln eingetreten. Zwischen dem im Polizeiprotokoll festgehaltenen Ereignisablauf und Price's Hörhalluzinationen gab es also eine zeitliche Diskrepanz. Spukhafte Manifestationen gehorchen, auch wenn sie stets am gleichen Ort stattfinden, offenbar eigenen Gesetzmäßigkeiten. Was Kriminalinspektor Price erlebt hatte, muß eine Art »Playback« gewesen sein – eine quasi-akustische Wiederholung der Tat... nach 50 Jahren. Bliebe noch anzumerken, daß Guto Llewelyn, unter Berücksichtigung seines bis dahin untadeligen Lebenswandels, lediglich zu fünf Jahren Zuchthaus, und nicht, wie in verschiedenen anderen Publikationen fälschlicherweise behauptet, zum Tode verurteilt wurde.

Ein weithin bekanntes Stereotyp von Erscheinungen ist die sogenannte »weiße Frau«, von der behauptet wird, daß sie vornehmlich in Schlössern, Burgen und Herrenhäusern spuke. Eine solche Phantomgestalt will man früher des öfteren im Schloß Bernstein im österreichischen Burgenland gesehen haben. Über das Auftreten dieser Erscheinung im Jahre 1926 liegen allein schon 26 schriftliche Zeugenaussagen vor, die sich in vielem untereinander decken. So wurden in nahezu allen Räumen des Schlosses fluoreszierende Lichter wahrgenommen, die bei näherer Betrachtung die Konturen einer zarten Frauengestalt hatten. Die mit einem ungarischen Kopfschmuck und weißem Schleier versehene Gestalt bewegte sich schwebend treppauf und treppab. Sobald man sie ansprach, löste sie sich unversehens in Luft auf.

Hinter dieser Erscheinung vermuten Insider die Frau eines früheren Schloßbesitzers aus dem 16. Jahrhundert. Dieser hatte sie angeblich bei einer Untreue ertappt und sie ohne Speisen ins Burgverlies werfen lassen, wo sie jämmerlich zugrunde gegangen war.

Der amerikanische Autor Harold Sherman vermutet hinter Erscheinungen ein energetisches Kraftfeld, das solche mit starken Emotionen geladenen Ereignisse reproduzieren kann. Wörtlich: »Fast ist es so, als ob die Gedankenformen, die durch die Gewalttat weggeschleudert würden, in einer Art synthetischem Leben und als ihr eigenes Abbild noch existierten. Wenn dann Menschen in ihre Umgebung kommen, sich zur Ruhe begeben und somit ihr Bewußtsein ausschalten, dann werden ihre außersinnlichen Fähigkeiten durch sie umgebende Schwingungen aktiviert. Sind sie erst einmal darauf eingestimmt, könnten diese Schwingungen sie aufwecken. Bleiben sie darauf fixiert, rollt das außersinnliche Drama vor ihren Augen ab.« Auf diese Weise ließen sich ortsgebundene Erscheinungen immer wieder aktivieren – ein schier endloser Zyklus, dem vor allem gewaltsam oder durch Selbstmord ums Leben gekommene Personen ausgesetzt sind.

Dr. med. Raymond Moody berichtet in seinem Bestseller »Nachgedanken über das Leben nach dem Tod« über eine Frau, die nach einem Selbstmordversuch in einem jener merkwürdigen, zeitlosen Zustände zwischen Leben und Tod ein solches Zyklus-Erlebnis gehabt haben will: »Es kam ihr so vor, als würde sich der Zustand, in dem sie sich vor ihrem ›Tode‹ befunden hatte, unablässig wiederholen, wie bei einer angeknacksten Schallplatte.«

Örtlich fixierter Spuk scheint auch vor militärischen Einrichtungen nicht haltzumachen. Im Luftfahrtmuseum der *Castle Air Force Base* in Zentral-Kalifornien gibt es einen alten B-29-Bomber aus dem Zweiten Weltkrieg, in dem es offenbar nicht mit rechten Dingen zugeht. Das Ausstellungsstück besteht aus Teilen einer alten Maschine gleichen Typs, die von Mechanikern im *China Lake Naval Weapons Center* ausgeschlachtet worden war. Schon bei Entnahme und Zusammenbau der Teile wollen die hiermit Beschäftigten die Anwesenheit von Etwas (eine Präsenz) gespürt haben, das ihnen Furcht einflößte. Sergeant Rickey Davidson und ein anderer Mechaniker waren zu Tode erschrocken, als sich in ihrem Beisein plötzlich eine der Rumpftüren dreimal von selbst öffnete und wieder schloß. Außer ihnen war niemand zugegen, der dies veranlaßt haben konnte. Gegenstände, die auf den Pilotensitzen herumlagen, verschwanden auf unerklärliche Weise, um an anderer Stelle wieder aufzutauchen. Es schien, als ob irgend etwas die Sitze für sich freimachen wolle. Staff Sergeant

Robert Kraus entdeckte auf einem Foto von der Heckge-schützkammer einen verwaschenen »Fleck«, von dem man nicht wußte, wie er auf das Negativ gekommen war. Dieses »Extra« hatte Ähnlichkeit mit Sonnenlicht, das eine Anhäu-fung von Staubpartikeln durchdringt. Ein anderer Luftwaf-fenangehöriger will zu nächtlicher Stunde im Cockpit der Maschine eine Gestalt bemerkt haben, die, nachdem er die Polizei herbeigerufen hatte, mit einemmal wieder ver-schwunden war. Ein Medium, das im Rumpf der Maschine eine spiritistische Sitzung abgehalten hatte, behauptet, die Erscheinung sei die Bewußtseinspersönlichkeit eines gewis-sen Arthur Pryor, der dort als Bordschütze bei Kampf-handlungen ums Leben gekommen war.

Aus den USA, England und anderen europäischen Ländern wird regelmäßig über sogenannte *Phantom-Anhalter* – spektrale Tippelbrüder – berichtet, die ganze Wegstrecken heimsuchen und manche Autofahrer schier zur Verzweif-lung treiben.

Am 29. Juli 1980 nahm ein Autofahrer auf dem Highway 65 außerhalb von Little Rock, Arkansas, einen Anhalter mit – einen ordentlich aussehenden jungen Mann, der ihm völlig unverdächtig erschien. Nachdem sie sich eine Zeit-lang über den miserablen Zustand der Welt unterhalten hat-ten, prophezeite der Mitgenommene die »Wiederkehr Christi«, um kurz darauf – praktisch von einer Sekunde zur anderen – aus dem Wagen zu verschwinden. Der Fahrer hatte nirgendwo angehalten und zu keiner Zeit das Öffnen bzw. Schließen der Autotür bemerkt. Der Polizei waren am gleichen Tag vier weitere Fälle dieser Art gemeldet wor-den. Massenhysterie oder Realität? Und wenn letzteres zutreffen sollte, um welche Realität mag es sich dann han-deln? Eine die den Rahmen unserer konventionell-physika-lischen Welt sprengt? Bereits eine Woche später sollte sich in einem anderen Teilbereich des Highway ein ähnlicher Zwischenfall zutragen. In diesem Fall wurde das Anhalter-Phantom sogar von mehreren mitfahrenden Personen gesehen.

Auf einem knapp fünf Kilometer langen Streckenabschnitt einer 1987 für den Verkehr freigegebenen Umgehungsstraße der englischen Industriestadt Sheffield kommt es schon seit Jahren immer wieder zu spukhaften Erscheinungen. Autofahrer berichten über eine plötzlich einsetzende merkwürdige Empfindung – so, als säße eine unsichtbare Wesenheit neben ihnen. Sie wollen im Wageninneren einen unangenehmen modrigen Geruch verspürt haben, der meist mit einem merklichen Temperaturabfall einherging. Einige der betroffenen Fahrer behaupten sogar, in ihrem Wagen eine »verwaschene, dunkle Gestalt« wahrgenommen zu haben, die bei anderen wiederum im Lichtkegel ihrer Scheinwerfer auftauchte. Es wurde auch von unerklärlichen technischen Störungen – stockende Motoren und nachlassende Geschwindigkeit – berichtet, die schlagartig aufhörten, als sie den mysteriösen Streckenabschnitt passiert hatten. Bezeichnenderweise führt die Straße an einem alten Friedhof vorbei. Ob die zahlreichen Unfälle, die sich dort seit 1987 ereignet haben – acht Personen verunfallten tödlich, achtzehn wurden schwer verletzt – unmittelbar auf die Spukphänomene zurückzuführen sind, bleibt dahingestellt. Sie könnten womöglich durch schreckhafte Reaktionen der glücklosen Fahrer auf solche Spukphänomene ausgelöst worden sein.

Die Frage, warum sich Erscheinungen lokal, d. h. an ganz bestimmten Stellen immer wieder manifestieren, warum das Bewußtsein häufig oder zufällig Anwesender gerade dort stimuliert wird, um Vorgänge in einer anderen Realität beobachten zu können, läßt sich nicht eindeutig beantworten.

Vielleicht sind es ortsspezifische (z. B. geomantische oder bautechnische) Faktoren, die das Hineinstimulieren des Bewußtseins in feinstoffliche Welten begünstigen. Vielleicht (sogar höchstwahrscheinlich) liegt es auch an der jeweiligen psychischen Disponiertheit der Menschen. Nicht auszuschließen ist, daß äußere *und* innere (psychische) Voraussetzungen erfüllt sein müssen, um paranormale Szenarien (Psi-Halluzinationen) auszulösen.

Der Amerikaner Philip J. Imbrogno, mit dem ich seit geraumer Zeit korrespondiere, berichtet über einen seltsamen Monolithen abseits der Route 116 nahe der Stadt North Salem im US-Bundesstaat New York. Dieser Monolith, der vor Urzeiten einmal so behauen wurde, daß er den Kopf eines Tieres [mir erscheint er wie ein Hundekopf] darstellt, liegt am Ende eines Weges, der zu einer acht Meilen entfernten uralten Steinkammer führt, wie man sie überall in den New Yorker Counties Westchester, Putnam und Dutchess finden kann. Und dieser Monolith soll gelegentlich Schauplatz mysteriöser Vorgänge sein, die sich vorwiegend in den frühen Morgenstunden ereignen. Man will dort bisweilen »verhüllte Gestalten« beobachtet haben, die sich bei Annäherung sofort in »Nichts« auflösten. Auf Fotos sind, so Imbrogno, manchmal Kugeln und Lichter zu erkennen, die diesen Monolithen umkreisen. Interessant ist, daß am Standort des Steines die größte negative magnetische Anomalie in dieser Gegend gemessen wurde. Besucher wollen beim Berühren bestimmter Stellen des Monolithen ein »komisches« Gefühl gehabt haben. Einige von ihnen seien sogar kollabiert.

Man hat festgestellt, daß der Monolith im Brennpunkt aller nördlich von ihm vorgefundenen Steinkammern liegt. Zieht man durch die Fundorte der nördlichen Kammern jeweils eine gerade Linie, so sind diese allesamt auf den geheimnisvollen Steinriesen ausgerichtet. Imbrogno vermutet denn auch, daß dieser unter Umständen eine unbekannte Energie kanalisiert und fokussiert.

Ganz in der Nähe des North-Salem-Monolithen, im Gebiet von Croton Falls, N.Y., gibt es einen weiteren ungewöhnlichen Ort: Magnetic Mine Road. Hier baute man um die Jahrhundertwende reines Eisenerz ab. Von der weitverzweigten Minenanlage zeugen heute noch zahllose Kavernen. Die Erde dort enthält beträchtliche Mengen *Magnetit* (Magneteisenstein) – Eisenerz in reinster Form.

Magnetische Anomalien treten an dieser Stelle besonders stark in Erscheinung, und das Zentrum der Störungen liegt direkt neben dem Eingang einer hier befindlichen Steinkammer. Gerade dort will man in den vergangenen Jahren Ufo-Aktivitäten und die Anwesenheit »kleiner Wesenheiten« beobachtet haben.

Im Jahre 1992 entdeckten amerikanische Pathologen im menschlichen Gehirn Spuren von Magnetit. Dies könnte womöglich die Frage beantworten, warum elektromagnetische Felder die »Gehirn-Chemie« zu beeinflussen vermögen. Vielleicht wird durch diese Entdeckung noch etwas ganz anderes geklärt: Warum nämlich manche Menschen an bestimmten Orten (die evtl. einen besonders hohen Magnetitanteil aufweisen) immer wieder Erscheinungen wahrnehmen. Zusammenhänge zwischen den hypothetischen »subtilen Energien«, eingefaltet im Subquantenbereich, und magnetischen Feldstrukturen wurden zuvor schon aufgezeigt (vgl. Tiller, Kapitel III/5). Vielleicht wird an Orten mit hohen Magnetitanteilen das Raumzeit-Gefüge so gelockert oder verzerrt, daß unser Bewußtsein Dinge wahrzunehmen vermag, die unseren normalen fünf Sinnen verschlossen sind.

2 Immer, wenn es eiskalt wird

Ein interessantes Phänomen, das sich vor oder auch während Psi-Halluzinationen – vorzugsweise bei der Manifestation von Erscheinungen – bemerkbar macht, ist das Gefühl plötzlich auftretender Kälte. Bisweilen wird sie sogar in geschlossenen Räumen als eiskalter Luftzug empfunden, der von »nirgendwo« herzukommen scheint. An bestimmten Stellen (engl. *cold spots*) in sogenannten *Spukhäusern,* wo sich Erscheinungen häufiger als anderswo manifestieren, glaubt man mitunter in einer Gefrierkammer zu sein. Selbst Autofahrer mit Erlebnissen der spektralen Art wie z. B. die Brüder Dereck und Norman Ferguson (vgl. Kapitel IV/Einleitung) wollen im Einzugsbereich einer *anderen Realität* Eiseskälte verspürt haben. Auch wenn dieses Kälteempfinden subjektiver Natur gewesen sein sollte, muß dennoch etwas ganz Reales geschehen sein, das zumindest die psychische Komponente der hiervon Betroffenen angesprochen hat.

Ein Fall wie tausend andere: »Ich erinnere mich, es war Winter und bitterkalt, als ich mit Bill, meinem Verlobten, nach Hause kam… Ich stellte den Wasserkessel auf, schürte das verlöschende Feuer und bereitete uns zwei Tassen Schokolade zu. Dann machten wir es uns vor dem Kamin gemütlich. Mir fielen die Augen zu. Ich weiß nicht, wie lange wir so dasaßen, aber plötzlich wurde es im Zimmer sehr kalt. Mich fröstelte.

Als ich die Augen öffnete, stand da neben dem Tisch eine Frau in einem langen Kleid (im Empire-Stil), das von ihren Brüsten bis zu den Schuhen reichte. Sie trug einen breitkrempigen Hut… Ich ergriff Bills Arm. Er schaute mich an und sah, daß ich zum Tisch hinüberstarrte. Sofort sprang er auf, um die Gasflamme [sie diente vor Einführung der Elektrizität als Beleuchtung] etwas aufzudrehen. Im gleichen Augenblick hob sie [die Phantomfrau] den Arm und deutete mit der Hand nach unten, offenbar, um uns auf etwas hinzuweisen. Daraufhin verschwand sie in quirlendem grauen Nebel.

Ich war damals ganz schön durcheinander. Keiner von uns beiden brachte ein Wort heraus. Das traurige Gesicht der Frau werde ich nie vergessen.«

Es scheint, als ob hier das vorangegangene Kälteempfinden Auslöser der visuellen Manifestation war, da es die Perzipientin zum »Öffnen der Augen und Hinschauen« veranlaßt hat.

Auch bei sogenannten *Materialisationen* – angeblich objektive (materielle) Erscheinungen unterschiedlicher Dichte, die in einem späteren Kapitel gesondert behandelt werden – ist von Anwesenden häufig ein kühler Lufthauch, ja sogar eisige Kälte verspürt worden. Das berühmte englische *Direktstimmen-Medium* (Vorläufer der *Transkommunikation*) Leslie Flint, das übrigens auch Materialisationen hervorbringen konnte, muß dieses Kältegefühl besonders unangenehm empfunden haben. In einer seiner Publikationen heißt es: »Eines Abends, als unser Zirkel [spiritistische Sitzung] beisammensaß, schien das ganze Zimmer eisig kalt zu werden und vor mir zu schwinden. Ich verlor das Bewußtsein. Als ich langsam den Wachzustand wiedererlangt hatte, erfuhr ich, daß verschiedene Wesen durch mich gesprochen hatten.«

Wenn Flint seine Materialisationen hervorbrachte, war bei ihm das Kältegefühl besonders stark ausgeprägt: »Diese Materialisationen waren völlig fest und solide, man konnte sie sehen und anfassen. Sie pflegten im Teilnehmerkreis umherzugehen und... zu sprechen. Ich war *nicht* in Trance und fühlte eisige, steifmachende Kälte, wenn sich die Gestalten bildeten...«

Noch weiß man nicht allzu viel über das Kältegefühl beim Auftreten von Erscheinungen. Es gibt aber Hinweise darauf, daß es nicht immer in gleicher Weise entsteht. Immerhin könnte die Umgebung von Erscheinungen tatsächlich abkühlen, z. B., wenn von einem eisigen Luftzug die Rede ist. Aber auch dann noch sollte man mit voreiligen Schlüssen vorsichtig sein. Ein Beispiel aus früherer Zeit soll dies veranschaulichen:

Drei Schwestern und zwei Hausangestellte standen vor dem Zubettgehen an den Türen ihrer jeweiligen Schlafzimmer. Alle hörten auf der Treppe, die beide Schlafzimmer voneinander trennte, Schritte, so, als ob jemand heraufkommen würde. Als die Schritte an ihnen vorbeikamen, glaubten die Mädchen einen »kalten Luftzug« zu verspüren. Die Flammen der Kerzen, die sie in Händen hielten, wurden dadurch allerdings nicht ausgeblasen, was darauf schließen läßt, daß die Empfindung der jungen Damen wohl eher subjektiver Natur war.

Wenn die im Zusammenhang mit Erscheinungen verspürte Kälte nicht kollektiv, sondern nur von einer Person empfunden wird, dürfte ihr subjektiver Charakter als erwiesen gelten. Es gibt aber auch widersprüchliche Aussagen von Personen, die behaupten, beim Erwachen zur Wahrnehmung einer Erscheinung Kälte gespürt zu haben, obwohl der Raum, in dem sie sich aufhielten, warm gewesen sei (!). Wenn sich die Umgebungstemperatur des Wahrnehmenden tatsächlich nicht ändert, muß man das Kältegefühl entweder halluzinatorisch oder als Resultat eigener physiologischer Reaktionen werten. Ob physiologische Reaktionen allerdings so schnell ablaufen, daß sie das von einigen Personen als äußerst intensiv beschriebene und ziemlich plötzlich aufgetretene Kältegefühl verursacht haben könnten, bleibt dahingestellt. Es gibt jedoch gewisse Beobachtungen, die darauf schließen lassen, daß physiologische Reaktionen zumindest beteiligt sind. So wurden in einigen Fällen die Wahrnehmenden nach gehabter Manifestation von Anwesenden auf ihre Blässe hin angesprochen. Verschiedentlich fielen Zeugen spektraler Manifestationen sogar in Ohnmacht, was auf eine verminderte Blutzufuhr zum Kopf (Durchblutung) hindeutet.

Alle diese Empfindungen und Reaktionen sagen aber kaum etwas über die Realität der tatsächlichen Verursacher solcher Erscheinungen aus. Wir befinden uns in einer paradoxen Situation, die sowohl subjektive als auch objektive Interpretationen zuläßt. Erkanntermaßen leben wir eben nicht in einer Bilderbuchwelt, in der alles so nahtlos zusammenpaßt und reibungslos funktioniert, wie uns orthodox argumentierende Wissenschaftler glauben machen möchten. Suchen wir weiter nach Indizien für das Unfaßbare.

3   Lebensecht – Real wirkende Erscheinungen

›Da fahren wir nun an der ‚Abdeckerei‘ vorbei; ist das nicht gerade die richtige Bezeichnung für einen Friedhof?‹ bemerkte mein Freund Tom sarkastisch. ›Meinst du mit ‚Abdeckerei‘ ebendiese Ruhestätte für Verstorbene? Ist dieser ungehörige Ausdruck nicht etwas frevelhaft?‹ fragte ich. Er starrte mich an, als ob ich nicht ganz bei Trost wäre. ›Was ist schon falsch daran, wenn ich ihn (den Friedhof) als das bezeichne, was er nun einmal ist?‹

Die Unterhaltung und mein Freund begannen mir langsam zu mißfallen. Ich hatte ihn während des Zweiten Weltkriegs als Besatzungsmitglied eines im Südpazifik stationierten B-17-Bombers kennengelernt.

Sein Anruf vom Flughafen kam ziemlich überraschend. Er mußte die Maschine wechseln und wollte mich nur kurz begrüßen. Ich holte ihn mit dem Wagen ab, und wir fuhren Richtung Omaha, weil ich ihm ein paar Sehenswürdigkeiten zeigen wollte. ›Hältst du es nicht für etwas verschroben, wenn Leute an der materiellen Existenzform von jemandem festhalten, den es gar nicht mehr gibt?‹ fragte er mich.

›Nehmen wir einmal an, daß das, was du sagst, stimmen würde, was sollte dann deiner Meinung nach jemand tun? Es sind immerhin die Überreste von jemandem, den andere Menschen einmal geliebt hatten‹, gab ich zu bedenken. ›Ich würde überhaupt nichts tun‹, erwiderte er gereizt.

Nach einer kurzen Rundfahrt – die Zeit wurde knapp – fuhren wir zum Flugplatz zurück. Während der ganzen zehn Minuten dauernden Fahrt sprachen wir nur wenig miteinander. Nachdem ich geparkt hatte, gingen wir zum Terminal hinüber, um den Aufruf zum Betreten der Maschine abzuwarten. ›Weißt du, Sebi‹, sagte er, ›meine Einheit wurde, als man dich wegen einer Spezialausbildung in die USA zurückbeorderte, nach Guadalcanal verlegt. Erinnere dich, wir schüttelten uns noch die Hände, und ich sagte zu dir, daß ich dich eines Tages besuchen werde.‹ – ›Ja, ich denke noch an den letzten Tag, an dem ich dich auf den Fidschi-Inseln traf‹, erwiderte ich. ›Mein Gott, das ist schon so lange her. Ich kann nicht begreifen, wo all diese Jahre geblieben sind.‹

Vor dem Abflug schüttelten wir uns die Hände. Ich sah, wie er die Gangway hinaufging. Auf halbem Wege verschwand er. Es war, als habe er sich in Luft aufgelöst.

Ich eilte zur Gangway hinüber, um nachzuschauen, wo Tom abgeblieben war. In der Maschine hielt er sich jedenfalls nicht auf. Die Stewardeß wollte eine Person, auf die

Toms Beschreibung gepaßt hätte, nicht gesehen haben. Am Buchungsschalter war niemand registriert, dessen Vorname Tom lautete (ich hatte seinen Familiennamen nie erfahren). Verwirrt machte ich mich auf den Heimweg. Das Gespräch über Friedhöfe und der Hinweis auf sein damaliges Versprechen, mich irgendwann einmal besuchen zu wollen...

Was aber hatte dies alles mit seinem plötzlichen Verschwinden zu tun, mit der Tatsache, daß nicht die geringste Spur darauf hindeutete, daß er mich überhaupt besucht hatte? Ich kann es mir nicht erklären und nur vermuten, daß er auf Guadalcanal getötet wurde, daß er [als Erscheinung] ›zurückkam‹, um sein Versprechen, mich zu besuchen, einzulösen.«

Dieses ungewöhnliche Erlebnis des Amerikaners Dr. Sebi B. [voller Name beim Autor] aus Council Bluffs, Iowa, muß jeden faszinieren, der hinter Erscheinungen mehr als nur nächtliches Traumgeschehen, als flüchtige Halluzinationen, vermutet. Immerhin hatte B. mit der massiv wirkenden Erscheinung Toms einige Stunden visuellen, akustischen und taktilen Kontakt. Toms spirituelles Double muß auf ihn völlig real gewirkt haben, so, als ob er tatsächlich, d. h. mit seinem materiellen Körper anwesend gewesen wäre.

Aus der Reaktion des Flughafenpersonals müßte man folgern, daß Tom bei seinem »Zwischenstop« in Council Bluffs *ausschließlich* von Sebi B. wahrgenommen wurde. Man darf fragen, ob sich dieser für die Dauer seiner realistisch empfundenen Wahrnehmung vielleicht in einer parallel zu uns existierenden Welt befunden hat – einer anderen Realität, in der sein Freund aus dem Zweiten Weltkrieg heimgekehrt war. Dann aber müßte sich Toms Visite exklusiv in B.s Bewußtsein abgespielt haben, so, wie wir dies von den heute kontrovers diskutierten *Ufo-Abduktionen* – sogenannten »Entführungen durch Ufo-Insassen« – her kennen. Die Unendlichkeit des »inneren Kosmos« – unser Bewußtsein – schließt keine Möglichkeit aus, auch nicht die Unwahrscheinlichste.

Vivian Green, die Frau des berühmten englischen Novellisten Graham Green, hatte noch während ihrer Verlobungszeit im Oktober 1926 eine sehr realistisch empfundene Nahbegegnung mit einer Erscheinung der »farbigen« Art: »...Ich wachte sofort auf und sah direkt neben meinem Bett eine ›uniformierte‹ Krankenschwester sitzen. Sie hatte rötliche ›schottische‹ Haare, und wenn sie lächelte, war in einem ihrer Zähne eine Goldplombe zu sehen. Vor Angst war ich wie gelähmt. Die farbige Erscheinung hob sich klar und deutlich vom dunklen Hintergrund des Raumes ab. Von ihr selbst ging kein Leuchten aus. Sie erschien mir mehr wie ein Farbfoto auf schwarzem Grund, allerdings dreidimensional.

Ich zog mir die Bettdecke über den Kopf. Mein Herz raste, in meinen Ohren dröhnte es, und eine Zeitlang glaubte ich ersticken zu müssen. Dann, als ich die Decke wegschob, war sie immer noch da und lächelte mich an. Wieder schlüpfte ich unter die Bettdecke. Ich muß daraufhin ohnmächtig geworden oder sofort wieder eingeschlafen sein... Am anderen Morgen eilte ich zu meinen Freunden, um ihnen den Vorfall zu schildern... Erst Jahre danach erfuhr ich, daß sich mein Verlobter zu der Zeit, als ich die Phantom-Krankenschwester wahrgenommen hatte, in einem Londoner Krankenhaus einer Blinddarmoperation unterziehen mußte.«

Nicht nur die Prägnanz einer Erscheinung, sondern auch die von Anwesenden beobachtete Augenbewegung des Perzipienten könnte ein Indiz dafür sein, daß sich *ausschließlich* in dessen Bewußtsein etwas abspielt, das andere nicht zu erkennen vermögen. Eine Augenzeugin berichtet:

»...Fräulein St. Leger und ich nahmen in ihrem Zimmer das Abendbrot ein. Die Zimmertür stand offen. Sie befand sich rechts von mir. Ich hatte die gegenüberliegende geschlossene Tür im Blickfeld, als ich mit einemmal eine kleine, unauffällig wirkende, altmodisch gekleidete Dame sah. Sie war sehr schmal und hielt ihren Kopf gesenkt. Ich sah nur ihren Rücken. Sie schien sich hier wie zu Hause zu fühlen und zu wissen, wohin sie zu gehen hatte. Bei Erreichen der gegenüberliegenden Tür löste sich die Erscheinung auf. Ich schaute so entgeistert drein, daß mich Fräulein St. Leger fragte, was los sei. Ihre Gesichtszüge verrieten mir, daß sie genau wußte, was ich gesehen hatte... Sie bestätigte mir, daß sie meinen Augenbewegungen gefolgt sei. Das Ganze hatte sich in Sekundenschnelle abgespielt, und ich war zu benommen, um während meiner Wahrnehmung irgend etwas sagen zu können...«

Natürlich kann man aus Augenbewegungen nicht unbedingt bestimmte Aktivitäten auf der Netzhaut eines Perzipienten ableiten. Wenn jemand eine halluzinierte Gestalt »sieht«, könnte der Betreffende durch seine Erfahrungen mit materiellen Objekten so konditioniert sein, daß er seine Augen unbewußt den Bewegungen der Erscheinung folgen läßt, obwohl diese in den Wahrnehmungsvorgang überhaupt nicht involviert sind.

Lebensecht wirkte auch die Erscheinung des verstorbenen Großvaters zweier Schwestern (damals elf und sechs Jahre alt), der eines Nachts im Bett zwischen beiden Mädchen lag. Die Älteste: »Ich fragte ihn, was los sei, und fand es schon merkwürdig, daß er in unserem Bett lag. Als ich ihn ansprach, wandte er mir sein Gesicht zu, und ich streichelte seinen Bart... Er antwortete mir ruhig und sagte, ich solle die Bewegungen unterlassen, um Janet nicht aufzuwecken. Er wolle sich nur vergewissern, ob es uns gutginge. Dann erst fiel mir ein, daß er im vergangenen Juni gestorben war ... Zu keiner Zeit hatte ich das Gefühl gehabt, daß er ein ›Geist‹ war. Er fühlte sich so fest und warm an, schaute echt aus und sprach ganz normal mit mir.«

Diese Erscheinung wurde von dem Mädchen vor allem deswegen als so real empfunden, weil sie sich sowohl visuell als auch akustisch und taktil dargestellt hatte – eine verhältnismäßig seltene Kombination.

Klar umrissene, von lebenden Personen kaum zu unterscheidende Erscheinungen bei Tageslicht, besonders, wenn diese dann noch mit Psi-Hörhalluzinationen einhergehen, wie im Fall des mit dem Flugzeug abgestürzten englischen Fliegerleutnants David E. M'Connell, haben Seltenheitswert. Den vollständigen Bericht über die tragischen Ereignisse vom 7. Dezember 1918 verdanken wir Leutnant James J. Larkin von der Royal Air Force. Dieser behauptet, sein Kamerad, Leutnant M'Connell, sei an besagtem Tag gegen 11.30 Uhr in voller Fliegermontur zu ihm aufs Zimmer gekommen und habe ihm mitgeteilt, er wolle jetzt zum Militärflugplatz Tadcaster (nahe Leeds) fliegen. Er versprach, rechtzeitig zum Tee wieder zurück zu sein. Larkin wörtlich: »Was ich nun sagen möchte, ist zumindest außergewöhnlich, doch es geschah so natürlich, daß ich zunächst einmal nicht weiter darüber nachdachte. Ich habe von ähnlichen Vorkommnissen gehört und eigentlich nie so recht daran geglaubt. Stets war ich der Meinung, Menschen, die solche Erscheinungen erleben, hätten eine nervöse, überempfindliche Konstitution und seien mit einer etwas zu üppigen Phantasie ausgestattet. Zu dem entscheidenden Zeitpunkt war ich mit Sicherheit wach. Ich las und rauchte.«

Gegen 15.30 Uhr saß Larkin am Kamin mit dem Rücken zur Zimmertür. Plötzlich hörte er jemand den Gang entlangkommen. Die Tür öffnete sich, und Larkin vernahm M'Connells übliche Begrüßung: »Hallo, alter Junge!« Er drehte sich auf seinem Stuhl halb um und sah seinen Kameraden in der Tür stehen, die Türklinke in der Hand. M'Connell trug immer noch seine Montur. Larkin konnte nichts Auffälliges an ihm entdecken: »Er hatte die Mütze nach hinten geschoben und lachte wie immer, wenn er mein Zimmer betrat, um mich zu begrüßen. Auf sein ›Hallo, alter Junge!‹ erwiderte ich: ›Hallo, wieder zurück?‹ Er antwortete: ›Ja, heil angekommen, guten Flug gehabt.‹ Dann verabschiedete er sich mit den Worten: ›Na dann, mach's gut!‹ Geräuschvoll schloß er die Tür und entfernte sich.«

Während sie miteinander sprachen, hatte Larkin seinen Kameraden genau angeschaut. Um so erstaunter war er, als er am Abend erfuhr, daß M'Connell bereits auf dem Flug nach Tadcaster abgestürzt und dabei ums Leben gekommen war. Es muß zu der Zeit gewesen sein, als er sich bei Larkin zurückgemeldet hatte. Seine Uhr war genau um 15.25 Uhr stehengeblieben. Larkin erklärte später: »Ich versuchte mir einzureden, ich hätte ihn nicht gesehen oder in meinem Zimmer mit ihm gesprochen, aber es funktionierte nicht, denn ich war zweifellos wach gewesen. Seine Erscheinung, seine Stimme und seine ganze Art waren völlig natürlich gewesen. Ich bin von Natur aus solchen Dingen [Erscheinungen] gegenüber sehr skeptisch eingestellt, so daß ich sogar jetzt noch wünschte, ich könnte glauben, ich hätte ihn damals nicht gesehen.«

Da M'Connell niemand anderem erschienen war, darf man annehmen, daß die Vision durch die enge Freundschaft zwischen beiden Männern zustande kam. Beider Bewußtsein lag offenbar »auf der gleichen Wellenlänge« – ein Phänomen, das die zeitlose, d. h. unverzügliche Übermittlung von Psi-Informationen begünstigt.

4 Von Leuchtphantomen und Plasmakugeln

Immer wieder stoßen wir auf Fälle, in denen im Zusammenhang mit der Wahrnehmung nächtlicher Erscheinungen über merkwürdige Leuchtphänomene berichtet wird. Bei manchen dieser Manifestationen scheint das Leuchten oder Glühen aus dem Inneren der Erscheinung zu kommen. Diese »Objekte« kontrastieren meist gegen einen dunklen Hintergrund und hinterlassen den Eindruck, mit einer »überirdischen« immateriellen Wesenheit konfrontiert zu sein. Andere Erscheinungen sind von einem Halo umgeben, einem Lichthof, von dem sich die eigentliche Erscheinung mehr oder weniger deutlich abhebt. Bei einer weiteren Gruppe von Leuchterscheinungen ist auch deren Umfeld aufgehellt. Diese Helligkeit könnte, subjektiv betrachtet, vom selbstleuchtenden »Objekt« verursacht werden oder aus einer anderen Quelle stammen.

Geht man einmal davon aus, daß es sich bei Erscheinungen, d. h. bei visuellen Psi-Halluzinationen, um »Objekte« aus einer anderen Realität – einer dimensional höheren Ordnung (vgl. B. Heim, Kapitel II/2) – handelt, so wäre nicht auszuschließen, daß wir mit unserem »Empfangsorgan« Bewußtsein eine Interaktion zwischen unserer vierdimensionalen physikalischen Welt und eben jenen übergeordneten Transwelten beobachten – vielleicht einen Grenzflächeneffekt, der sich durch Leuchten oder Glühen manifestiert.

Die Needs aus Canton, Ohio (USA), berichten über eine glühende Erscheinung, die sie und weitere Zeugen vor einigen Jahren in der Nähe eines kleinen Ortes namens Homeworth beobachtet haben wollen. Es gibt da abseits des Highway eine heute unbewohnte Farm mit einer alten Scheune, an der ein schlammiger Weg vorbeiführt. Das

Ehepaar Need und einer ihrer Freunde hatten nach Einbruch der Dunkelheit trotz regnerischen Wetters eine Spritztour in die dortige Gegend unternommen und waren bei ihrer Fahrt über offene Felder schließlich auf den aufgeweichten Weg geraten, auf dem sie zum Highway zurückzugelangen hofften. Als sie sich der mit Brettern vernagelten Scheune näherten, sprang plötzlich ein Mann vor ihren Wagen, der von Kopf bis Fuß in Flammen gehüllt war. Niemand hatte ihn kommen sehen, er war ganz einfach da. Sofort schalteten die Needs ihren Dachscheinwerfer ein, um die schreckliche Szene besser erfassen zu können. Die lichterloh brennende Gestalt überquerte den Weg und rannte spornstreichs in den angrenzenden Wald, wo sie von einer Sekunde zur anderen verschwand.

Zutiefst geschockt, aber mit der festen Absicht, der Sache auf den Grund zu gehen, fuhren die Needs zur Hauptstraße zurück, um »Verstärkung« zu holen. In zwei Wagen nahmen mehrere Männer – ausgerüstet mit starken Handscheinwerfern und einigen Gewehren – am Ort des Geschehens die Verfolgung auf. Als der erste der beiden Wagen knapp zehn Meter von der Stelle entfernt war, wo man die feurige Gestalt zuerst erblickt hatte, tauchte diese erneut vor ihnen auf. Sofort eröffneten die Männer das Feuer auf den Flüchtenden. Der aber schien auf die Gewehrsalve überhaupt nicht zu reagieren und entzog sich der weiteren Verfolgung, indem er, wie zuvor, in den Wald flüchtete.

Als die Männer dann mit Gewalt in die Scheune eindrangen, fanden sie, bis auf einige Brandflecken, nichts Ungewöhnliches. Offenbar war dort etwas oder *jemand* verbrannt, ohne dabei die Scheune in ihrer Gesamtheit zu entzünden. Möglicherweise hatte dieser Jemand Feuer gefangen und war ins Freie geflüchtet, um zu verhindern, daß die Scheune abbrannte.

Da die flammende Erscheinung in kurzen Abständen zweimal hintereinander gesehen wurde – und dies von mehreren
der Anwesenden zur gleichen Zeit –, ist kaum anzunehmen,
daß es sich hierbei um eine noch lebende Person handelte.
Die Vermutung liegt nahe, daß wir es hier mit einem Fall
von ortsgebundenem Spuk zu tun haben, ausgelöst durch
einen tragischen Unfall, dem jemand – vielleicht ein Fremder – zum Opfer gefallen war, der dort irgendwann einmal
Schutz gesucht hatte.

In den »Proceedings« der S.P.R. (Vol. 53, 1960) wird ein
Fall zitiert, der sich nach dem Zweiten Weltkrieg in einem
kleinen Ort in Westfalen zugetragen haben soll. Eine Zi-
vilangestellte der britischen Rheinarmee bewohnte damals
ein Apartment direkt über einer Bank, die man als Speise-
saal für Soldaten und zivile Truppenbedienstete umfunktio-
niert hatte. Der Dienst des deutschen Bedienungspersonals
endete gegen 22 Uhr. Gegen 23 Uhr verließen die letzten
Soldaten die Kantine, dann kehrte Ruhe ein. Die Frau erinnert sich: »Ich erwachte aus tiefem Schlaf, als meine linke
Schulter ziemlich derb geschüttelt wurde. Im Raum war es
dunkel, aber ich konnte am Fußende des Bettes jemanden
stehen sehen. Zuerst nahm ich an, daß es einer vom Bedie-
nungspersonal sei, wunderte mich aber über die Art und
Weise, wie man mich weckte, wo es doch mitten in der
Nacht war. Während ich darauf wartete, daß mich die Person ansprach, gewann die Gestalt zunehmend an Deutlichkeit. Es war eine Frau ohne Kopfbedeckung mit dunklem
Haar – niemand, den ich kannte. Bis zu diesem Zeitpunkt
glaubte ich immer noch, jemand vom Personal vor mir zu
haben. Aber die Gestalt schien durch ein von Innen kom-
mendes Glühen beleuchtet zu werden, wie bei einem
Leuchtzifferblatt.

Die Gesichtszüge der Frau waren immer deutlicher erkennbar. Sie schien zu lächeln… Sie bewegte sich langsam vorwärts und hielt ihre Hand in Armlänge ausgestreckt, so als ob sie meine linke Schulter abermals zu schütteln beabsichtige… Das Verhalten der Frau hatte nichts Bedrohliches an sich. Ich gewann vielmehr den Eindruck, daß sie mich immerfort anlächelte…«

Die Erscheinung verschwand in dem Augenblick, als die Perzipientin nach einigen Mühen die Nachttischlampe anzuschalten vermochte.

Nicht immer manifestieren sich komplette menschliche Gestalten. Manchmal sind es auch nur Körperteile, deren Erscheinen mitunter makabre Situationen heraufbeschwören kann.

Im Jahre 1978 lebt die Engländerin Frances (Pseudonym) mit ihrem Baby getrennt von ihrem Mann in der Nähe von Gateshead (Northumberland) an der englischen Ostküste. Eines Morgens erwacht sie durch ein schrilles Geräusch, das »aus ihrem Kopf« zu kommen scheint. Sie vergleicht die hierdurch ausgelösten Vibrationen mit einem leichten elektrischen Schlag.

Als sich dann die zermürbende Geräuschbelästigung Nacht für Nacht wiederholt, gewinnt sie allmählich den Eindruck, daß irgend etwas sie aufzuwecken versucht. (»Ich glaubte, mein Kopf würde platzen, wenn ich nicht die Augen öffne.«) Da sich die Frau im Schlafzimmer auf unerklärliche Weise bedroht fühlt, schläft sie fortan auf der Couch. Vergebens. Die Geräuschattacke hält unvermindert an, selbst als sie das Licht über Nacht brennen läßt. Dann, eines Nachts: Jemand ergreift ihre Hand. Frances glaubt zu träumen, da sich der ganze Vorgang in einer traumartigen Atmosphäre abspielt. Zum Glück ist ihr Bewußtsein immer noch rationaler Überlegungen fähig. Sie schaut zur Uhr hinüber und stellt fest, daß es gerade einmal 03.50 Uhr ist.

Sie kann sich nicht dazu aufraffen, denjenigen anzuschauen, der ihre Hand hält. Frances sieht nur dessen Arm, der in einer bläulich schimmernden Hülle zu stecken scheint und deren Glühen ihre eigene Hand aufleuchten läßt. Sie kann durch sie hindurchschauen wie bei einer Röntgenaufnahme. Wie in Trance vermag sie ihre Hand wegzuziehen. Das Glühen hält noch einige Sekunden an, um dann nach und nach zu verblassen. Plötzlich scheint die Zeit zu »springen«. Abermals schaut sie zur Uhr, um festzustellen, daß inzwischen mehrere Minuten verstrichen sind – eine Zeitspanne, innerhalb der ihr jegliches Erinnerungsvermögen abhanden gekommen ist. Das schrille Geräusch und die unheimliche Wesenheit sind verschwunden, so, als habe es sie nie gegeben. Wäre noch zu erwähnen, daß Frances nach diesem Erlebnis nie mehr von Erscheinungen dieser Art belästigt wurde.

Gelegentlich sind leuchtende Erscheinungen nur in ihren Umrissen oder andeutungsweise als solche menschlicher Gestalt erkennbar. So wurde von den Eigentümern eines Hauses in Nether Edge, South Yorkshire (England), des öfteren ein »blasenförmiges« Gebilde etwa in der Größe eines Menschen gesehen, dessen Form sich jedoch fortlaufend änderte. Es schien aus feinen »fleckigen« Teilchen zu bestehen, ähnlich Staubpartikeln, die vom Licht der Sonne bestrahlt werden. Am häufigsten trat es im Schlafzimmer der Familie in Erscheinung. Eines Tages lief die Ehefrau des Hausbesitzers gedankenverloren mitten durch das seltsame Gebilde, ohne dies bewußt wahrgenommen zu haben. Sie verspürte zwar einen Anflug von »Kälte«, aber keinen unmittelbaren Widerstand. Gibt es für diese Erscheinung womöglich eine natürliche Erklärung? Bestand diese »Blase« vielleicht aus feinen Staubpartikeln, die durch ein lokales elektrisches Feld zusammengehalten wurden? Wenn dem so ist, wäre zu fragen, wodurch ein solches Feld entstehen konnte und warum es gerade die Umrisse eines menschlichen Wesens nachbildete. Es wäre auch interessant zu erfahren, ob die Perzipienten aus ihrem Unbewußten heraus das Gebilde entsprechend gewisser Wunschvorstellungen zu manipulieren vermochten, frei nach dem Slogan »Geist über Materie«. Dann aber hätten wir es zumindest mit einem psychokinetischen Phänomen zu tun.

In der Nacht vom 3. zum 4. August 1988 waren der Starkstromingenieur Reg Morgan und seine Freundin Gloria Hall aus dem nördlich von Birmingham gelegenen Cannock auf dem Heimweg von einer Veranstaltung. Nahe der Ortschaft Little Hayward, unmittelbar vor einer Brücke, sahen die beiden schon von weitem ein glühendes Objekt, das offenbar knapp über dem Boden schwebte und dabei die gesamte Straßenbreite einnahm. Hall und Morgan beschrieben es unisono als eine große rote Gaswolke. Das schillernde, langsam pulsierende Ding schien in der Mitte dichter und an den Rändern mehr neblig-verschwommen zu sein. Es bewegte sich von ihnen aus in Richtung Norden, verblaßte allmählich, überquerte an der Brücke den Fluß Trent, um sich dann auf der anderen Seite noch einmal zu zeigen, bevor es endgültig verschwand.

Das Glühen muß aus seinem Inneren herausgekommen sein. Etwas Merkwürdiges war Gloria aufgefallen: »Es herrschte [zum Zeitpunkt ihrer Sichtung] Totenstille, es war unglaublich still... Mir war unheimlich zumute, und ich glaubte ein leichtes Unbehagen oder eine Veränderung meines Bewußtseinszustandes zu spüren.«

Als die beiden am nächsten Tag den Ort des Geschehens erneut aufsuchten, fanden sie die Hecke direkt neben der Brücke beschädigt. Die Rinde der Äste war abgestreift, und es sah so aus, als ob irgendeine Kraft sie zerquetscht hatte.

Hinzu kommt, daß an besagter Stelle sämtliche Blätter vertrocknet waren.

Nichts deutet darauf hin, daß wir es in dem hier geschilderten Fall mit einer echten spektralen Erscheinung, sondern mehr mit einem physikalischen Phänomen zu tun haben. Aus der Plasmaphysik sind uns Begriffe wie »freies Plasma«, »Plasmakugeln« bzw. »Kugelblitze« geläufig – bislang wenig erforschte Phänomene, die aufgrund ihres oft recht merkwürdigen Verhaltens immer wieder Rätsel aufgeben.

Im Sommer 1921 hatte der damals 24 Jahre alte amerikanische Reverend John Henry Lehn während eines heftigen Gewitters ein ungewöhnliches Erlebnis. Er sah einen Kugelblitz ins Badezimmer eindringen, um seine Füße herumrollen und in das Waschbecken eintauchen, von wo aus er lautlos verschwand. Hierzu Lehn: »Er [der Kugelblitz] hatte die Größe einer Grapefruit und besaß einen gelblichen Farbton, ähnlich einer Natriumflamme. Ich wurde nicht geblendet… Zu keiner Zeit war auch nur der geringste Laut zu vernehmen.«

Der Kugelblitz hatte auf seinem Weg durch das geöffnete Fenster die Vorhänge passiert, ohne diese zu beschädigen. Paradoxerweise brachte er die Befestigungskette des Verschlußstöpsels für das Waschbecken zum Schmelzen, so daß diese in zwei Teile zerbrach. Der gesamte Vorgang hatte nur wenige Sekunden gedauert. Verblüfft fragte sich der junge Geistliche, wohin der Kugelblitz wohl verschwunden sein könnte. Es lag nahe, daß die Feuerkugel durch das Abflußrohr nach draußen gelangt war.

Damit aber war der »Fall Lehn« noch lange nicht abgeschlossen. Wenige Wochen nach diesem Zwischenfall wiederholte sich im selben Badezimmer der gleiche Vorgang, und zwar in der zuvor geschilderten Reihenfolge, nur daß der Kugelblitz diesmal die Befestigungskette am Verschlußstopfen der Badewanne schmolz. Zufall oder ...?

Die Häufigkeit, mit der gewöhnliche Blitze bevorzugt in ganz bestimmte Häuser einschlagen oder mit der, wie im Fall Lehn, sich dort relativ seltene Kugelblitze materialisieren, läßt die Frage berechtigt erscheinen, ob die Ursache hierfür vielleicht im Standort, im verwendeten Baumaterial oder, mehr noch, in der Konstruktion des Gebäudes zu suchen ist. Manche Wissenschaftler bestreiten, daß es sich bei diesen Feuerbällen überhaupt um »Blitze« im herkömmlichen Sinne handelt. Kugelblitze werden zwar stets als leuchtende Gebilde beschrieben, doch schwanken die Angaben über Größe und Farbe oft ganz erheblich. Ihre Größe erstreckt sich von wenigen Zentimetern bis hin zu einem Meter und mehr. Die Farbe dieser Objekte wird von stumpfem Weiß über sämtliche Farbnuancen bis zu intensivem Rot beschrieben. Manchmal entfernen sich die Kugelblitze mit explosionsartigem Getöse, ein anderes Mal verschwinden sie lautlos, lösen sie sich scheinbar in Luft auf.

Kugelblitze lassen sich auch sonst kaum mit normalen Blitzen vergleichen. Sie bewegen sich in der Regel viel langsamer als diese, sind länger stabil, und ihr Abgang erfolgt höchst selten über vorhandene Blitzableiter. Unklar ist auch, warum Kugelblitze so häufig in Gebäude und andere geschlossene Räume, ja selbst in gegen elektrostatische Aufladungen isolierte Flugzeugkabinen eindringen, wobei sie sich durch noch so kleine Öffnungen zwängen oder sogar feste Wände passieren. Das ohnehin unheimliche Erscheinungsbild dieses Phänomens wird durch glaubhafte Berichte weiter verdüstert, denen zufolge Kugelblitze sich gelegentlich so verhalten, als ob sie über einen *eigenen Willen* verfügen.

Der amerikanische Autor Vincent Gaddis zitiert aus einer

Fallsammlung, die der berühmte französische Astronom Flammarion (1842–1925) um die Jahrhundertwende angelegt hatte, in seinem Buch »Mysterious Fires and Lights« (Rätselhafte Feuer und Lichter) gleich mehrere Beispiele von »sich sozial verhaltenden Kugelblitzen«.

In einem dieser Fälle stieß ein Kugelblitz regelrecht die Tür eines Hauses auf, in das er sofort eindrang. Ein andermal verharrte ein solcher Feuerball auf dem Wipfel eines Baumes, bewegte sich alsdann über die Zweige langsam zu Boden und über den Hof. An der Stalltür stieß eines von zwei Kindern, die dort spielten, mit dem Fuß nach ihm. Der Kugelblitz explodierte mit einem ohrenbetäubenden Knall, die Kinder aber blieben unverletzt. Anders die Tiere im Stall. Einige von ihnen fielen der Explosion zum Opfer.

Flammarion berichtet über einen weiteren Fall aus einem Dorf im Südwesten Frankreichs, in dem durch einen Kugelblitz Tiere getötet wurden, die dort weilenden Personen jedoch unverletzt blieben. Eine »brennende Kugel« kam durch den Schornstein eines Bauernhauses, rollte durch ein Zimmer, in dem sich eine Frau und drei Kinder aufhielten, und dann weiter in die Küche. Sie berührte fast die Füße des jungen Bauern, der aber unverletzt blieb. Dann drang der Kugelblitz in einen kleinen Stall ein, der zum Wohnhaus gehörte, wo er, wie mit Absicht, eines der Schweine berührte, das daraufhin tot umfiel. Danach entfernte er sich.

Es mutet seltsam an, daß Kugelblitze Menschen, die vor ihnen flüchten, bisweilen regelrecht verfolgen. Ein solcher Fall ereignete sich im Jahre 1961 in Cheltenham, Australien. Eine Frau Will hielt sich zum Zeitpunkt des Geschehens gerade in der Küche auf. Mit einemmal hatte sie das Gefühl, daß hinter ihr ein »großes Objekt« schwebe. Als sie sich umdrehte, hing unmittelbar vor ihr eine große leuchtende Kugel. Zu Tode erschrocken floh sie, wie von Furien gehetzt, aus der Küche durch das angrenzende Eßzimmer zur Treppe. Der Feuerball folgte ihr auf dem Fuß und überholte sie am unteren Treppenabsatz. Vor ihr, auf dem Flur entlangschwebend, drang er schließlich ins Schlafzimmer ein, wo Frau Wills Bruder noch im Bett lag. Er entkam durch das offenstehende Fenster, um schließlich im Freien zu explodieren.

Beim Studium gewisser Verhaltensmuster dieses Phänomens gewinnt man mitunter den Eindruck, als ob zwischen dem Bewußtsein Anwesender und den leuchtenden Energiebällen eine gewisse Verbindung bestünde, vielleicht ein Kontakt auf paraphysikalischer Ebene, der noch erforscht werden müßte. Ein solcher Fall, der für eine ganze Reihe ähnlich gelagerter Vorkommnisse stehen mag, hat sich am Abend des 8. November 1979 in Elizabeth, New Jersey (USA), zugetragen. Eine dort lebende Familie sah sich plötzlich einer kleinen roten Leuchtkugel gegenüber, die den Durchmesser einer Halb-Dollar-Münze besessen haben soll. Sie war durch die Aluminiumeinfassung der Balkontür ins Wohnzimmer eingedrungen und umkreiste, 30 Zentimeter über dem Boden schwebend, die Beine eines siebzigjährigen Zeugen, ohne diesen zu berühren. Dieser Mann versuchte beherzt, die Kugel mit dem Fuß wegzuschubsen. Es heißt, die Leuchtkugel habe sich von jedem der Anwesenden einzeln »verabschiedet«, indem sie jeweils vor dessen Augen verlosch.

Kugelblitze scheinen die Gegenwart von Objekten förmlich zu »spüren«, besonders wenn diese aus Metall bestehen. Man will sie schon auf Telefondrähten entlangrollend, über Hochspannungsleitungen schwebend oder auf Gittern und Zäunen umherhüpfend beobachtet haben, wobei sie häufig zischende und knatternde Geräusche von sich gaben.

244

Mitunter geht von ihnen auch ein unangenehmer schwefliger Geruch aus, der möglicherweise auf irgendwelchen chemischen Nebenreaktionen beruht.

Für die Entstehung solcher Plasmakugeln wurden schon die unterschiedlichsten Mechanismen bemüht: brennende Gasblasen (Sumpfgas) und natürliche Plasmawirbel, glühende Metalldämpfe, piezoelektrische Effekte – sogenannte Erdbebenlichter –, atmosphärische MASER (Mikrowellenverstärkung durch stimulierte Strahlungsemission), nukleare Prozesse, Antimaterieteilchen usw.

Wissenschaftler, die sich mit den theoretischen Grundlagen des Kugelblitzphänomens auseinandersetzen, können es sich einfach nicht erklären, wieso ein verhältnismäßig kleiner Feuerball die in ihm enthaltene enorme Energiemenge zu speichern und zumindest kurzfristig beizubehalten vermag.

Nur einem Zufall ist es zu verdanken, daß man die in einem Kugelblitz enthaltene Energie wenigstens grob schätzen konnte. Die Schätzung geht auf einen Fall zurück, in dem eine solche Feuerkugel in ein bis zum Rand gefülltes Wasserfaß eintauchte und dieses sofort zum Kochen brachte. Zu allem Überfluß drang sie auch noch in ein benachbartes Wohnhaus ein, wo sie einen Telefondraht kappte und einen Fensterrahmen verbrannte. Das Ding war nach Augenzeugenberichten nicht größer als eine Orange. Eine überschlägige Kalkulation ergab, daß die freigesetzte Energie mehrere Millionen Joules betragen haben muß, genug, um ein Elektroheizgerät mit einer Leistungsaufnahme von einem Kilowatt länger als eine Stunde zu betreiben.

Unerklärlich erscheint ferner die im Vergleich zu künstlich erzeugten Feuerbällen verhältnismäßig lange Lebensdauer der Kugelblitze, die bis zu mehreren Minuten betragen kann. Zeugen, die dieses Phänomen vom Anfang bis zum

Ende aus nächster Nähe beobachten konnten, berichten immer wieder, daß Durchmesser, Leuchtintensität und Farbe dieser Objekte die ganze Zeit über nahezu konstant blieben.

Ob es zwischen den hier zitieren Plasmakugeln und Manifestationen aus anderen Realitäten – besagte visuelle Psi-Halluzinationen – irgendwelche Zusammenhänge gibt, vermag derzeit niemand zu sagen. Ganz auszuschließen wäre das nicht, da Materie und die uns bekannten Energien als Bestandteile unseres 4D-Universums in eine höherdimensionale Wirklichkeit eingebettet und somit letztlich auch deren uns bislang unverständlichen Gesetzen unterworfen sind.

5 Blick von »drüben«

Mitunter behaupten Perzipienten, ihr spektrales »Gegenüber« habe sie erkannt und auf ihre Anwesenheit reagiert, sei es durch Anstarren, Kopfbewegungen, Zulächeln, bestimmte Gebärden oder auch durch Berührungsversuche. Natürlich können auch diese Reaktionen halluziniert worden sein, doch fällt es in manchen Fällen schwer, solche Details in konventionelle Halluzinationstheorien zu integrieren.

Akzeptiert man echte Erscheinungen als autonome, lediglich zu einer früheren Zeitepoche existierende Wesenheiten, deren damalige Realität aufgrund ungewöhnlicher Umstände unsere Jetztzeit vorübergehend überlagert, lassen sich Reaktionen seitens der Phantompersönlichkeiten durchaus verstehen. Wir müßten ihnen ebenso fremd und unheimlich vorkommen, wie sie uns erscheinen – als Eindringlinge aus einer anderen Realität. Für sie sind wir vielleicht noch gar nicht geboren, während sie für uns schon lange das Zeitliche gesegnet haben.

Unser auf fließende Zeitabläufe getrimmtes Bewußtsein –
die sorgfältige Unterscheidung zwischen gestern, heute und
morgen – kann zeitliche Diskrepanzen der spektralen Art
nicht nachvollziehen: mithin wichtigster Grund dafür, daß
man Berichten über Erscheinungen aus früheren Zeiten mit
Skepsis oder gar mit totaler Ablehnung begegnet.

Einsteins Spezielle Relativitätstheorie von 1905 stellt jedoch
die übliche Vorstellung vom absoluten Ablauf der Zeit
nachhaltig in Frage. Auf unsere Erscheinungskalamität
übertragen, bedeutet dies, daß Vorgänge in früheren Epochen, in der Gegenwart und in der noch nicht (und von
einer höheren »Warte« aus doch schon) festliegenden Zukunft einträchtig nebeneinander existieren. Und während
sich alles vergangene und zukünftige Geschehen *gleichzeitig in der absoluten Gegenwart* abspielt, kann es passieren,
daß gewisse Szenen aus den einzelnen Epochen mit unserer
Jetztzeit-Situation überlappen – in diese förmlich »hinein-
platzen«. Dann sprechen wir von *Erscheinungen.* Sie sind
nichts anderes als in Szene gesetzte Bilder aus anderen Zeitepochen, die sich kurzzeitig in unsere Gegenwart projizieren. Diese Szenen sind *objektiv,* wenn wir sie in ihrer eigenen (vergangenen oder auch zukünftigen) Epoche – direkt
vor Zeit und Ort – wahrnehmen würden, aber gleichzeitig
auch *subjektiv,* weil sie in der jeweiligen anderen Jetztzeit
(z. B. am heutigen Tag) nur in unserem Bewußtsein (als
Phantomszenen) erscheinen. Wir haben es somit bei echten
Erscheinungen mit einem Phänomen zu tun, das gleichermaßen *objektiv* und *subjektiv* zu werten ist. Das Phänomen
der *gegenseitigen* Wahrnehmung von Perzipient und Erscheinung bekräftigt diese Theorie, die hier anhand einiger
interessanter Fälle weiter vertieft werden soll.

Wir schreiben den 28. Juni 1969. Ort der Handlung: Dun-
dee, Schottland, North Park Road. Mrs. Jean Bennett

(Pseudonym) ist von einer Freundin zur Besichtigung ihres gerade erworbenen Hauses – ein Altbau – eingeladen. Als sie das Eßzimmer betreten, empfindet Frau Bennett einen Geruch, den man dort eigentlich nicht erwarten würde. Es riecht nach angebrannter Milch. Und dann »sieht« sie auch schon die Frau, die sich in der entgegengesetzten Ecke des Raumes an einem Kocher zu schaffen macht. Mit ihrer linken Hand rührt sie in einem Topf herum, während sie, über ihre Schulter schauend, den Blick auf die Eingetretenen gerichtet hält. Die Frau hat weiche braune Haare und einen sonnengebräunten Teint. Sie trägt ein langes schwarzes Kleid und eine kleine glänzende Schürze, die ihr bis zur Taille reicht. Ihr Gesichtsausdruck verrät maßloses Erstaunen. Sie schein ihr »Gegenüber« ebenfalls wahrzunehmen. Frau Bennett empfindet Eiseskälte, obwohl die Sonne scheint und es im ganzen Haus sommerlich warm ist. In ihrem Nacken kribbelt es. Tränen schießen ihr in die Augen. Sie weiß nicht warum.

Als Frau Bennetts Freundin, die offenbar nichts von alledem bemerkt hat, weitergehen möchte, bittet sie diese, noch eine Weile bleiben zu dürfen. Sie möchte der Fremden den »Vortritt« lassen.

Nach dem Verschwinden der Erscheinung offenbarte sie sich ihrer Freundin und erwähnte dabei auch die Kochstelle in der gegenüberliegenden Ecke des Raumes. Deren Verblüffung war groß, da vor dem Umbau des Hauses dort tatsächlich einmal ein Kocher gestanden hatte. Aufgrund eigener Nachforschungen wußte sie zu berichten, daß in jenem Haus um die Jahrhundertwende zwei ledige Schwestern – beide waren Lehrerinnen – gewohnt hatten. Als Frau Bennett deren Namen erfuhr, wurde sie blaß. Erneut schossen ihr Tränen in die Augen, stellte es sich doch heraus, daß ihre Mutter in der Grundschule von einer der beiden Lehrerinnen unterrichtet worden war. Diese hatte sich der Kleinen besonders liebevoll angenommen, weil sie als Kind unter Taubheit gelitten hatte.

Die Vermutung, daß es sich bei der Erscheinung an der Kochstelle um eine der beiden Lehrerinnen gehandelt hatte, sollte alsbald zur Gewißheit werden, als nämlich ein pensionierter Lehrer, der früher einmal an der gleichen Grundschule beschäftigt war, Frau Bennett Fotos vom Lehrpersonal zeigen konnte. Sie erkannte auf Anhieb das Bild der Lehrerin, die sie im Eßzimmer ihrer Freundin als Erscheinung »gesehen« hatte.

Dem wiederholten Erscheinen der verstorbenen Ada Phillips im Haus einer Familie Hughes in Tunbridge Wells, Grafschaft Kent, liegt ein besonders tragisches Ereignis zugrunde. Im Jahre 1951 teilte Robert Hughes ein Doppelbett mit seinem jüngsten Sohn Malcolm (3). Als er eines Nachts erwachte, sah er neben sich, zwischen Bett und Fenster, eine Frauengestalt stehen. Vornübergebeugt starrte sie unentwegt Malcolm an, der an der gegenüberliegende Seite des Bettes schlief. Hughes schaute sich die fremde Frau ziemlich genau an. Er schätzte sie auf Ende vierzig. Sie war zwischen 1,60 und 1,65 Meter groß und hatte ein schmales, längliches Gesicht, dessen blasser Teint ihr ein kränkliches Aussehen verlieh. Ihre zurückgekämmten grauen Haare endeten in einem Knoten. Der Gesichtsausdruck der Frau verriet größtes Interesse an dem Jungen. Als sie jedoch bemerkte, daß sie beobachtet wurde, richtete sich ihr Blick auf Hughes. Mit einem »Ausruf« der Verärgerung machte sie kehrt, um sich mehr gleitend als gehend zu entfernen. Hughes sprang sofort aus dem Bett und nahm die Verfolgung auf. Als er das Kleid der Frau zu fassen versuchte, griff er ins Leere. Seine Hand glitt durch den Stoff hindurch, so, als ob dieser gar nicht vorhanden wäre. Im ober-

sten Stockwerk schwebte die Gestalt in das andere Schlafzimmer, wo seine Frau mit dem fünfjährigen Anthony
schlief. Unmittelbar neben deren Bett begann die Erscheinung nach und nach zu verblassen.

Nach diesem ungewöhnlichen Erlebnis konnte Hughes
nicht mehr einschlafen. Lange grübelte er über das Vorge-
fallene nach. Dann ging er in die Küche, um Teewasser auf-
zustellen. Als er später seiner Frau das nächtliche Geschehen schilderte und das Aussehen der »Besucherin« in allen
Einzelheiten beschrieb, meinte diese, daß es sich hierbei um
Frau Ada Phillips gehandelt haben müsse, die, zusammen
mit ihrem Ehemann Fred, das Haus vor den Hughes bewohnt hatte. Während Hughes ihr zuvor nie begegnet war,
hatte seine Frau Ada schon als junges Mädchen gekannt
und mit ihr zeitweilig bei der gleichen Firma gearbeitet.

Da die Phillips kinderlos geblieben waren, hatte ihnen ihr
Hausarzt die Adoption eines Kindes vorgeschlagen. Das
Schicksal sollte jedoch anders disponieren. In der Nacht
vor dem Eintreffen des Kindes starb Frau Phillips ganz
plötzlich, so daß die Adoption nie zustande kam.

Innerhalb von 20 Jahren erschien die Phillips den Hughes
insgesamt viermal. Stets führte sie ihr Weg die Treppe hoch
in das Zimmer, in dem sie vor vielen Jahren gestorben
war – ins Schlafzimmer von Robert Hughes.

Nach Angaben der Hughes blieben die Manifestationen der
glücklosen Frau nicht auf deren quasi-visuelles Erscheinen
beschränkt. Das Auftreten von Spuk- oder Poltergeistphänomenen in den oberen Stockwerken – vorwiegend Hör-
Halluzinationen, die sich wie das Rücken von Möbeln an-
hörten – bestärkte das Ehepaar in der Überzeugung, daß
die Phillips in ihrem Haus ständig präsent war. Als die Kinder einmal im Erdgeschoß eine Party feierten, war in einem
der oberen Stockwerke plötzlich die Hölle los. Es hörte

sich so an, als ob sich mehrere Personen in einem der Schlafzimmer mit irgendwelchen Gegenständen bewarfen. Als die Kinder dort nachschauten, konnten sie nichts Ungewöhnliches feststellen. Alles stand wohlgeordnet an Ort und Stelle. Der »Lärm« hatte aufgehört.

Das überraschende Dahinscheiden der Phillips unmittelbar vor Ankunft des mit Sehnsucht erwarteten Adoptivkindes muß eine lokale Bindung ihres nun freien, autonomen Bewußtseins verursacht haben. Vielleicht waren es die Kinder der Hughes, die sie zum Verweilen bewegten, die ihr den Übergang in Transbereiche erschwerten.

6   Zeitlos

Die Wahrnehmungsdauer von Erscheinungen und das Phänomen wiederholter Manifestationen am gleichen Ort innerhalb eines bestimmten Zeitraumes waren schon immer Gegenstand eingehender Untersuchungen, verraten sie doch eine Menge über den Ursprung des spektralen Geschehens. Besondere Aufmerksamkeit galt den Erscheinungen, deren Dauer nach Minuten oder, wie im Fall meines Korrespondenten Dr. Seti B. aus Council Bluffs (vgl. Kapitel V/3), sogar nach Stunden zählt.

Wenn psychisch »gesunde« Personen mit lang andauernden oder immer wiederkehrenden spektralen Manifestationen der gleichen Art konfrontiert werden, darf man annehmen, daß wir es in solchen Fällen weniger mit Traumerlebnissen oder irgendwelchen Sinnestäuschungen, sondern mehr mit echten Realitätsüberlagerungen zu tun haben: Fremde Realitäten dringen dann vorübergehend in die Bewußtseinswelt der Betroffenen ein, um deren gewohnte Wirklichkeit eine Zeitlang zu überlagern oder gar auszublocken.

Die fünfzehnjährige Ann Frazier (Pseudonym) saß allein vor dem Kamin im Wohnzimmer des elterlichen Hauses, verärgert darüber, daß ihr Freund Bertie (17) sie an diesem Abend nicht besuchen kam, hatte sie sich doch schon den ganzen Tag auf das Beisammensein gefreut. Sie konnte nicht ahnen, daß Bertie zu diesem Zeitpunkt bereits im Koma lag. Ann: »Ich las gerade ein wenig, als sich die Zimmertür öffnete und Bertie hereinkam. Ich sprang auf, um ihm einen Sessel am Kamin anzubieten, da er ziemlich verfroren aussah. Er hatte ja auch keinen Wintermantel an, obwohl es draußen schneite. Ich begann ihn auszuschimpfen, weil er noch nicht einmal einen Schal trug. Er sprach kein Wort, sondern legte einfach beide Hände auf seine Brust und schüttelte den Kopf. Ich glaubte zunächst, daß er sich die Brust erkältet und infolgedessen seine Stimme verloren habe. Daher tadelte ich ihn erneut wegen seiner Unvorsichtigkeit.

Noch während ich mit meinem Freund sprach, kam Dr. G. ins Zimmer, um zu fragen, mit wem ich mich unterhalte. Ich sagte, ›da ist dieser langweilige Junge ohne seinen Mantel, mit einer so schlimmen Erkältung, daß er nicht einmal mehr sprechen kann. Ich werde ihm einen Mantel leihen und ihn heimschicken.‹

Nie werde ich Dr. G.s Gesichtsausdruck vergessen. In ihm spiegelten sich gleichermaßen Erstaunen und Entsetzen. Er war nämlich gekommen, um mir die traurige Nachricht zu überbringen, daß Bertie vor einer halben Stunde gestorben war. Er dachte zuerst, daß ich vom Ableben des armen Bertie bereits erfahren und dadurch meinen Verstand verloren hatte. Ich konnte nicht verstehen, warum mich Dr. G. zum Verlassen des Zimmers aufforderte, warum er mich anschließend wie ein kleines Kind behandelte. Für kurze Zeit redeten wir offenbar völlig aneinander vorbei…

Bevor Dr. G. ins Zimmer kam, war Bertie bereits fünf Minuten bei mir gewesen. Was mich am meisten verblüffte, war die Tatsache, daß ich zuvor das Betätigen des Türgriffs und Öffnen der Tür ›gehört‹ hatte. Erst durch diese Geräusche hatte ich meine Augen vom Buch abgewendet und hochgeschaut. Die Gestalt [von Bertie] war durch das Zimmer zur entgegengesetzten Seite des Kamins gegangen. Dort nahm Bertie Platz, während ich die Kerzen anzündete. Alles wirkte so real und natürlich, daß ich selbst jetzt noch nicht begreifen kann, warum es sich nicht so, wie ich es tatsächlich erlebt zu haben glaubte, abgespielt hat.«

Die meisten der nach der Wahrnehmungsdauer befragten Perzipienten schätzen diese auf eine Minute und weniger. Und nur etwa 20 % der mit Erscheinungen konfrontierten Personen glauben, daß ihre Wahrnehmung fünf Minuten oder länger gedauert hat. Betrachtet man die Personengruppe mit einer Beobachtungsdauer von bis zu einer Minute gesondert, behaupten immerhin 42 % der hierunter Erfaßten, die Erscheinung nur 15 Sekunden und weniger wahrgenommen zu haben.

Nach etwaigen Abweichungen vom »normalen« Zeitsinn während der Wahrnehmung befragt, wurde dies immerhin von 10 % dieser Personen bejaht. Die meisten behaupteten, die Dauer ihrer Erfahrung wäre ihnen länger vorgekommen, als dies tatsächlich der Fall war. Einer der Perzipienten meinte: »Obwohl alles blitzschnell vorbei war, erschien mir die Dauer der Wahrnehmung [während des Vorgangs] endlos.« Ein anderer beschrieb seine Erfahrung mit der Zeitdehnung im veränderten Bewußtseinszustand mit den Worten: »Das, was in [unserer] Wirklichkeit vielleicht nur eine Minute dauert, kam mir während der Wahrnehmung wie Stunden vor.« Er gibt sogar Personen, die behaupten, sie hätten das Gefühl gehabt, daß während der Manifestation die Zeit stillgestanden habe. Und damit scheinen sie nicht einmal so unrecht zu haben. Erscheinungen sind höherdimensionale (Bewußtseins-)Objekte und unterliegen somit weder räumlichen noch zeitlichen Beschränkungen. Sie können demnach in unserem Bewußtsein erscheinen, ohne so etwas wie »Zeit« (nach unserer Definition) in Anspruch zu nehmen, denn: Zeit = Null im Hyperraum.

Die Dauer spektraler Manifestationen bezieht sich natürlich auch auf die Häufigkeit, mit der diese während eines bestimmten Zeitraumes ein und derselben Person erscheinen. In diesem Zusammenhang dürfte der Fall des Marineleutnants H. erwähnenswert sein, über den im Jahre 1931 im »Journal« der *American Society for Psychical Research* (Band XXXV) berichtet wurde.

Im Sommer 1926 war Leutnant H. zur *Naval Powder Factory* (Pulverfabrik der amerikanischen Kriegsmarine) in Indian Head, Maryland (USA), abkommandiert worden, wo er und seine Frau in einer militäreigenen Wohnanlage eine Doppelhaushälfte bezogen. Kurz nach ihrem Einzug wurde ihr unmittelbarer Nachbar zu einer anderen Dienststelle versetzt. Die neuen Mieter, Leutnant G., seine Frau und der neunjährige Sohn, erwiesen sich als äußerst umgängliche Nachbarn, mit denen sie alsbald Freundschaft schlossen.

Anfang März des darauffolgenden Jahres saß Leutnant H. wieder einmal spät abends in seinem Studierzimmer, wo er sich, über den Kartentisch gebeugt, mit einem Navigationsproblem befaßte. Seine beiden Hunde – ein Collie und ein Chesapeake Bay Spaniel – lagen friedlich schlafend auf dem Fußboden des angrenzenden Wohnzimmers. Etwa eine halbe Stunde nach Mitternacht hörte H. den Spaniel knurren, woraufhin sich beide Hunde erhoben, um über die Diele ins Eßzimmer zu stürzen. Das Knurren wurde immer lauter, beide Hunde schienen sich vor etwas zu fürchten.

Plötzlich rannten sie, wie von Furien gehetzt, durch die Diele und von da aus die Treppe hoch.

Überrascht schaute Leutnant H. vom Kartentisch hoch. Im Wohnzimmer, nahe der Diele, nicht einmal sieben Meter von ihm entfernt, stand ein Mann, den er zuvor noch nie gesehen hatte. Zwar wurde H. tagsüber häufig von Angehörigen seiner Dienststelle konsultiert, aber es wollte ihm nicht einleuchten, wie jemand zu so später Stunde unbemerkt ins Haus gelangen konnte. Er ärgerte sich über die Rücksichtslosigkeit des Mannes, nicht einmal angeklopft oder geläutet zu haben. H. verharrte etwa 15 Sekunden lang unbeweglich neben seinem Kartentisch und starrte den Eindringling unentwegt an. Er wartete förmlich darauf, daß ihm der Mann nun den Grund seines plötzlichen Erscheinens nennen würde. Es sah zwar so aus, als ob dieser ihm gleich etwas sagen wollte, aber kein Wort kam über seine Lippen. H. erhob sich und ging zwei Schritte auf den Fremden zu, woraufhin dieser mit einemmal nicht mehr da stand. Er war ganz einfach, d. h. übergangslos, verschwunden, obwohl H. ihn nicht aus den Augen gelassen hatte.

Leutnant H. verspürte keine Furcht. Er war nur verblüfft, denn er glaubte immer noch, einer dort beschäftigten Person gegenübergestanden zu haben. Ihn beschäftigte vielmehr die Frage, wie es dem Fremden gelungen war, unbemerkt in sein Haus einzudringen und sich auf raffinierte Weise aus diesem wieder zu entfernen.

Obwohl H. wußte, daß alle Fenster und Türen fest verschlossen und verriegelt waren, schaltete er alle Lichter an, um noch einmal gründlich nachzuschauen. Doch, nichts deutete darauf hin, daß ein Fremder in das Haus eingedrungen war. Das Erscheinen des Mannes sollte zunächst unaufgeklärt bleiben.

Eine Woche später, gegen 21 Uhr, war H. allein zu Hause.

Seine Frau hatte die Hunde mitgenommen. Er kam gerade mit Brennholz beladen aus dem Keller, als er von der Diele aus den gleichen Mann von neulich im Wohnzimmer stehen sah. Der Abstand zwischen ihm und dem Fremden betrug nur etwa sechs Meter. Bei ausgezeichneter Beleuchtung konnte H. die Gesichtszüge des Mannes genau studieren. Wieder hatte es den Anschein, als ob er etwas sagen wollte. Leutnant H. wartete auf eine Reaktion, auf eine Erklärung, da er den Eindringling immer noch für eine lebende Person hielt.

H. schätzte, ungefähr 15 Minuten gewartet zu haben, ohne daß der Mann auch nur einen Laut von sich gab. Dann riß dem Offizier der Geduldsfaden. Er bewegte sich ein paar Schritte auf den ungebetenen Gast zu…, um gleich darauf festzustellen, daß da, wo dieser gerade noch gestanden hatte, absolut nichts mehr war.

Beim ersten Mal war sich H. nicht sicher gewesen, ob er nicht doch einer Täuschung erlegen war. Der zweite »Besuch« des Mannes hatte jedoch alle Zweifel zerstreut. Er wußte genau, was er gesehen hatte, und er konnte den Eindringling exakt beschreiben. Alle Details – sein wettergegerbtes Gesicht, seine Figur (er schätzte sein Gewicht auf etwa 90 Kilogramm) und der hellgraue Anzug, den er trug – waren fest in seinem Gedächtnis verankert.

Diesmal glaubte Leutnant H. mit jemandem über das gerade Erlebte sprechen zu müssen. Zehn Minuten nach dem Verschwinden der Gestalt suchte er seinen Nachbarn Leutnant G. auf, um ihn über seine ungewöhnlichen Erlebnisse zu informieren. Der meinte sofort, daß H. einen »Geist« gesehen habe. Da es sich bei dieser Erscheinung nicht um jemanden aus H.s eigener Verwandtschaft handelte, zeigte ihm Frau G., einer plötzlichen Eingebung folgend, ihr Familienalbum mit zahlreichen Fotos ihrer Angehörigen.

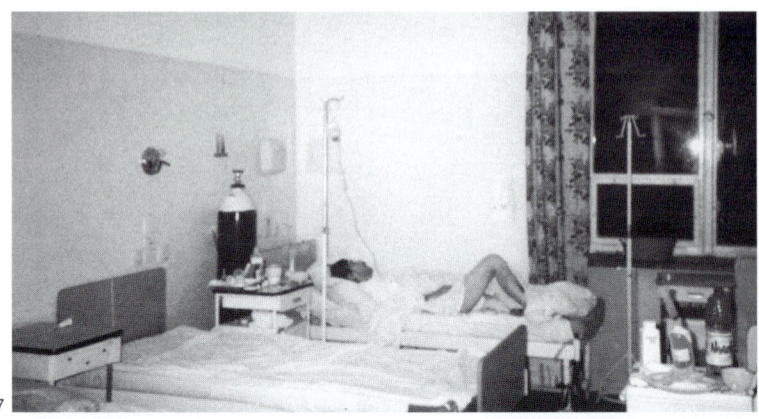

17

18

19

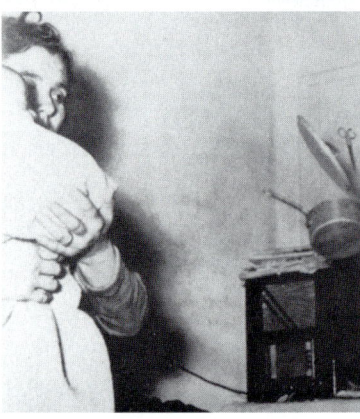

2

22

16 In dem Raum oberhalb der Tür der Gemeindekirche von Stoke Dry (Rutland, England) soll sich bisweilen die spektrale Gestalt einer Frau zeigen, die man dort wegen Hexerei gefangen hielt und langsam verhungern ließ.

17 Krankensaal 2 der Inneren Abteilung des Warschauer Krankenhauses in der Stepinskastraße 19–25. Vom Bett am Fenster aus verursachte der schwerkranke Karol Borek die hier (Kapitel IV/12) beschriebenen unerklärlichen Phänomene.

18 Einer von Borek psychokinetisch auf Distanz ausgelösten destruktiven Effekte: Im verschlossenen Ärztezimmer wurde ein Korb mit Patienten-Karteikarten vom Schreibtisch der Dr. Dorota Plucińska gefegt und zu Boden geschleudert.

19 Die polnischen Journalisten und Buchautoren Anna Ostrzycka und Marek Rymuszko recherchierten den Fall des Patienten Karol Borek. Sie wurden selbst Zeugen einiger dieser unglaublichen Phänomene, die sie zutiefst bewegten.

20 Poltergeistaktivität bei Familie Costa, die nahe der italienisch-französischen Grenze wohnt. Ein Bildreporter fotografierte geistesgegenwärtig die herumfliegenden Küchenutensilien, nachdem er mehr als eine Stunde mit schußbereiter Kamera dort gewartet hatte.

21 Paul Richardson will diese visuelle Erscheinung (rechts im Türrahmen) in dem ihm gehörenden »Martyr's House« in Norfolk (England) fotografiert haben, als er alleine zu Hause war. Es soll sich bei der Gestalt um den ersten protestantischen Martyrer Englands – Thomas Bilney – handeln, den Heinrich VIII. 1531 auf dem Scheiterhaufen verbrennen ließ. Er hatte 1495 im Martyr's House gewohnt.

22 Während eines heftigen Gewitters in Castleford, Yorkshire (England), will man den Weg eines Kugelblitzes aufgenommen haben.

23

24

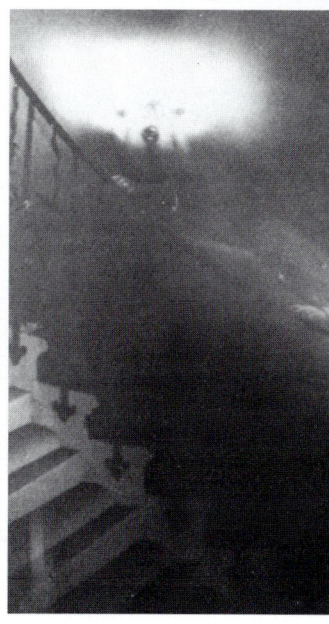

25

26

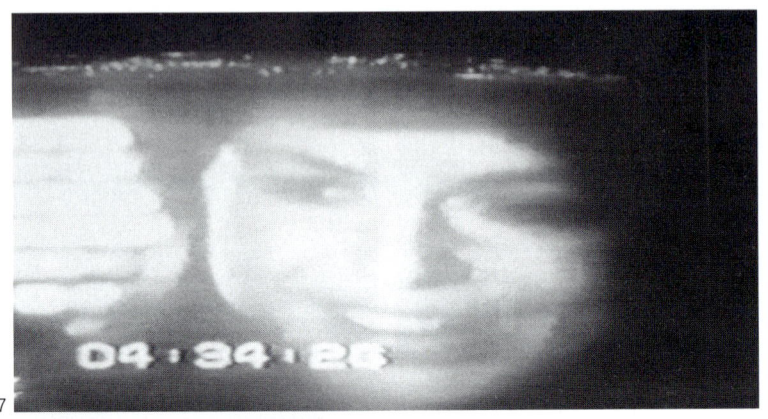

27

28

29

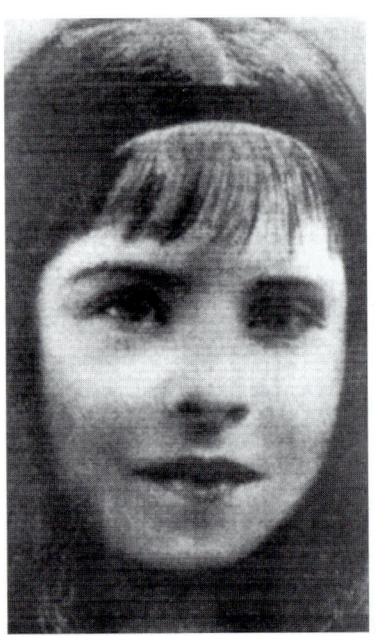

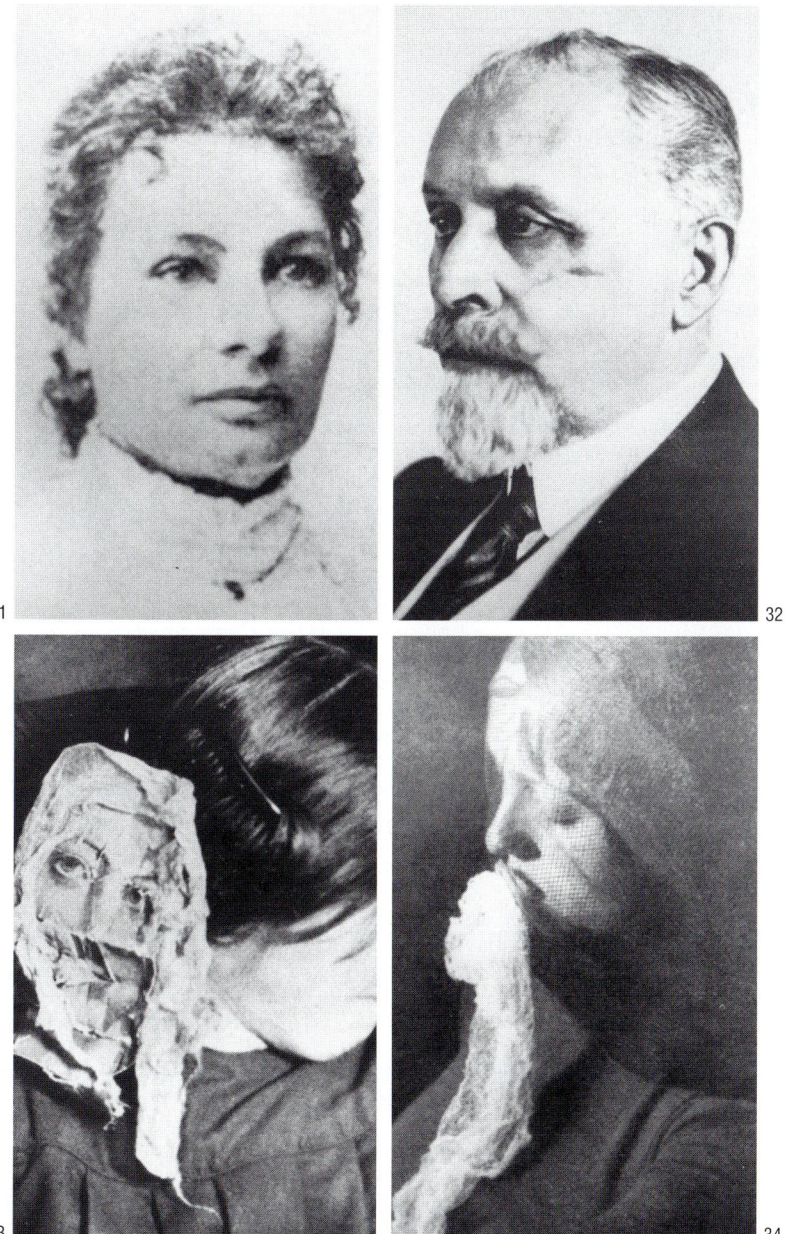

1

32

3

34

35

23 Pfarrer R.S.C. Blance fotografierte diese Erscheinung eines unbekannten Geistlichen 1959 im australischen Busch. Nach Meinung von Experten handelt es sich hierbei weder um eine Doppelbelichtung noch um fehlerhaftes Filmmaterial.

24 Major C. H. Mowbray mit einer Bekannten und dem »Extra« einer schleiertragenden Gestalt. Die Aufnahme kam unter besonders strengen Bedingungen zustande.

25 Eines der bekanntesten »Geisterfotos« Englands: die »Braune Lady« von Raynham Hall, Grafschaft Norfolkshire, aufgenommen am 19. September 1936.

26 Der kanadische Pfarrer R. W. Hardy fotografierte 1966 die berühmte Tulip-Treppe im Londoner Queen's House. Auf der Ablichtung zeigte sich eine nichtidentifizierbare, geisterhafte Gestalt. *Kodak-Experten* schlossen Manipulationen aus.

27 Transvideo-Aufzeichnung der verstorbenen Tonbandstimmen-Forscherin Hanna Buschbeck vom 16. Januar 1987. Sie soll sich beim Sprechen etwas bewegt haben.

28 Der amerikanische Ingenieur George W. Meek entwickelte zusammen mit dem medial veranlagten Elektroniker William O'Neil die *Spiricom*-Methode – den ersten Zweiweg-Kontakt zum Bewußtsein Verstorbener.

29 Meek und Mitarbeiter wollen mit dem elektronischen Kommunikationssystem *Spiricom Mark IV* mit dem 1967 verstorbenen US-Physiker Dr. George Jeffries Mueller mehrfach kommuniziert haben.

30 Scanner-Bild der am 25. April 1911 geborenen und am 14. Januar 1922 verstorbenen Französin Anne Guigné. Es wurde bei CETL, Luxemburg, mit dem Computer, und bei Adolf Homes, Rivenich, mit dem Fernsehgerät aufgezeichnet.

31 Das englische Medium Elizabeth d'Espérance soll bei Sitzungen ein Arabermädchen *Yolande* hervorgebracht haben.

32 Der deutsche Arzt und Parapsychologe Albert Freiherr v. Schrenk-Notzing (1862–1929) befaßte sich intensiv mit Materialisationsmedien, vor allem mit Eva C. (Marthe Béraud).

33 Am Hinterkopf des Mediums Eva C. materialisiert sich ein noch unfertiges, puppenkopfgroßes Gesicht einer Frau aus Ektoplasma (Sitzung vom 8. Mai 1912).

34 Dem Mund des Warschauer Materialisationsmediums Stanislawa P. entströmt gewebeartige Substanz (Sitzung vom 1. Juli 1913). Durch Schleier und Ganzkörpertrikots sollten betrügerische Manipulationen ausgeschlossen werden.

35 Materialisationsmedium Jack Webber läßt im gefesselten Zustand mittels Ektoplasma-*Schnüren* zwei »Trompeten« schweben. Mit ihnen wollten Spiritisten früher Stimmen Jenseitiger hörbar machen. Diese allerdings umstrittene Séance wurde bei Infrarotlicht fotografiert.

Beim Betrachten des achten Bildes glaubte H. den Fremden wiedererkannt zu haben. Es handelte sich bei der Person um Leutnant G.s Vater, der schon vor Jahren gestorben war.

Die Serie der Wahrnehmungen sollte sich auch nach der Identifizierung der Erscheinung zeitlich versetzt fortsetzen, und die Manifestationen gingen, wie so häufig auch in anderen Fällen, mit einem ungewöhnlichen Temperaturabfall in den betroffenen Räumen einher. Als H. wieder einmal aus dem Keller kam, stand die Gestalt mitten in der Diele, ganze vier Schritte von ihm entfernt – zwischen seiner Person und der Küchenbeleuchtung. Diese bestand aus einer 100-Watt-Birne an der Decke und zwei 40-Watt-Birnen direkt über der Spüle. In dieser Situation beobachtete H. etwas Sonderbares: Da, wo der Pseudo-Mann gerade stand, verdeckte dieser mit seinem massigen Körper die zwei Lampen über der Spüle vollkommen. Für wenige Augenblicke konnte sich H. nicht von der Stelle rühren. Dann verschwand die Gestalt endgültig. Weitere Begegnungen der spektralen Art sollten fortan ausbleiben. Offenbar hatte die psychische Energie hinter dieser Erscheinung ihr Maximum überschritten, war die Wesenheit in eine andere Realität jenseits von Raum und Zeit abgedriftet.

7 Transit –
Das Entstehen und Verschwinden
von Erscheinungen

Lucille Lindsey aus Tyler, Texas, versteht die Welt nicht mehr. Das, was sie in den frühen Morgenstunden jenes 6. Februar 1989 in ihrem Haus an Sonderbarem erlebte, stimmt nachdenklich, könnte so etwas wie der Beginn einer spektralen Manifestation gewesen sein, die aber dann doch nicht zustande kam. Was war geschehen?

Neuschnee bedeckte den Boden und reflektierte das helle Licht des Mondes, so daß Frau Lindsey spät in der Nacht, ohne die Außenbeleuchtung einzuschalten, noch einen kleinen Gang rund ums Haus unternehmen konnte. Wieder zurück, trank sie noch ein Glas Wasser, um sich dann gegen drei Uhr früh ins Schlafzimmer zu begeben. Da ihr die Bettwäsche verknautscht vorkam, versuchte sie, diese zu glätten. Beim Hochheben der Bettdecke entdeckte sie auf dem Bezug einen aus kleinen Lichtsegmenten bestehenden Kreis, der im Gegenuhrzeigersinn rotierte. Ihrer Schätzung nach hatten die leicht gekrümmten Lichtsegmente eine Größe von 15 x 7,5 Zentimeter. Sie bildeten einen Kreis, dessen Durchmesser nicht ganz 50 Zentimeter betrug. Die »flachen« Lichtsegmente waren, wie es den Anschein hatte, »nichtreflektierend« – sie verfügten über eine Art Eigenstrahlung – und sahen »wie kleine Abschnitte eines Halbmondes« aus.

Erschrocken ließ Frau Lindsey die Bettdecke fallen, um sie gleich darauf wieder hochzuheben. Die Lichtkeile rotierten immer noch. Plötzlich bewegten sich die Lichter nach oben, wie »aufgescheuchte Vögel«. Dieses überraschende Manöver ließ Frau Lindsey spontan einen Schritt zurückweichen, so daß sie unwillkürlich in einen dort aufgehängten Spiegel schauen mußte, in dem sie die Reflexion der Lichter beobachten konnte. Sie flimmerten über ihr Kleid und Gesicht hinweg, um gleich darauf übergangslos zu verschwinden.

Im Schlafzimmer gab es nur ein Fenster mit einem Leinenvorhang, der die direkte Lichteinstrahlung von außen unmöglich machte. Und die einzige Tür des Raumes führte zur Diele ganz ohne Fenster. Für dieses ungewöhnliche Geschehen bietet sich keine halbwegs logische Erklärung an. Frau Lindseys Behauptung, die Reflexion der Lichter im Spiegel gesehen zu haben, könnte auf eine Psi-Halluzination mit physikalischem Hintergrund hindeuten.

Von einer echten visuellen Psi-Halluzination, die mit einem »Lichtkreis« begann, handelt der Fall eines Russen, der sich am 15. April 1884 in Moskau abgespielt haben soll und im »Report on the Census of Hallucinations« (Bericht über die Erfassung von Halluzinationen) der S.P.R. abgedruckt wurde.

Ein am Ortsgericht beschäftigter Mann war gegen vier Uhr nachmittags nach Hause gekommen. Nach dem Essen ließ er sich auf dem Sofa gegenüber der Zimmertür nieder, um zu lesen. Da die Sonne schien, war der Raum gut ausgeleuchtet.

Beim Lesen ging sein Blick zur Tür, auf der plötzlich ein kleiner Lichtkreis, ähnlich der Reflexion eines Taschenspiegels, erschien. Da sein Zimmer im dritten Stock gelegen war, stand er auf, um nachzuschauen, ob ihn jemand vom Fenster des gegenüberliegenden Hauses aus mit einem Spiegel zu blenden versuche. Nachdem sich dies als unzutreffend erwiesen hatte, nahm er wieder auf dem Sofa Platz, um den Lichtkreis auf der Tür weiter zu beobachten. Dieser wurde zusehends größer, bis er schließlich die gesamte Türfläche einnahm. Von der Mitte des Kreises her schälte sich allmählich das Bild einer menschliche Gestalt heraus, deren Äußeres immer deutlicher erkennbar wurde. Dann geschah etwas Unglaubliches: Die Gestalt hob von der Wand ab – sie wurde »plastisch« – und kam auf ihn zu. Der Perzipient verharrte wie versteinert auf seinem Platz. Er erkannte in der Erscheinung seinen bereits im Januar 1880 verstorbenen Vater. Sein Schnurrbart

war wie ehedem sehr grau. An den kurzen weißen Kinn-
bart, den er ebenfalls trug, konnte er sich allerdings nicht
erinnern.

Die Gestalt näherte sich dem Tisch vor dem Sofa, umrun-
dete diesen und nahm neben ihm Platz. Sie bot ihm die
Hand an, eine stumme Aufforderung, der unser Mann mechanisch nachkam. Dann begann die Erscheinung zu sprechen. Die gedämpft wirkende Stimme schien tatsächlich die
seines Vaters zu sein.

Über den Inhalt des Gesprächs bewahrte der Mann Still-
schweigen, da es sich hierbei um ein intimes Thema gehandelt haben soll. Der Korrespondent behauptete von sich,
damals kerngesund und zum Zeitpunkt der Wahrnehmung
hellwach gewesen zu sein. Auch habe er nie unter Halluzinationen gelitten.

Als der Mann dann später seine Mutter wegen des weißen
Kinnbartes ansprach, von dem er nichts gewußt hatte, be-
lehrte sie ihn, daß sein Vater sich einen solchen erst
während seiner Erkrankung habe wachsen lassen. Er war
auch mit diesem Bart beerdigt worden. Gerade dieses Detail läßt vermuten, daß wir es hier mit einer echten Psi-Halluzination zu tun haben.

Großbritannien ist traditionell das Land, aus dem am häufigsten über Erscheinungen berichtet wird, wo von angesehenen Institutionen, von Psychologen und Psychiatern
statistische Erhebungen über bestimmte Merkmale dieses
Phänomens durchgeführt werden. Hier hat man sich auch
eingehend mit dem Zustandekommen und dem Verschwinden von Erscheinungen befaßt. So will man bei
einer dieser Befragungen festgestellt haben, daß Erscheinungen bei fast allen Perzipienten völlig überraschend auftraten. Sie fühlten sich in keiner Weise besonders disponiert und wurden praktisch von einer Sekunde zur anderen

mit dem Phänomen konfrontiert. Das spektrale Geschehen spielte sich in ihrer gewohnten Alltagsumgebung, ganz selten hingegen in ungewöhnlichen, »übernatürlichen« Situationen ab.

Der Zustand, in dem sich die Perzipienten bei der Wahrnehmung von Erscheinungen befanden, wurde von den meisten als »normal« bezeichnet. Sie hatten ihn zumindest als solchen empfunden. Er weicht jedoch ganz erheblich von sogenannten »außerkörperlichen Erfahrungen« (AKE; vgl. Kapitel IV/6) bzw. luziden Träumen ab, die sich durch ein gewisses Training auch willentlich herbeiführen lassen.

In den meisten Fällen bieten sich Erscheinungen dem Gesichtsfeld der Wahrnehmenden auf den ersten Blick komplett, d. h. in vollständiger Gestalt mit allen Details, dar. Sie tauchen also im Bewußtsein des Perzipienten niemals »aus dem Nichts« oder abrupt auf, sondern sind einfach da oder nähern sich ihm »auf ganz natürliche Weise«. In einigen wenigen Fällen kamen Erscheinungen auch graduell zustande, wie etwa bei den hier noch zu erörternden *Materialisationen*.

Häufig nehmen Perzipienten Erscheinungen beim Hochschauen oder Umdrehen wahr. Sie »sehen« oder »bemerken« sie so, als ob sie diese schon die ganze Zeit über als anwesend empfunden hätten – als etwas völlig Natürliches. Bei anderen wird die Wahrnehmung durch ein Gefühl plötzlich auftretender Kälte oder durch das Vernehmen irgendeines Geräusches eingeleitet. Eine weitere Personengruppe will die vollständige Erscheinung »beim Aufwachen« wahrgenommen haben, wie z. B. im Fall der Vivian Green (vgl. Kapitel V/3).

Erscheinungen »verschwinden« auf recht unterschiedliche Weise. Dabei kommt es nicht selten zu bizarren »Abgän-

gen«, die deutlich machen, daß wir es hierbei mit reinen Be-
wußtseinsphänomenen zu tun haben. Manche »verblassen«
beim näheren Hinschauen oder Berühren. Die spektrale
Gestalt wird zunehmend undeutlicher oder sie löst sich
partiell auf, bis sie in ihrer Gesamtheit verschwunden ist.
Die Auflösung kann vom Kopf oder von den Füßen her erfolgen, so daß am Schluß nur noch das entgegengesetzte
Ende des »Körpers« kurzzeitig sichtbar ist – ein makabres
Schauspiel. Es sind auch Fälle bekannt, in denen sich Erscheinungen von ihrem Äußeren her zur Körpermitte hin
auflösten. Hier der Bericht einer jungen Frau mit einer solchen Erfahrung:
»Ich lag allein im Bett und schlief fest. Plötzlich wachte ich
auf und sah im Türrahmen ein Kind stehen. Zuerst dachte
ich, daß es mein kleiner Sohn war. Ich wollte ihn schon
fragen, warum er das Bett verlassen habe, als ich bemerkte,
daß dies kein ›normales Kind‹ war. Es war irgendwie
›durchsichtig‹. Eine Hand hatte es an der Tür, und sein Gesicht war mir zugewandt. Die Finger seiner Hand waren
am deutlichsten erkennbar. Ich war so verängstigt, daß ich
mich nicht zu bewegen getraute. Dann sah ich, wie es zu
verschwinden begann. Das Kind löste sich langsam von
seinem Umriß her nach innen auf, bis es ganz verschwunden war... Ich kann beschwören, hellwach gewesen zu
sein.«
Es gibt aber auch »Abgänge«, die allen Gesetzen der Physik zuwiderlaufen. Da bewegen sich spektrale Gestalten
durch geschlossene Türen und Fenster, ja selbst durch
Wände und verschwinden durch Zimmerdecken oder ver-
sinken in Fußböden, so, als ob diese aus Butter bestünden –
nichts scheint sie aufhalten zu können. In anderen Fällen
erfolgt der Abtritt völlig unspektakulär: Die Erscheinungen
verlassen den Ort der Wahrnehmung ohne besonderen

Anlaß, oder sie entfernen sich, wie lebende Personen, durch die Tür.

Die plötzliche Beendigung einer Wahrnehmung kann, wie die zahlreichen hier zitierten Beispiele zeigen, auch durch den Perzipienten selbst erfolgen, indem dieser die Augen schließt, ohnmächtig wird, wegläuft oder sich einfach die Decke über seinen Kopf zieht.

Das Zustandekommen und Verschwinden von Erscheinungen unterliegt keinen bestimmten (physikalischen) Gesetzmäßigkeiten. Bewußtseinsprozesse finden auf einer anderen Realitätsebene jenseits unserer geltenden Naturgesetze statt, und sie können demzufolge auch nicht nach deren Spielregeln bewertet werden.

8   Der Sechste Sinn der Tiere

Bislang haben wir uns nahezu ausschließlich der Frage gewidmet, ob und – wenn zutreffend – auf welche Weise Menschen Erscheinungen wahrzunehmen vermögen. Die Wahrnehmungsfähigkeit der Tiere für Manifestationen aus anderen Realitäten blieb hingegen weitestgehend unberücksichtigt. Wer jedoch Tieren eine gewisse Arbeitsintelligenz und – zumindest, was die höherentwickelten Spezies anbelangt – ein begrenztes Denkvermögen und Bewußtsein zubilligt, kommt nicht umhin, auch deren mögliche Reaktionen auf spektrale Erscheinungen in Betracht zu ziehen.

Philosophen, die sich ausgiebig mit der Natur des Geistes befassen, diskutieren schon seit den siebziger Jahren vehement die mögliche Existenz eines nicht-menschlichen Bewußtseins. Die derzeitige Auffassung über geistig-seelische Vorgänge bei Tieren ist allerdings gespalten.

Vertreter der erkenntnisbetreffenden »kognitiven« Theorie sind der Ansicht, daß Tiere – zumindest bei einigen Anlässen – wahrscheinlich darüber nachdenken, was sie tun. Die sogenannten Behavioristen – sie orientieren sich vorwiegend am Verhalten der Lebewesen – befürworten mit ihrer Theorie hingegen den völligen Ausschluß subjektiver Gefühle und bewußter Gedanken, und dies nicht nur bei Tieren, sondern auch bei Menschen. Einige Psychologen gehen sogar soweit, zu behaupten, daß alles Tierverhalten unbewußt abläuft. Sie neigen dazu, Tiere als komplexe Maschinen, als nicht-denkende Roboter anzusehen und sind offenbar eher bereit, fortgeschrittenen Computersystemen geistige Regungen zuzubilligen.

Diese pervertierte mechanistische Einstellung zum nichtmenschlichen Leben ist heute leider immer noch in breiten Bevölkerungsschichten anzutreffen, und sie schlägt sich unheilvoll in einem völlig unzureichenden Tierschutzgesetz nieder. Zwar sprechen Tierverhaltensforscher im Hinblick auf etwa vorhandene geistige Fähigkeiten der Tiere heute bereits von »Wahrnehmung«, »Erkennen«, »Informationsverarbeitung«, ja sogar von »Denken«, sie sind aber nicht bereit, so etwas wie tierisches Bewußtsein anzuerkennen.

M. Bunge, der sich mit den geistig-seelischen Aktivitäten der Tiere akribisch auseinandergesetzt hat, meint, daß alle Tierarten, die zu bewußten Zuständen befähigt sind, auch freie, willentliche Handlungen auszuführen vermögen, und er definiert:

»(1) Ein Tier hat (oder ist in einem Zustand von) Selbst-Bewußtsein dann und nur dann, wenn es sich seiner selbst (d. h. der Vorgänge innerhalb seiner selbst) als verschieden von allen anderen Wesen bewußt ist;

(2)..., wenn ihm einiges von seinen eigenen, vergangenen bewußten Zuständen bewußt ist, und

(3)... Ein Tier hat ein Selbst zu einer bestimmten Zeit dann und nur dann, wenn es seiner selbst zu dieser Zeit gewahr oder bewußt ist.«

D. M. Armstrong beschreibt *echtes Bewußtsein* als »Wahrnehmung oder Erkenntnis des eigenen Geisteszustandes, als einen kritischen Selbstprüfungsmechanismus im Zentralnervensystem.« Die Zentralnervensysteme z. B. von Ameisen sind, verglichen mit denen selbst kleiner Vogel- und Säugergehirne so winzig, daß man ihren Selbstprüfungsmechanismus normalerweise vernachlässigen könnte. Wie aber können wir einer kritischen »Größe« für bewußtes Denken so sicher sein?

Der Biologe und Verhaltensforscher Donald R. Griffin, Professor an der Rockefeller-Universität, New York, hält es für unwahrscheinlich, daß es *Bewußtseinsneuronen* oder besondere biochemische Substanzen gibt, die »in einzigartiger Weise mit dem Bewußtseinszustand korrelieren, so daß jemand immer dann ›bewußt‹ ist, wenn diese Zellen tätig bzw. diese Substanzen vorhanden sind«. Er meint, es wäre viel wahrscheinlicher, daß Bewußtheit aus Aktivitätsmustern kommt, an denen Tausende oder gar Millionen von Neuronen beteiligt sind.

Vielleicht sollte man noch einen Schritt weitergehen und hinter bewußtem Verhalten auch bei Tieren ein holographisches Prinzip vermuten, ein in sich verschachteltes System von Bewußtseins-Bits, das von der dreidimensionalen (materiellen) Neuronenebene, dimensional gestaffelt, bis weit in den von B. Heim postulierten 12D-Kosmos hineinreicht... und auf diese Weise ständig mit anderen Realitäten und deren »Lebensformen« in Verbindung steht.

Tiere werden viel weniger als Menschen durch den kritischen Intellekt und störende Einflüsse von außen abgelenkt. Indem diese Störfaktoren ausscheiden, gewinnen sie mehr noch als Menschen an Sensibilität für fremdpsychische Vorgänge. Ihre nahezu ungetrübte Verbundenheit mit dem »inneren Kosmos« macht sie daher gelegentlich zu ausgezeichneten Indikatoren für die Anwesenheit feinstofflicher Wesenheiten.

Die Engländerin Sylvia Barbanell erwähnt in ihrem vielbeachteten Buch »When Your Animal Dies« (deutsche Ausgabe: »Wenn Deine Tiere sterben«) einen Bernhardinerhund, der häufig »unsichtbare Gäste« begrüßte. Er setzte sich auf die Hinterläufe, um dann, wie gewohnt, die Vordertatzen auf die Schultern der ihm offenbar real erscheinenden »Ghost«-Persönlichkeit zu legen. Da die Pfoten keinen Halt fanden, plumpsten diese sofort zu Boden, was den Hund jedesmal zu verwirren schien.

Einer meiner paranormalen Phänomenen gegenüber eher skeptisch eingestellten Bekannten und dessen Familie wollen im Zusammenhang mit dem Tod ihres Großvaters ähnliches erlebt haben. Ihr Hund hatte jahrelang seinen angestammten Platz auf der Kücheneckbank unmittelbar neben dem Großvater innegehabt. Von dem Tag an, als der alte Mann nicht mehr unter den Lebenden weilte, mied der Hund diesen Platz, und er konnte auch nicht durch gutes Zureden dazu bewogen werden, sich dort wieder niederzulassen. Er schien die feinstoffliche Anwesenheit des Dahingeschiedenen gespürt zu haben.

Während Menschen aufgrund anlage- oder situationsbedingter Einflüsse – ausgelöst durch Streß, Ängste, Fehleinschätzungen, Übertreibung, Aberglauben, künstliche Aufputschmittel usw. – ungewöhnliche Vorkommnisse häufig subjektiv beurteilen, d. h. in solche bestimmte eigene Vorstellungen hineininterpretieren, kann dies von Tieren sicher nicht behauptet werden. Wenn z. B. ein AKE-Medium seinen Feinstoffkörper (Astralleib) willentlich in einen bestimmten, gegen äußere, physikalische Einflüsse abgeschirmten Raum entsendet und Tiere hierauf merklich sonderbar reagieren, darf man annehmen, daß dieser dort auch tatsächlich anwesend ist.

In den USA stellte sich Anfang der siebziger Jahre ein sensitiv hochbegabter Psychologiestudent namens Keith (Blue) Harary Dr. Robert Morris von der *Psychological Research Foundation* in Durham, Nordkarolina, für solche Experimente zur Verfügung. Sein »ausgetretener« Feinstoffkörper suchte verschiedene, in einem Raum des Instituts untergebrachte Tiere auf, die daraufhin ganz unterschiedlich reagierten. Kleintiere wie Springmäuse und Hamster zeigten keine Reaktion, wohingegen höherentwickelte Spezies – vor allem Katzen, Hunde und Schlangen – auf die Anwesenheit von Hararys Psycho-Double sofort ansprachen.

Der aus Bremen stammende amerikanische Parapsychologe William G. Roll – er war einer der mit der Auswertung dieser Versuche befaßten Wissenschaftler – berichtet: »Wir bestimmten die Aktivität der Katze einmal daraus, wie oft sie innerhalb eines bestimmten Zeitraumes miaute und zum anderen aus der Häufigkeit, mit der sie Quadrate auf dem Boden ihrer Kammer wechselte. Die Ergebnisse waren signifikanter als mit menschlichen ›Detektoren‹ und für uns außerordentlich überraschend. Während der ebenfalls durchgeführten Blindversuche – wenn Harary die Entsendung seines Astralkörpers eingestellt hatte – miaute die Katze insgesamt 37mal, während der AKE-Experimente hingegen kein einziges Mal.«

Bei der Schlange konnte Dr. Morris in Anwesenheit von Hararys Feinstoffkörper eine starke Erregung feststellen.

Ihre Atmung steigerte sich jedesmal ganz erheblich. Der bekannte amerikanische Parapsychologe und Buchautor Scott Rogo (†), der diesen Experimenten beiwohnte, schilderte seine Beobachtungen recht eindrucksvoll: »Als sich Blue (Harary) außerhalb seines materiellen Körpers befand und sich in diesem Zustand der Schlange näherte, hörte sie auf, im Käfig herumzukriechen. Sie nahm statt dessen ihre typische Angriffshaltung ein. Bösartig schnappte sie nach etwas Unsichtbarem in der Luft. Das Ganze dauerte etwa 20 Sekunden. Es war genau der Zeitraum, während dem sich Harary mit seinem Feinstoff-Double bei der Schlange befunden haben will, ohne genau gewußt zu haben, was im Versuchsraum vor sich ging.«

Ähnliche Resultate erzielte Dr. Morris mit Tieren, die er einzeln in ein Zimmer bringen ließ, in dem es angeblich spuken sollte. Als sich der für das Experiment ausgewählte Hund diesem Raum bis auf etwa einen Meter genähert hatte, knurrte er seinen Besitzer an, um gleich darauf davonzulaufen. Dann wurde eine Katze von ihrem Besitzer in das Zimmer getragen und dort auf dem Boden abgesetzt. Sie sprang ihm sofort auf die Schultern und von da erneut auf den Fußboden, von wo aus sie den in der Ecke aufgestellten Stuhl anstarrte. Ein paar Minuten lang zischte und fauchte sie den leeren Stuhl an, bis man sie schließlich wegbrachte.

Während eine dort deponierte Ratte überhaupt nicht reagierte, ging eine Klapperschlange – kaum daß sie Bodenberührung hatte – in Angriffsstellung über. Sie konzentrierte sich auf den gleichen Stuhl, der die Katze in Aufregung versetzt hatte. Nach wenigen Augenblicken bewegte sie ihren Kopf langsam zum Fenster und dann wieder zurück, um etwa fünf Minuten später eine wachsame Haltung anzunehmen.

Die vier Tiere wurden anschließend zur Kontrolle ebenfalls einzeln in einem anderen Zimmer getestet, in dem sich nichts Ungewöhnliches ereignet hatte. Und hier verhielten sie sich ganz normal. Diese Versuche zeigen einmal mehr, daß höherentwickelte Tierspezies durchaus auf anwesende, d. h. störende Fremdentitäten zu reagieren vermögen. Die primitiveren Spezies nehmen hingegen die Manifestationen spektraler Wesenheiten erst gar nicht wahr oder können diese keinem der ihnen bekannten Bedrohungsszenarien zuordnen.

VI

»Aladin«-Effekt – Dokumentierte Erscheinungen

> »Unsere Definition der Wirklichkeit,
> die für uns den Ausschlag gibt,
> was möglich und was unmöglich ist,
> ist die Theorie.
> Das Laborexperiment oder das Spontanphänomen
> ... ist die Tatsache.«
>
> LAWRENCE LESHAN
> in: »Von Newton zu Psi«

Aus den zahlreichen allein in diesem Buch zitierten Fällen und Statistiken geht hervor, daß Psi-Halluzinationen fast ausnahmslos überraschend, d. h. spontan und ohne Zutun der Perzipienten zustande kommen, was deren Dokumentation ungemein erschwert oder gar unmöglich macht. Kritiker der paranormalen Szene können daher stets auf den subjektiven und infolgedessen nicht verbindlichen Charakter dieser »spektralen« Manifestationen verweisen.

Mit der Entwicklung mechanischer bzw. elektronischer Ton- und Bildaufzeichnungsgeräte, moderner Datenerfassungs- und -übermittlungssysteme, Personal Computer sowie Kommunikationseinrichtungen wie Telefon und Fax hat sich die Situation all derer, die um die Aufhellung paranormaler Phänomene ehrlich bemüht sind, deutlich verbessert. Bewußtseinspersönlichkeiten aus anderen Realitäten äußern sich heute immer häufiger über High-Tech-Systeme. Aladins Wunderlampe feiert fröhliche Urständ – ihr

»Geist« geht mit der Zeit. Die Vorteile liegen auf der Hand: Eine genauere Erfassung des bewußtseinsgesteuerten Erscheinungsspektakels – dessen Dokumentation – begünstigt seine Einbindung in komplexe physikalische Theorien und verhilft uns so zu einer umfassenderen Weltsicht.

Die Geschichte der Ton- und Bilddokumentation *»jenseitiger«* Aktivitäten reicht bis weit ins vorige Jahrhundert zurück, als man die Konterfeis Verstorbener – sogenannte *»Extras«* – erstmals mit recht primitiven Plattenkameras aufzuzeichnen versuchte. Der Durchbruch hin zur *»Instrumentellen Transkommunikation«* (E. O. Senkowski), zur genauen Beobachtung und Identifizierung von Transphänomenen mit Hilfe moderner technischer Instrumente, sollte jedoch erst Mitte dieses Jahrhunderts einsetzen. Und diese Entwicklung ging, wie nachfolgende übersichtlich gegliederte, chronologische Dokumentation erkennen läßt, nahezu zeitgleich mit bedeutenden Fortschritten in der Elektronik und Computertechnik einher:

Tonbandstimmen

1901 bis 1902   *Der Ethnologe Waldemar Bogoras zeichnet auf einer Expedition in Sibirien während eines schamanistischen Rituals mit einem tragbaren Edisonschen Phonographen »direkte Stimmen« auf.*

1952   *Padre Gemelli zeichnet im Beisein von Padre Ernetti die Stimme seines verstorbenen Vaters auf und berichtet hierüber Papst Pius XII.*

1959   *Friedrich Jürgenson nimmt Vogelstimmen auf und entdeckt beim Abspielen des Tonbandes sogenannte paranormale Stimmen. Nach vier Jahren experimenteller Arbeit teilt er 1963 in einer Pressekonferenz seine Entdeckung der Öffentlichkeit mit.*

1965 Der lettische Psychologe und Philosoph Konstantin
Raudive überzeugt sich bei Jürgenson von der Echt-
heit des Stimmenphänomens und beginnt in Bad
Krozingen mit eigenen Experimenten.

1967 »Edison« spricht durch das Trancemedium Seute-
mann über seine Bemühungen, 1928 Geräte zum
Empfang von »Jenseitsstimmen« zu entwickeln. Er
gibt Empfehlungen zur Abänderung eines TV-
Gerätes, mit dem Affolter während mehrerer Monate »Transmusik« empfängt.

1970 Bacci und Mitarbeiter (Italien) beginnen, wöchent-
lich Kontakte zu »jenseitigen« Kommunikatoren
aufzunehmen. In Deutschland, Italien, Österreich
und in den USA bilden sich größere Vereinigungen
von »Tonbandstimmen«-Interessenten.

Direkte elektroakustische Stimmen

1971 Die Gruppe Bacci in Grosseto erhält nach anfäng-
bis lichen Tonbandstimmen auch direkte elektroakusti-
1994 sche Stimmen in längeren Durchsagen und Dialogen.

1971 Die Amerikaner Jones, Meek und Heckmann eröff-
nen ein Labor zur Entwicklung eines Zweiweg-
Kommunikationssystems zur Kontaktaufnahme mit
Verstorbenen.

1978 Das US-Medium O'Neil hat unter Benutzung eines
Seitenbandempfängers kurze überzeugende Kontakte mit einem amerikanischen Arzt, der fünf Jahre
zuvor gestorben ist.

1982 George W. Meek verteilt weltweit Bandaufzeich-
nungen mit 16 Auszügen der Kommunikation von
O'Neil mit dem 1968 verstorbenen US-Wissen-

schaftler Dr. George J. Mueller sowie einen umfangreichen Bericht mit technischen Details.

1982
bis
1989
H.-O. König entwickelt mehrere Transkommunikationssysteme unter Benutzung tiefstfrequenter Überlagerungs-Oszillatoren sowie infraroter und ultravioletter Strahlung. Dialoge mit verstorbenen Jugendlichen.

1985
bis
1989
Harsch-Fischbach, Luxemburg, erstellen mit spiritueller Hilfe zwei komplexe Empfangsanlagen; es kommt zu langen Durchsagen und Dialogen.

1987
Härting empfängt mit einer weiterentwickelten TK-Anlage während vieler Monate direkte elektroakustische Mitteilungen einer Transwesenheit ABX-JUNO.

1988
A. Homes empfängt direkte Stimmen über Radio und TV.

Zweiweg-Transkommunikation über Telefon

1917
bis
1925
In Brasilien werden in Anwesenheit medial begabter Personen Telefongespräche mit Verstorbenen geführt. D'Argonnel beschreibt die Ergebnisse in einem ersten Buch über instrumentelle Transkommunikation.

1979
Die Amerikaner Rogo und Bayless berichten nach Zeugenbefragungen in einer Buchdokumentation über gut beglaubigte Fälle, in denen Verstorbene mit Hinterbliebenen über Telefon kommunizierten.

1981
bis
1983
M. Boden hat nach massiven ungeklärten Telefonstörungen spontane Kontakte mit Verstorbenen und Wesenheiten einer nicht-menschlichen Entwicklungslinie.

1989
Telefonstimmen-Kontakte bei Harsch-Fischbach.

1990 Konstantin Raudive meldet sich über Telefon bei
Fr. F. Malkhoff in Schweich und bei A. Homes in Rivenich.

1992 Professor Dr. E. Senkowski führt ein drei Minuten
langes Trans-Telefonat mit dem verstorbenen Klaus
Schreiber und dem ehemaligen polnischen Kardinal
Augustyn Hlond. Die Paranormalität des Kontak-
tes ist durch den intimen persönlichen Inhalt gesi-
chert.

1994 Am 18. März empfängt Malkhoff über Telefon-
Lautsprecher die Stimme der Transwesenheit von
Raudive. Der Recorder, mit dem er dies aufzeich-
net, hat plötzlich eine Funktionsstörung, auf die
Malkhoff von Raudive angesprochen wird, was
dieser als Echtheitsbeweis wertet, da niemand
außer ihm von der vorübergehenden Störung
wußte.

Transkommunikation über Computer

1980 M. Boden dokumentiert spontane sinnvolle Compu-
bis terstörungen, als deren Verursacher ihm bekannte
1981 Verstorbene erscheinen.

1984 Ken Webster (England) empfängt durch Computer-
ausdrucke etwa 250 Botschaften einer Wesenheit, die
vorgibt, im 16. Jahrhundert zu leben (!). Historische
Details werden anhand von Spezialliteratur belegt.
Spukmanifestationen in Websters Haus. Über Computer meldet sich eine »Zeit-Experimentalgruppe«
aus dem Jahr 2109. Dieser Fall wird in meinem
Buch »Zeittunnel« (Langen Müller, 1991) ausführlich erörtert.

1987 Die Luxemburger TK-Experimentatoren (CETL)

haben Computerkontakte mit mehreren Transwesenheiten, die noch anhalten.

1988   Computerkontakte bei Homes.

1990   Anfang des Jahres treffen bei CETL die ersten jenseitigen Scannerbilder auf einem PC ein.

1994   Bei einer medial veranlagten Sekretärin in Mailand
werden anstelle korrekter Texte Botschaften Verstorbener ausgedruckt.

Fernseh-/Video-Bilder aus Transbereichen

1978   Nach jahrelangen Tonbandstimmen-Experimenten
erhält Della Bella in Italien im Beisein mehrerer
Zeugen die ersten subjektiv beobachteten, eidesstatt-
lich beglaubigten Bilder bekannter Toter auf dem
TV-Bildschirm. Sie wurden über Tonbandstimmen
mehrfach angekündigt.
Auch andere Experimentatoren in mehreren Ländern beobachten das spontane Erscheinen Verstorbener auf ihren TV-Bildschirmen, ohne sie dokumentieren zu können.

1985   Klaus Schreiber, Aachen, benutzt – technisch unterstützt von Dipl.-Ing. M. Wenzel – nach Anleitung
seiner verstorbenen Tochter Karin über Tonband ein
elektronisch-optisch rückgekoppeltes Videosystem
zur Realisierung paranormaler Bilder. In vielen Fällen ist die Identifizierung durch Transaudio-Kon-
takt und Bildvergleich möglich.

1987   Transvideo-Bilder werden auch von anderen Expe-
bis   rimentatoren in Deutschland, Frankreich, Luxem-
heute   burg, der Schweiz, Spanien und in den USA empfangen.

1990   Kreuzkontakte zwischen CETL Luxemburg und

276

A. Homes: Letzterer empfängt TV-Bild eines Mädchens, das dann bei CETL als Computerausdruck erscheint.

1991 bis heute *Die Transkontakte bei A. Homes in Rivenich bei Trier dauern an. Homes dokumentiert einige neue Fälle von gleichzeitigem Bild- und Tonempfang, darunter die bisher längste Dauer eines Standbildes auf dem Fernsehempfänger mit 180 Sekunden.*

1992 bis 1994 *König verwirklicht Transvideobilder mit einem speziellen Empfangsapparat.*

(Aus dem Standardwerk »Instrumentelle Transkommunikation – Dialog mit dem Unbekannten« von Prof. Dr. E. O. Senkowski, 3. erweiterte Auflage 1995.)

Mit dem in der Geschichte der »Jenseitsforschung« wohl einmaligen Werk »Instrumentelle Transkommunikation« hat ein renommierter Fachwissenschaftler, der Diplomphysiker Dr. Ernst Senkowski, Professor FH i. R., Mainz, erstmals den Versuch unternommen, Jenseitsphänomene erweitert-wissenschaftlich zu untersuchen, die zahllosen Transkommunikationsergebnisse aus der Grauzone des scheinbar Okkulten herauszuheben und sie mit Hilfe der Neuen Physik (Aktions- oder Hyperraumphysik) auch theoretisch zu untermauern.

Die Transkommunikation ist eines jener Jahrtausendrätsel, deren Lösung heute notwendiger erscheint als je zuvor, könnte sie doch jedem von uns zur Gewißheit verhelfen, daß mit dem körperlichen Tod nicht alles »aus« ist, daß Leben in einer für uns praktisch unvorstellbaren Welt höherdimensionaler Ordnung weitergeht. Vielleicht ist unser diesseitiges Dasein nur ein grandioser, endloser »materialisierter« Traum, dessen wir uns als Akteure gar nicht einmal so recht bewußt werden. Vielleicht erwachen wir »eines Tages« in einer anderen Realität und glauben, wenn überhaupt, unsere Vergangenheit nur geträumt zu haben. Dann aber wären Erscheinungen tatsächlich so etwas wie »Parallelausgaben« zu unserem jetzigen 3D-Leben, gäbe es überhaupt keinen Tod, sondern nur »Quantensprünge« zwischen verschiedenen Existenzformen oder Bewußtseinszuständen. Wir besäßen das »ewige Leben«, wären zeitlose Wanderer zwischen den Welten.

1 »Extras« – Bilddokumente aus dem Jenseits?

Das Bedürfnis der Parapsychologen, Bilder aus einer anderen, jenseitigen Realität einzufangen, um damit die Fortexistenz der geistigen Komponenten des Menschen nach dem körperlichen Tod zu dokumentieren, geht auf die Anfänge der Fotografie zurück, in die Zeit, als die Belichtungsdauer auf wenige Sekunden reduziert werden konnte und dadurch Porträtaufnahmen möglich waren. W. Campbell aus Jersey City (USA) soll es gewesen sein, dem erstmals ein »übersinnliches« Foto gelang. Auf einem Testfoto von einem leeren Stuhl war ein kleiner Junge zu sehen, obwohl sich während der Belichtung niemand im Studio aufgehalten hatte. Campbell präsentierte das »Geisterbild« anläßlich des 20. Treffens der *American Photographic Society*, stieß damit aber auf wenig Interesse, da er keine weiteren Fotos dieser Art produzieren konnte.

Ein Jahr später erschien auf einem experimentellen Selbstporträt des Bostoner Amateurfotografen William H. Mumler die Gestalt einer jungen Frau, die er mühelos als seine zwölf Jahre zuvor verstorbene Kusine identifizierte. Mit dieser sensationellen Aufnahme begann für ihn eine äußerst lukrative Karriere. Er wurde mit Aufträgen zur Erstellung von »Geisterfotos« – Aufnahmen mit sogenannten »Extras« – geradezu überhäuft. Mumler, dessen »Erfolge« von

279

einigen Zeitgenossen skeptisch beurteilt wurden, unterzog sich freiwillig rigorosen Kontrollen durch prominente Porträtfotografen wie William Black, dem Erfinder des sauren Nitratbades, der während einer Sitzung in Mumlers Studio vom Augenblick der Vorbereitung des Plattenmaterials bis hin zur Sensibilisierung ständig alles überwachte. Black entwickelte sogar die Platte selbst.

Auf dem hiervon gefertigten Abzug war ein Mann erkennbar, der sich auf seine Schultern stützte. Trotz Mumlers Bereitschaft, alle Untersuchungen widerspruchslos über sich ergehen zu lassen und mit anderen Fotografen zu kooperieren, um nach rationellen Erklärungen für das sonderbare Phänomen zu suchen, wurde er auf Betreiben des damaligen Bürgermeisters von New York wegen Betrugs angeklagt. Da gut beleumundete Fotografen, die sich zuvor von Mumlers Arbeitsweise überzeugt hatten, für ihn aussagten, mußte die gegen ihn erhobene Anklage fallengelassen werden.

Wenn aber Betrug ausscheidet, müßte man dann nicht hinter Mumlers Aktivitäten – er produzierte eine Vielzahl solcher »Geisterfotos« – mehr mediale, d. h. psychokinetische Fähigkeiten vermuten? In diesem Zusammenhang sei an den amerikanischen Psychokineten Ted Serios und das japanische Supermedium Masuaki Kiyota erinnert, die auf unbelichtetem Filmmaterial willentlich irgendwelche Szenen, welche sie in ihrem Bewußtsein gespeichert hatten, entstehen lassen. Kiyota hält im Beisein von Zeugen das Objektiv einer Polaroidkamera vor seine Augen und betätigt immer dann den Auslöser, wenn seine Konzentration auf die imaginierte Szene ein Maximum erreicht. In einem mir vorliegenden Videofilm einer amerikanischen TV-Gesellschaft produzierte er ein Gedankenfoto vom *Tokyo Tower*, Tokios höchstem Fernsehturm.

In diesem Streifen wird auch gezeigt, wie er, unter strengsten Sicherheitsvorkehrungen, mehrfach versiegeltes, unbelichtetes Filmmaterial kraft seines Bewußtseins belichtete. Bei solchen Fotos handelt es sich eindeutig um Produkte lebender Personen, wohingegen die selteneren, zufällig zustande kommenden »Extras« meist von jenseitigen Verursachern stammen. Sie werden von Fotografen bei der Belichtung visuell nicht wahrgenommen und treten erst nach dem Entwickeln auf dem Abzug in Erscheinung. Kritiker argumentieren, daß, wenn beim Fotografieren in Wirklichkeit kein (materielles) Objekt vorhanden ist, das Licht reflektiert, ein solches auf dem Abzug auch nicht erscheinen kann. Aus diesem Grund bringen sie »Extras« stets mit defekten Kameras, fehlerhaftem Filmmaterial, Mißdeutungen oder gar mit Manipulationen in Verbindung. Leider lassen sie mit ihren vorschnellen Schlußfolgerungen andere Einflüsse unberücksichtigt.

Ein Foto kommt bekanntlich dadurch zustande, daß die in die Kameraoptik einfallenden elektromagnetischen Strahlen (das Licht) die Filmemulsion verändern. Sichtbares Licht belegt aber innerhalb des elektromagnetischen Spektrums nur einen winzigen Ausschnitt. Es könnte durchaus sein, daß unter bestimmten Umständen eine andere Form der elektromagnetischen Strahlung jenseits unseres visuellen Wahrnehmungsvermögens (einschließlich der infraroten und ultravioletten Strahlen) auf die Filmemulsion einwirkt – eine, die über die »subtilen Energien« aus dem Subquantenbereich (vgl. Kapitel III/5) direkt vom Bewußtsein Lebender oder auch Verstorbener gesteuert wird und so deren Vorstellungen fotografisch wiedergibt.

In mehr als 130 Jahren haben Fotografen in aller Welt Tausende von Fotos mit »Extras« produziert. Die meisten dieser »Geisterbilder« sollten sich bei genauer Überprüfung als plumpe Fälschungen erweisen, als Bilder, die sogar in betrügerischer Absicht erstellt wurden. Es gibt jedoch auch einige Aufnahmen mit »Extras«, die in den Entwicklungslabors großer Filmhersteller akribisch untersucht wurden und an deren Echtheit kein Zweifel besteht.

In den sechziger und siebziger Jahren berichtete der amerikanische Parapsychologe Professor Hans Holzer über paranormale Fotos, die in bekannten Spuklokalitäten zustande kamen. Holzer glaubt, daß durch die Anwesenheit von Sensitiven – sogenannte »Fotomedien« – als Verbindungsglieder zwischen jenseitigen Bewußtseinswesenheiten und unserer Welt die Chance, echte Transbilder zu erhalten, wesentlich verbessert wird. Er unterscheidet grundsätzlich zwischen Aufnahmen von am Erscheinungsort zeitgleich (in unserer Realität) anwesenden Transpersönlichkeiten und feinstofflichen Matrizen (Abdrücken) solcher Wesenheiten, die im allgegenwärtigen Hyperraum gespeichert sind wie Texte auf einer Diskette. Erstere würden im Augenblick ihres Erscheinens unmittelbar in unsere Raumzeit-Welt hineinwirken, d. h. tatsächlich anwesend sein, letztere wären hingegen nichts weiter als monoton auftretende Psycho-Zombies – Musterbilder ohne »Innenleben«.

Ob Holzers Unterscheidung zwischen »belebten« und »unbelebten« Erscheinungen der Situation jenseitiger Zustände gerecht wird, bleibt dahingestellt. Da wir über die »Stofflichkeitsverhältnisse« im Hyperraum nichts Genaues wissen, sollten wir mit Aussagen zum Animationsstatus von Erscheinungen vorsichtig sein.

Eines der bekanntesten »Geisterfotos« Englands – das der sogenannten »Braunen Lady« – entstand in Raynham Hall, dem Landsitz der Familie Townshend in der englischen Grafschaft Norfolkshire. Kaum, daß Sir Charles und Lady Townshend den restaurierten Besitz übernommen hatten, mußten sie feststellen, daß dieser einen »Gast« beherbergte, der in der Folgezeit jeden ihrer Besucher vergraulte. Die nächtliche »Besucherin« ähnelte dem Porträt einer Ahnfrau, die im elisabethanischen Stil gekleidet war: Sie trug ein Brokatkleid mit Halskrause.

Im Herbst 1936 waren die Berufsfotografen Captain Provand und Mr. Indre Shira von der gleichnamigen Londoner Firma mit der Erstellung einer Fotoserie vom Landsitz der Townshends beauftragt worden. Am 19. September hatten beide bereits um acht Uhr früh mit den Aufnahmen begonnen. Ein anstrengender Tag lag vor ihnen. Gegen 16 Uhr waren sie mit dem Fotografieren der großen Eichenholztreppe beschäftigt. Provand hantierte unter dem Einstelltuch an der Kamera herum, während Shira mit schußbereiter Blitzlichtpistole hinter ihm stand. Plötzlich bemerkte Shira etwas, das er später als »ätherische, verschleierte Gestalt« bezeichnete, die langsam die Treppe herunterkam. Geistesgegenwärtig rief er Provand zu: »Schnell, schnell, da ist etwas; sind Sie bereit?« Als dieser seine Frage bejahte, ging alles ganz schnell. Shira blitzte und Provand betätigte die Beleuchtung. Dann erst fragte er seinen Kollegen, was los sei. Dieser ließ ihn wissen, daß wenige Augenblicke zuvor eine transparente Gestalt die Treppe herabgestiegen sei, durch die er die Stufen habe erkennen können. Provand wollte nicht glauben, daß er eine Erscheinung fotografiert hatte, zumal diese nicht mehr zu sehen war.

Beide entwickelten die belichtete Platte gemeinsam. Provand, der Shiras Behauptung angezweifelt und mit fünf Pfund dagegen gewettet hatte, entdeckte die schwachen Umrisse der Gestalt auf dem Negativ als erster. Ein sofort herbeigeholter Zeuge – Inhaber einer Drogerie, der als Fotoexperte im gleichen Haus ein eigenes Labor besaß – sah gerade noch, wie das Negativ aus dem Entwicklerbad herausgenommen und in die Fixierlösung getaucht wurde. Er meinte dazu, wenn er nicht mit eigenen Augen gesehen hätte, wie Provand das Negativ in das Fixierbad tauchte, wäre ihm nie der Gedanke gekommen, daß das Bild echt sei.

Das »Geisterbild« erschien nach eingehender Prüfung durch zahlreiche professionelle Fotografen – unter ihnen der bekannte Parapsychologe und Autor Harry Price (1881–1948) – in der Zeitschrift »Country Life« vom 26. Dezember 1936. Es zeigt eine »geisterhafte« weibliche Gestalt, wie sie die Treppe herunterkommt. Die in ein fließendes weißes Gewand gehüllte Frau wirkt ziemlich groß. Durch die verschwommen erscheinende Gestalt hindurch kann man die einzelnen Treppenstufen erkennen. Gesicht und Hände sind nicht auszumachen, aber die Falten ihres Kleides kommen gut zum Vorschein. Vom Kopf herab hängt etwas nach unten, das wie ein Schleier aussieht. Auf dem Originalbild will man sogar eine Halskrause entdeckt haben.

Historische Bauwerke, Schlösser, Herrenhäuser, Kirchen und Ruinen sind bekanntermaßen Brennpunkte spukhaften Geschehens. An solchen Orten werden Erscheinungen viel häufiger als anderswo wahrgenommen. Aber auch hier kommen »Jenseitsfotos« mehr zufällig zustande, wie im Fall des kanadischen Pfarrers R. W. Hardy. Während eines Londonaufenthalts im Jahre 1966 besuchten er und seine Ehefrau auch das *Queen's House* im Stadtteil Greenwich, das seinerzeit für die Gemahlin Charles I. erbaut worden war. Dort fotografierte Hardy unter anderem die berühmte *Tulip-Treppe,* und auf diesem Bild sollte sich nach dem Entwickeln in Kanada eine verhüllte, aber dennoch gut erkennbare Gestalt zeigen, deren beide Hände auf dem Treppengeländer liegen. Das Bild wurde Experten der Firma Kodak vorgelegt, die bezeugten, daß am Film selbst keine Manipulationen festzustellen waren. Das Aufsichtspersonal des *Queen's House* bestätigte Hardys Behauptung, daß sich zur fraglichen Zeit niemand auf oder direkt neben der Treppe aufgehalten haben konnte, da diese für die Öffentlichkeit nicht zugänglich und mit einem Seil von der Halle abgetrennt war. Daraufhin regte der *British Ghost Club* (Britischer Geisterklub) an, dort zur nächtlichen Stunde Kontrollaufnahmen anfertigen zu lassen. Mitglieder des Klubs postierten sich zusammen mit einem Museumsfotografen und zwei Begleitern eine ganze Nacht unmittelbar neben der Tulip-Treppe, die in bestimmten zeitlichen Abständen fotografiert wurde. Zur Registrierung paranormaler Manifestationen hatte man dort zudem ein Tonbandgerät sowie eine Filmkamera mit Spezialfiltern und einem Infrarotfilm aufgestellt. Es waren Vorkehrungen getroffen worden, um ständig ungewöhnliche Luftschwankungen, Luftzug und Vibrationen messen zu können. Der Aufwand sollte sich allerdings nicht lohnen. Das Team konnte in jener Nacht nichts Ungewöhnliches feststellen. Vielleicht war nur der Zeitraum, innerhalb dem das Experiment stattfand, schlecht gewählt. Paranormale Aktivitäten lassen sich eben nicht »kommandieren«, da sie zu einem Gutteil von der psychischen Verfassung – Medialität und Einstimmung – des Fotografen abhängen.

Heute versuchen technisch versierte Parapsychologen mit elektronischen Geräten das Aufspüren von Transwesenheiten in Räumen zufallsunabhängig zu machen und »zielorientiert« zu fotografieren. Zur Standardausrüstung moderner Spukforscher und Transbild-Fotografen gehören unter anderem die zuvor bereits erwähnten tragbaren Magnetometer oder Tri-Field-Meter (vgl. Kapitel IV/1) zum Registrieren magnetischer, elektromagnetischer und Mikrowellenfelder,

Detektoren zum Aufspüren elektrostatischer Aktivitäten sowie Tonaufzeichnungsgeräte mit Spezialmikrofonen, mit denen sich selbst Infra- und Ultraschallschwingungen erfassen lassen. Man geht von der Überlegung aus, daß Veränderungen der magnetischen und elektromagnetischen Feldstrukturen (Feldanomalien) unter anderem durch die allgegenwärtigen Bioplasmafelder verursacht werden können, was sich womöglich auf die Anwesenheit fremder Bewußtseinsfelder zurückführen läßt (vgl. Bilder 3 und 4).

Andrew Nichols, Mitglied der *American Society für Psychical Research* und des *Center for Paranormal Studies (CPS)* arbeitet in Spukhäusern stets mit mehreren unterschiedlichen Kameras und differentem Filmmaterial, darunter auch mit 35-mm-, IR- und Polaroid-Filmen. Videokameras und Recorder werden zusätzlich eingesetzt.

Im Verlaufe seiner Untersuchungen erhielt Nichols Team paranormale Bilder, die mit anomalen Fluktuationen der elektromagnetischen Felder unmittelbar am Aufnahmeort einhergingen. Diese Wechselbeziehung ermöglichte es den CPS-Mitarbeitern, eine spezielle Fotografiertechnik zur bildlichen Dokumentation paranormaler Objekte zu entwickeln, die sich mittlerweile in Spukhäusern schon häufig bewährt hat.

In einem spuk-»verseuchten« Haus in Lake Wales, Florida, zeichnete das Team mit einem Tri-Field-Meter, das auf Magnetfeldanzeige eingestellt war, eine 45 Sekunden dauernde Fluktuation auf. Noch während Nichols mit der Polaroidkamera eine Aufnahme machte, fiel die Anzeige am Tri-Field-Meter auf den Normalwert zurück. Zur Kontrolle fertigte er von der gleichen Stelle aus sofort ein zweites Bild an, das die Situation im Raum ganz normal wiedergab. Das erste Foto, das während der elektromagnetischen Feldanomalie aufgenommen worden war, zeigte hingegen im

Bildvordergrund eine gelblich leuchtende, verwaschene humanoide Gestalt, die sich neben dem Zielobjekt – dem Hausherrn Mr. Mann – aufhielt. Diese »vernebelte« Aufnahme schien, nach Nichols Ansicht, von einer energiereichen Strahlungsquelle herzurühren. Um den Kopf der fotografierten Person schwebten auch zwei kleine Lichtkugeln, die Kugelblitzen ähnelten. Frau Mann behauptete, schon einmal eine »dampfförmige« Erscheinung, wie die auf dem ersten Foto in ihrem Haus gesehen zu haben.

Eine Überprüfung des Bildes mit dem »Extra« in den Polaroid-Laboratorien von Cambridge (Massachusetts) ergab, daß die Anomalie weder durch einen Kameradefekt noch durch fehlerhaftes Filmmaterial verursacht worden war. Betrachtet man dieses »Extra« – unter Einbeziehung der Kontrollaufnahme – im Zusammenhang mit dem markanten Ausschlag des Tri-Field-Meters bei der Aufnahme, darf man annehmen, daß wir es hier tatsächlich mit einem echten »Transfoto« zu tun haben – mit einem Einblick in eine andere, »jenseitige« Realität. Nichols will nach dieser elektronisch abgesicherten Methode an anderen Orten weitere Fotos mit »Extras« angefertigt haben, was deren transdimensionalen Ursprung fast zur Gewißheit werden läßt.

In einem der berühmtesten Spukhäuser Englands, Chingle Hall bei Preston (Lancashire), wurde bei der Auswertung von zwei »Geisterfotos«, die kurz nacheinander gemacht worden waren, festgestellt, daß sich die dort fotografierte spektrale Gestalt innerhalb des Raumes fortbewegt hatte. Eine genaue Überprüfung der Aufnahmen ergab, daß es sich hierbei keinesfalls um Blitzlichtreflexe handelte. Der Bewegungseffekt läßt sich ebenfalls als Beweis für die paranormale Herkunft des Phänomens werten. »Fenster« zu anderen Realitäten scheint es überall zu geben – die Hyperwelt umgibt uns »hautnah«.

2 Transvideo – Erscheinungen auf dem Bildschirm

> »Einige komplexe Systeme
> widersetzen sich der Theorienbildung
> oder lassen uns nicht verstehen,
> warum etwas funktioniert;
> dennoch können wir wissen,
> wie es funktioniert.«
>
> DR. DEAN I. RADIN,
> Consciousness Research Laboratory,
> University of Nevada, Las Vegas

Im Frühjahr 1986, zwei Jahre vor seinem Tode, begegnete ich ihm zum ersten Mal im oberhessischen Büdingen: Klaus Schreiber (†) aus Aachen, dem Entdecker des sogenannten Transvideo-Phänomens – eine Sensation, die seinerzeit weltweit Furore machte. Ihm war es 1985, unterstützt von Dipl.-Ing. Martin Wenzel, erstmals gelungen, mit einem Video-System »Jenseits«-Bilder aufzuzeichnen, die sich, nach vorheriger Ankündigung über Tonbandstimmen (Transaudio), auf seinem Fernsehmonitor manifestierten.

Das Treffen war während einer von H.-O. König organisierten Tagung der Tonbandstimmenamateure auf Wunsch von Klaus Schreiber zustandegekommen. Er hatte förmlich den Kontakt zu mir gesucht, weil er wußte, daß ich der *Transkommunikation* aufgeschlossen gegenüberstehe und um erweitert-physikalische Erklärungen für dieses Phänomen bemüht bin. Das, was er mir dann in einem langen Gespräch zu vermitteln versuchte, hörte sich geradezu abenteuerlich an, war selbst für eingefleischte Transkommunikationsexperten »starker Tobak«. Doch, wer diesen ausgeglichenen, bescheiden auftretenden Menschen persönlich kennengelernt hat, wird meine Auffassung teilen, daß er keiner Übertreibung oder gar Manipulation fähig war.

Nachdem sich bei ihm reihum alle seine verstorbenen Angehörigen mehrfach akustisch, d. h. auf Tonband, produziert hatten, bekam er eines Tages Durchsagen, daß er sie schon bald über »Video« empfangen könne.

Schreiber ergriff sofort die Initiative und nahm mit einer Videokamera systematisch sein gesamtes Studio auf. Der erhoffte Erfolg sollte jedoch ausbleiben. Da kam ihm der Zufall zu Hilfe. Irgendeine Transstimme hatte auf seinem Recorder etwas von einem »Spiegel« erwähnt. Der medial veranlagte Schreiber glaubte hinter dieser Äußerung einen versteckten Sinn zu erkennen und deutete sie, wie sich später herausstellen sollte, ganz richtig in der Lesart »Verspiegelung«, die, auf die Videotechnik übertragen, immer dann zustande kommt, wenn die Kameraoptik auf einen Bildschirm gerichtet ist und die mit dem Fernseher verbundene Videokamera sich selbst filmt. Auf diese Weise erhält man ein »sich selbst verschlingendes Videosystem« (Senkowski) – eine ins Unendliche verlaufende Folge ineinander verschachtelter Kopien des Bildschirms. Ein solches ins Endlose verlaufende elektronisch-optisches System läßt sich anhand zweier einander zugewandter Spiegel leicht nachvollziehbar darstellen: Wenn wir uns vor einen großen Spiegel stellen, einen weiteren kleineren Spiegel vor uns halten und diesen etwa 10 bis 15 Winkelgrade um dessen senkrechte Achse nach rechts oder links drehen, erscheint auf der großen Spiegelfläche eine Endlosformation unserer Person und deren unmittelbarer Umgebung. Ähnlich verhält es sich mit Schreibers »selbstverschlingendem Videosystem«.

In der Unendlichkeit holographisch verschachtelter Bildfolgen muß er etwas »angerührt« haben, das man als »Fenster zum Hyperraum« bezeichnen könnte – eine Öffnung hin zu jenen raumzeit-freien Transbereichen. Und an diesem Interface zwischen den Dimensionen formierten sich anfänglich nur bizarre pulsierende Strukturen: wirbelnde Spiralen und kaleidoskopische Muster. Sie waren nur die Vorstufe zum eigentlichen Transkontakt, zur Videopräsentation seiner verstorbenen Angehörigen und auch nicht-identifizierbarer Personen. Doch bis dahin sollte noch geraume Zeit vergehen. Immer wieder erhält er über Transaudio Anweisungen zur Verbesserung seiner technischen Einrichtungen, so unter anderem den Hinweis, das Videosystem und den TV-Monitor auf Schwarzweiß-Empfang umzurüsten.

Als dann eines Tages auf dem Bildschirm plötzlich ein kleiner greller Punkt erscheint, hat er es beinahe geschafft. Von »drüben« kommt die Aufforderung, das Bild an dieser Stelle zu stoppen. Er läßt das Videoband zurücklaufen und arretiert es an besagter Stelle. Nun erkennt er es mit einemmal ganz deutlich: das Porträt seiner im Alter von 18 Jahren verstorbenen Tochter Karin. Schreiber ist zutiefst gerührt und läßt seinen Tränen freien Lauf. Ihm war es als erstem vergönnt, eine Jenseitspersönlichkeit in einer für uns vorstellbaren Form auf den Bildschirm zu »projizieren«, den Nachweis zu führen, daß es eine jenseitige Realität gibt, wie auch immer sie beschaffen sein mag.

Durch diesen ersten großen Erfolg ermutigt, kauft sich Klaus Schreiber einen zweiten Videorecorder, um durch mehrfaches Umkopieren ein Standbild zu erhalten, das er minutenlang betrachten und genauer analysieren kann.

In der Folge empfängt er, in den mit der Videokamera aufgezeichneten Hell-dunkel-Mustern »verborgen«, weitere Motive von Personen, vorwiegend die seiner verstorbenen Angehörigen, aber auch von Fremden, deren Identifizierung zum Teil erst zu einem späteren Zeitpunkt gelingt. Nacheinander erscheinen seine erste und zweite Frau, seine Tochter, Mutter und Schwester, sein Sohn, Vater und Schwager. Sie alle stellen sich ihm ganz unterschiedlich dar: als Gesichter von vorn oder im Profil, als Brust- oder Gruppenbilder, scharf oder verzerrt sowie in unterschiedlichen Größen, was offenbar von der Justierung des Zooms der Videokamera abhängt.

Schreiber unterscheidet im Prinzip zwischen sogenannten »Einfallbildern«, die das jeweilige Motiv sofort gut erkennen lassen, und »Aufbaubildern«, die zunächst nur andeutungsweise erscheinen und erst durch aufwendiges »Bearbeiten« an Qualität gewinnen. Technische Einzelheiten hierzu werden in dem Standardwerk »Instrumentelle Transkommunikation« von Professor Dr. Ernst Senkowski ausführlich beschrieben.

In einigen Fällen ist auch das Umfeld der Transpersönlichkeiten erkennbar: Landschaften, Sternenhimmel, Planetensysteme, Gewässer (z. B. der »Fluß der Ewigkeit«), banale Kleinigkeiten und andere, mitunter recht natürlich erscheinende Umgebungen.

Unter den Prominenten, die sich auf Schreibers Bildschirm manifestierten, finden wir unter anderem Romy Schneider, Curd Jürgens, Einstein und König Ludwig II. von Bayern. Bei einigen dieser spektakulären Bilder, wie im Fall der Romy Schneider, wurde wegen gewisser Ähnlichkeiten mit existierenden Archivfotos oder -filmen gelegentlich der Verdacht geäußert, daß diese durch Manipulationen zustande gekommen wären. Senkowski hält es für unzulässig, aus solchen Übereinstimmungen sofort Betrug abzuleiten. Wörtlich: »...bei Schreiber ist eines der nach dem Rückkopplungsverfahren entstandenen Aufbaubilder von Romy Schneider in der Endphase ähnlich, aber *nicht voll identisch mit einem einzigen Bild (1/25 sec) aus einem ihrer Filme«* (Hervorhebung durch Autor). Weiter heißt es hier: »Wie sie [die Information oder Szene] in solchen Fällen von einem Raumzeitbereich in einen anderen hineinkommt, bleibt genauso rätselhaft wie die weitgehende Übernahme von Persönlichkeitsstrukturen in Fällen, wie sie in der Reinkarnationsforschung dokumentiert und diskutiert worden sind.«

Von besonders hohem dokumentarischen Wert sind »bewegte« Transvideobilder, weil sie darauf hindeuten, daß die Realzeit-Jenseitspersönlichkeiten nicht als »unbelebte«, monoton vorgeführte Matrizen, sondern als aktive autonome Persönlichkeiten existieren. So zeigten sich bei CETL *(Cercle d'Etudes sur la Transcommunication a.s.b.l., Harsch-Fischbach)* in Luxemburg in Anwesenheit von zwei mir bekannten Zeugen sechs bewegte Szenen (Sequenzen):

– Frau im Wasser,
– Sonnenuntergang hinter Fluß vor Gebirge und/oder Wolken,
– Wellenbewegung,
– Schwenk über Gebirgsprofil,
– Schwenk (und Zoom) über Gebirge und
– Schiff auf Fluß, Gebäude am Ufer.

Zwei dieser Sequenzen wurden später mit vorangegangenen Sendungen von RTL-Plus in Verbindung gebracht. Ihre primäre Herkunft ist, nach Senkowski, dennoch ungeklärt, weil ihre jeweiligen Längen mit denen der Sequenzlängen bei CETL nicht übereinstimmen. Man muß sich ernsthaft fragen, ob nicht etwa jenseitige Auslöser solcher Film-»Plagiate« bewußt Zeitverzerrungen »einbauen«, um deren paranormalen Charakter besonders auffällig darzustellen.

Auf die zeitlose Existenz jenseitiger Bewußtseinspersönlichkeiten deutet ein Phänomen hin, auf das mich Klaus Schreiber während unseres ersten Gesprächs in Büdingen aufmerksam machte. Seine erste Frau manifestierte sich einmal bei ihm über Transvideo in einer Sequenz von Einzelbildern, die abgestuft bis in ihr Kindesalter reicht. Schneider hatte sie auf einem Videoband chronologisch geordnet festgehalten. Ich habe mir diesen zeitrafferartigen Streifen immer wieder angeschaut und die auffälligen Veränderungen in der Physiognomie der Transwesenheit analysiert. Es ist schon beeindruckend, wenn man auf wenigen Metern Videoband das sich verändernde Aussehen eines Menschen in der Retrospektive verfolgen kann.

Ein phantastischer Gedanke drängt sich mir auf: Hätte Schreiber damals die Bildsequenz weitergeführt, wäre er womöglich über das Babyalter seiner Frau hinaus in eine ihrer früheren (oder parallelen) Existenzen vorgedrungen. Zeit scheint etwas zu sein, das nur in unserer 4D-Welt, in unserem materiellen Leben, eine Rolle spielt.

3   Rückruf – »Ghosts« zum Anfassen

> »Ich werde nicht die Modetorheit
> begehen, all das, was ich nicht
> erklären kann, als Betrug anzusehen.«
>
> C. G. JUNG
> Anläßlich einer Vorlesung vor der
> »Society for Psychical Research«,
> London 1919

William (Bill) O'Neil bewohnt mit seiner Frau Mary Alice in Kittanning, US-Bundesstaat Pennsylvania, ein bequemes Mobilheim. An einem Winterabend Anfang 1973 sitzt er wieder einmal allein in seinem kleinen Elektroniklabor vor dem Aquarium, in dem verschiedene Spezies tropischer Fische herumschwimmen. An beiden Seiten des

Behälters sind Hochfrequenzgeneratoren angebracht, deren unterschiedlichen Frequenzen er aufeinander einwirken läßt, um festzustellen, wie sich ihre Überlagerung auswirkt. Seine Experimente dienen der Entwicklung eines neuartigen Hörgerätes, mit dessen Hilfe taube Personen ganze Sätze und Gespräche »erfühlen«, d. h. mit ihren Gefühlsnerven erfassen sollen. Die von ihm benutzten HF-Generatoren verfügen über ein breites Frequenzspektrum. Es reicht von subharmonischen bis hin zu ultrahohen Frequenzen.

Als O'Neil erstmals beide Generatoren einschaltet, glaubt er bei einem bestimmten Frequenzmix im Wasser eine ungewöhnliche »Bewegung« wahrzunehmen, die jedoch nicht von den Schwimmaktivitäten der Fische herzurühren scheint. Die Ursache dieser Wirbelbewegung läßt sich nicht feststellen. Da er todmüde ist, hält er sie schließlich für pure Einbildung.

Zwei Tage danach – ebenfalls am späten Abend – wiederholt O'Neil das Experiment. Der beobachtete Effekt ist der gleiche wie zuvor. Irgend etwas im Wasser des Aquariums verursacht schwache, flüchtige Wirbel. O'Neil will der Sache auf den Grund gehen. Er nimmt die Fische aus dem Aquarium heraus und läßt die gleichen Frequenzen erneut aufeinander einwirken. Und wieder bilden sich diese sonderbaren Wirbel. Einige von ihnen sind sogar farbig, obwohl das Wasser keine Substanzen enthält, die eine solche Färbung hätten auslösen können. O'Neil steht vor einem Rätsel. Nie zuvor hatte er von einem derartigen Phänomen gehört, hatte er während seiner abwechslungsreichen Tätigkeit als Elektronikexperte im militärischen und zivilen Bereich so etwas gesehen.

Vom Ungewöhnlichen fasziniert, setzt der medial begabte O'Neil seine Experimente fort, bis etwas eintritt, daß ihn zutiefst beunruhigt. Als sich nämlich im Wasser wieder einmal jene farbigen Wirbel bilden, sieht er, wie diese plötzlich körperliche Formen annehmen. Er schaut genauer hin und erkennt im Wasser eine kleine Hand, den Teil eines Armes und eines Kopfes mit langen Haaren. Was O'Neil da sieht, raubt ihm den Atem, läßt ihn an seinem Verstand zweifeln. Sofort schaltet er die Versuchsanlage ab. Er beschäftigt sich zwei Wochen lang mit etwas ganz anderem.

Als er dann die Experimente fortsetzt, erlebt er bei einer bestimmten Frequenzeinstellung eine böse Überraschung. Sein Körper verfällt mit einemmal in krampfartige Zuckungen. Mit Mühe und Not gelingt es ihm, die HF-Generatoren abzuschalten. O'Neil ist elend zumute. Nach einer schlaflosen Nacht, in der er um eine Erklärung für das unglaubliche Geschehen ringt, sucht er einen Arzt auf, der ihm, in Unkenntnis des Vorgefallenen, lediglich ein Beruhigungsmittel verschreibt.

Wochen vergehen, bis sich O'Neil kräftig genug fühlt, das Experiment zu wiederholen. Wieder beobachtet er die farbigen Wirbel, die Materialisation der kleinen Körpernachbildungen, und wieder wird sein Körper von konvulsivischen Zuckungen geschüttelt. O'Neil gerät in Panik. Fest entschlossen, dem »Spuk« ein Ende zu machen, baut er die Anlage ab, zerstört er das Aquarium.

O'Neils schicksalhaftes Zusammentreffen mit George Meek, einem erfolgreichen Erfinder und Geschäftsmann, sollte seine Tätigkeit fortan in andere Bahnen lenken. Meek sucht den Kontakt zu Transwesenheiten mehr im Hörbereich und nutzt O'Neils mediale Begabung, um schließlich 1982 den großen Durchbruch zu erzielen: eine Zweiweg-Verbindung zu dem fünf Jahre zuvor verstorbenen Wissenschaftler Dr. George J. Mueller (vgl. Kapitel VI, »Tonbandstimmen«).

In der Geschichte der umstrittenen paranormalen *Materialisationen* – (hier:) das teil- oder vollkörperliche Erscheinen Verstorbener – nehmen O'Neils Experimente eine Sonderstellung ein, weil sie auf elektronischem Wege zustande kamen. Weitaus bekannter sind hingegen all die Materialisationen, die im vorigen Jahrhundert und auch noch zu Beginn des 20. Jahrhunderts von einigen international bekannten Psychokinesemedien hervorgebracht wurden. Lassen sich solche materialisierten Erscheinungen unter strengster Kontrolle dann auch noch fotografieren oder gar filmen, scheidet der Einwand, daß es sich dabei um visuelle Halluzinationen oder Hypnoseeffekte gehandelt haben könnte, weitestgehend aus. Skeptiker wenden mit Recht ein, daß manche Illusionisten und Taschenspieler ähnliche »Kunststücke« wie Materialisationsmedien zuwege bringen, und dies auch noch vor einem viel größeren Publikum. Dem wäre allerdings entgegenzuhalten, daß sich Schausteller vor Beginn ihrer Darbietungen wohl kaum völlig entkleiden und peinlich genau untersuchen lassen, wie dies mit einigen erwiesenermaßen echten Medien routinemäßig geschah.

Natürlich sind sogenannte »Dunkelmedien« – Medien, die ihre Séancen wegen angeblicher Lichtempfindlichkeit des ausströmenden Formstoffes *Ektoplasma* in abgedunkelten Räumen abhalten – stets der Versuchung ausgesetzt zu manipulieren. In der Vergangenheit gab es denn auch solche »Medien«, denen man bei genaueren Kontrollen betrügerische Handlungen, Arbeiten mit allerlei Hilfsmitteln (Stoffen, Gaze, Watte, Papier usw.) und Assistenten nachweisen konnte. Gutgläubigkeit und mangelhafte Kontrollen hatten zur Folge, daß diese falschen Medien ihre Förderer und Zuschauer oft jahrelang an der Nase herumführen konnten. Untersucht man posthum den Werdegang solcher »Medien«, so kann man sich nicht des Eindrucks erwehren, daß diese schwarzen Schafe mitunter von einem allzu leichtgläubigen Publikum in derartige peinliche Situationen förmlich hineingedrängt wurden. Bedauerlich ist nur, daß es schon immer PK-Medien gab, die nachweislich echte Materialisationen hervorbringen konnten, andererseits jedoch bei deren vorübergehendem oder ständigem Ausbleiben in die »Trickkiste« griffen. Falscher Ehrgeiz und Gefälligkeitsdenken brachten manches gute Medium in eine fatale Lage.

Eines der bekanntesten weiblichen Medien, Eusapia Paladino (1854–1918), die um die Jahrhundertwende in ihrem Heimatland Italien, aber auch in Deutschland, Frankreich, Polen und in den USA auftrat, versuchte immer wieder einmal, meist auf recht plumpe Weise, zu betrügen. Dennoch waren zahlreiche qualifizierte Beobachter – darunter der italienische Psychiater und Kriminologe Cesare Lombroso, die Nobelpreisträgerin Marie Curie, Henri Bergson und Charles Richet, der deutsche Arzt und Parapsychologe Albert Freiherr von Schrenck-Notzing sowie verschiedene bekannte Illusionisten – von der Echtheit zumindest einiger ihrer Darbietungen überzeugt.

Nicht alle Medien der damaligen Zeit waren suspekt. So hat sich z. B. Daniel Dunglas Home (1833–1886), ein Allround-Medium schottischer Herkunft, das auch bei Tageslicht nahezu sämtliche paranormalen Phänomene produzieren konnte, nach einstimmiger Auffassung kritischer Beobachter niemals irgendwelcher Tricks bedient. Home – nach eigener Aussage ein illegitimer Sohn des 10. Earl of Home –, der 1858 Alexandra Gräfin von Kroll ehelichte, trat häufig vor gekrönten Häuptern, so unter anderem vor Kaiser Wilhelm II. und vor Papst Pius IX. auf. Für die Echtheit der von ihm ausgelösten Phänomene verbürgte sich auch Sir William Crookes, der bedeutende englische Chemiker und Physiker, Entdecker des chemischen Elements Thallium.

Materialisationsphänomene waren schon Mitte des vorigen Jahrhunderts Gegenstand eingehender wissenschaftlicher Untersuchungen. Sie stellten aufgrund der hiermit verbundenen (scheinbaren) Widersprüche zur Schulphysik für renommierte Wissenschaftler der damaligen Zeit eine unerhörte Herausforderung dar. Sir William Crookes (1862–1919) war einer der ersten, der sich in den Jahren zwischen 1870 und 1874 mit diesem Phänomen auseinandersetzte. Seine Untersuchungen galten vor allem dem 15jährigen Medium Florence Cook und Daniel Dunglas Home. Dieser Gelehrte führte seine Untersuchungen derart sorgfältig durch, daß es Kritikern seiner Arbeit, wie z. B. Alfred Lehmann, mitunter sehr schwerfiel, ihm die Glaubwürdigkeit abzusprechen.

Crookes benutzte »selbstregistrierende Meßgeräte« und behandelte Medien wie »Kraftmaschinen«. Im Jahre 1871 veröffentlichte er einen ersten Bericht über gewisse, an Home festgestellte Phänomene. Erst 18 Jahre später folgten seine »Tagebuchauszüge« über dieselben Sitzungen, durch die man von den einzelnen Vorgängen teilweise ein anderes Bild bekam als durch die ursprünglichen Publikationen.

Sein Medium Florence Cook vermochte ihren sogenannten »Kontrollgeist« *Katie King* – ihre jenseitige Geistführerin oder Vermittlerin zu Bewußtseinsinhalten anderer Verstorbener – zu materialisieren. Der gleichen *Katie King* sagt man übrigens nach, daß sie sich auch in Gegenwart der Davenport Brothers, die in der zweiten Hälfte des vorigen Jahrhunderts in Europa, Amerika und Australien vor großem Publikum auftraten, bei Séancen mit Charles Williams, einem englischen Medium der siebziger Jahre des

19. Jahrhunderts, sowie im Verlaufe von spiritistischen Sitzungen in Philadelphia, Winnipeg und Rom (1974) materialisiert habe. Von der materialisierten Phase der *Katie King*, deren irdischer Name Annie Owen Morgan gelautet haben soll, wurden wiederholt Fotos angefertigt.

William Crookes, der seinerzeit als einer der bedeutendsten Wissenschaftler Englands hohes Ansehen genoß, stand auch noch in späteren Jahren fest zu seinen Erkenntnissen und Anschauungen.

Das Medium Elizabeth d'Espérance – eine Engländerin mit dem bürgerlichen Namen Hope – wurde, obwohl sie an vielen Orten Europas Sitzungen gab, nie professionell eingesetzt. Bei einem Aufenthalt in Schweden kam es zu ersten Materialisationserscheinungen. Die Manifestation ihres Kontrollgeistes – angeblich ein Arabermädchen namens *Yolanthe* – soll sich gelegentlich einer Überprüfung als Betrug herausgestellt haben. Die gesundheitlich stark angegriffene Sensitive scheint den Aktivitäten ihres Unbewußten hilflos ausgeliefert gewesen zu sein, was ihre Entgleisungen erklären könnte. Dennoch muß auch die d'Espérance echte mediumistische Fähigkeiten besessen haben.

Auf einem der in ihrem Buch »Im Reiche der Schatten« enthaltenen Fotos ist sie zusammen mit *Yolanthe* abgebildet. Hunderte von Aufnahmen wurden angefertigt, um festzustellen, ob sie mit Hilfe ihrer psychokinetischen Fähigkeiten Filmmaterial (Platten) beeinflussen könne. Auf einzelnen Aufnahmen konnte man neben der fotografierten Person Köpfe und nebelartige Wesen von menschlicher Gestalt (Extras) erkennen. Professor Butlerow und der russische Schriftsteller Alexander N. Aksakow (1832–1903) wollen einige dieser Materialisationen fotografisch dokumentiert haben.

In ihrem Buch schildert die d'Espérance die Entstehung

von Materialisiationen ähnlich wie andere Medien: »...Ein weißer, auf dem Boden liegender ›Musselinhaufen‹ belebt sich und steigt in Form weißer Wolken in die Höhe, bis unter den Falten der Draperie ein Lebewesen in menschlicher Gestalt zum Vorschein kommt... Man sieht einen wolkigen, ›häutigen‹, weißen Stoff auf dem Boden liegen. Nach und nach breitet sich dieser aus, als wäre er ein mit Leben beseeltes Stück Musselin. Er baut sich Falte für Falte selbständig auf, bis er eine Oberfläche von zwei bis drei Fuß und eine Dicke von einigen Zentimetern erreicht. In dieser Masse entsteht ein Kopf.«

Ähnlich wie zuvor, schildert der 1913 mit dem Nobelpreis ausgezeichnete französische Physiologe Professor Charles Richet (1850–1935) einen Materialisationsvorgang, den er während einer Sitzung in Algier beobachten konnte: »Ich sehe etwas wie eine weiße leuchtende Kugel, die über dem Boden schwebt und deren Umrisse unbestimmt sind. Dann erscheint plötzlich, aus dieser Transformierung der weißlichen Leuchtkugel hervorgegangen, gerade und rasch, wie aus einer Falltür emporsteigend, das Phantom *Bien Boa.* Seine Statur scheint nicht besonders groß zu sein. Er ist in ein faltenreiches Gewand gehüllt, mit einem Gürtel um die Taille... Der leuchtende Fleck auf dem Fußboden war dem Erscheinen des *Bien Boa* vorangegangen; aus diesem heraus hatte sich die Gestalt, sehr rasch emporsteigend, entwickelt... Der Gang *Bien Boas* ist hinkend und zögernd. Ich kann nicht sagen, ob er geht oder rutscht... Ohne den Vorhang zu öffnen, sinkt er plötzlich zusammen und verschwindet auf dem Boden. Gleichzeitig hört man das Geräusch eines sich zu Boden werfenden Körpers. Drei bis vier Minuten später erscheint im Schlitz des Vorhangs die gleiche weiße Kugel wieder in Höhe des Bodens, dann bildet sich, rasch senkrecht in die Höhe steigend, der Körper, der bis zur Größe eines erwachsenen Menschen aufsteigt und plötzlich erneut auf dem Boden zusammensinkt.«

Richet hielt diesen Versuch für entscheidend, da sich vor seinen Augen *außerhalb* des Vorhangs ein »lebender Körper« gebildet hatte, der aus dem Boden hervorkam und dann wieder in demselben verschwand. Eine Falltür war nachweislich nicht vorhanden. Richet will bei einer dieser Séancen mit Barytwasser (Bariumhydroxid) nachgewiesen haben, daß *Bien Boa* – angeblich ein vor etwa 300 Jahren verstorbener Brahmane – sogar zu atmen vermochte, eine Behauptung, die nur spiritistisch zu verstehen ist.

Eva C. – der Buchstabe C steht für das Pseudonym *Carrière* –, mit bürgerlichem Namen *Marthe Béraud*, war Anfang des 20. Jahrhunderts eines der bedeutendsten Materialisationsmedien, dem man trotz schärfster Kontrollen vor und nach den Sitzungen nie irgendwelche Manipulationen nachweisen konnte. Sie lebte nach dem Tode ihres Verlobten, dem Sohn des französischen Generals Noël, bei dessen Eltern in Algier, wo ihre medialen Fähigkeiten erstmals bei spiritistischen Sitzungen in Erscheinung traten. Charles Richet wohnte dort mehreren ihrer Materialisationen bei und veröffentlichte – von der Echtheit ihrer Fähigkeiten überzeugt – darüber einen ersten Bericht in den »Annales des Sciences Psychiques« (1906).

Im weiteren Verlauf ihres medialen Wirkens produzierte Eva C. unter kontrollierten Versuchsbedingungen mit Hilfe ihres »Kontrollgeistes« *Berthe* mehr oder weniger gut ausgeformte Materialisationen. Im Jahre 1910 wurde sie als vollwertiges Familienmitglied im Haus des Schriftstellers *Bisson* aufgenommen, wo man sie bei einer ihrer Séancen mit dem an Materialisationsphänomenen höchst interessierten Arzt Freiherr von Schrenck-Notzing bekannt machte.

Schrenck-Notzing und nahezu hundert weitere bekannte

Wissenschaftler prüften jahrelang im Verlauf zahlloser Sitzungen systematisch die Echtheit ihrer Medialität. Kein Materialisationsmedium vor und nach ihr wurde jemals so ausgiebig wie sie untersucht... und positiv beurteilt.

In all diesen Jahren fertigte allein Schrenck-Notzing mehr als zweihundert teils ausgezeichnete Fotos von den hervorgebrachten Materialisationen und Teilmaterialisationen an, die in einigen Fällen so eindeutig sind, daß an ihrer Echtheit kein Zweifel bestehen kann.

Der Vorwurf einiger Skeptiker, es handele sich bei diesen Aufnahmen um manipulierte Fotos, wurde schon früh erhoben. Man stellte unter anderem die Behauptung auf, Schrenck-Notzing habe aus Illustrierten ausgeschnittene Bilder verwendet, weil manche der bei Eva C. aufgetretenen Materialisationen ein papierähnliches, flaches Aussehen hatten. Richet, der die Fähigkeiten dieses Mediums ebenfalls ausgiebig untersuchen konnte, wies diese Anschuldigungen nachdrücklich zurück. Er hielt solche »zweidimensionalen« Materialisationen für »embryonale Bildungen, die nach voller Organisation streben oder auch für Mißbildungen« (Bonin).

Wie sorgfältig abgefaßte Protokolle erkennen ließen, waren bei Eva C. im ersten Jahr ungefähr 40 %, in der späteren Phase ihrer medialen Tätigkeit 60 % der Sitzungen negativ, d. h. ohne Resultat. Bei den erfolgreichen Zusammenkünften wurden lediglich Materialisationen, jedoch keine anderweitigen physikalischen Phänomene beobachtet. Eva C. konnte also keine Klopflaute, Tischlevitationen oder Apporte von Gegenständen hervorbringen. Ihr Spezialgebiet war ausschließlich die Erzeugung materieller, geformter Objekte, angefangen von kaum sichtbaren, wolkenartig oder amorph erscheinenden Gebilden bis hin zur Entwicklung »fester« Stoffe und Körperformen.

Derartige *Vollmaterialisationen* traten erstmals bei der denkwürdigen Sitzung am 21. Mai 1905 in Erscheinung. Während anfangs nur unregelmäßige weiße Flecken beobachtet wurden, entwickelten sich nach und nach »Stoffmassen« und Konturen menschlicher Gestalten. Zuerst wurden Hände und Arme in skizzenhaften Umrissen ohne weiteren Körper sichtbar. Die Eindrücke waren zunächst außerordentlich flüchtig. Allmählich gelang es, die Raumbeleuchtung zu verstärken. Dadurch nahm das Selbstvertrauen des Mediums zu und damit auch die Stärke der Phänomene.

Die visuellen Eindrücke hielten meist nur wenige Sekunden an. Während das Medium vor und nach der Séance strengstens kontrolliert wurde, konnten schon in dieser Versuchsphase vereinzelt Phantomhände in Ruhestellung gesehen werden. Schließlich zeigten sich menschliche Gesichtszüge, und es gelang, mit Blitzlicht Fotoaufnahmen zu machen. Nach dem Erwachen konnte sich das Medium an die Vorgänge während des Trancezustandes nicht mehr erinnern. Schrenck-Notzing konstatierte eine totale Amnesie.

Frau Bisson vermochte im Verlaufe einer Sitzung die Materialisation des als *Ektoplasma* bezeichneten Formgebungsstoffes am unbekleideten Körper der Eva C. aus nächster Nähe zu beobachten. Sie veranlaßte das hypnotisierte Medium, nach Beginn der Sitzung, ihren Schlafrock, unter dem sie kein weiteres Kleidungsstück trug, zu öffnen. Gemäß ihrer Schilderung entströmte das Ektoplasma vor allem den Körperöffnungen: Mund und Genitalien, aber auch den Brustwarzen. Außerdem schien es an den Händen und unter den Achseln zu entstehen. Die Emanationen hatten rauchartigen Charakter. Es bildeten sich »Wolken«, aus denen schleierartig stoffliche Gebilde und alle möglichen, menschlichen Gliedmaßen ähnliche Formen entstanden. Die von Schrenck-Notzing am Medium selbst und im

Séancenraum vorgenommenen Kontrollen waren sehr streng, pedantisch genau: »Eva entkleidete sich vor der Sitzung bis auf die Haut und mußte die ihr von den Anwesenden gelieferten, zuvor genau besichtigten Stücke anlegen. Diese bestanden aus einer wollenen schwarzen Trikothose mit Strumpf, ohne irgendeine Öffnung, die bis zu den Hüften reichte und dort ringsum mit dem Kleid vernäht wurde, sowie aus einem einfachen schwarzen, der Madame Bisson gehörenden Kleid (Rock und Bluse in einem Stück) mit halblangen Ärmeln. Jedwede andere Bekleidung, wie Hemd oder dergleichen, kam in Wegfall. Halsöffnung und Ärmel wurden ebenso von Madame Bisson vorher vernäht. Übrigens sind bei mehreren Sitzungen vor deren Beginn auch gynäkologische und anale Untersuchungen vorgenommen worden – regelmäßig mit negativem Resultat. Eva betrat den Versuchsraum gewöhnlich ohne Schuhe. Vorher wurde von mir noch einmal die unmittelbar unter dem dünnen Gewand fühlbare Körperoberfläche abgetastet...«

Die hier geschilderten Vorsichtsmaßnahmen mögen uns heute antiquiert, geradezu lächerlich vorkommen. Wer sich aber vergegenwärtigt, daß es seinerzeit weder Infrarotdetektoren noch elektronische Überwachungsgeräte und TV-Monitore gab, wird beipflichten müssen, daß Schrenck-Notzings Sicherheitssystem wohldurchdacht und für die damaligen Verhältnisse lückenlos war, bezog es doch auch die Bissons, deren Freunde und sämtliche Séancenteilnehmer mit ein. Schließlich galt es, unter einer Vielzahl wenig vertrauenswürdiger, »kommerziell« orientierter Personen das »echte«, makellose Materialisationsmedium zu ermitteln. Schrenck-Notzings guter Ruf als Arzt und seriöser Naturwissenschaftler stand auf dem Spiel.

In der Sitzung am 30. August 1910 gelang es Frau Bisson in Anwesenheit des Augenarztes Dr. Th. B. zum ersten Mal,

den als *Ektoplasma* (auch: Teleplasma) bezeichneten Form-
bildungsstoff der Materialisationen aus dem Bereich des
Sitzungskabinetts herauszuziehen und genauer zu betrachten. Frau Bisson stellt dieses bedeutsame Ereignis so dar
(Brief vom 2. September 1910):

»Evas linke Hand ruhte in den Händen des vor ihr sitzen-
den Dr. B., ihre rechte wurde von meinen Händen gehalten.
Der Vorhang war völlig offen (!). Auf einmal spürte ich auf
meinen Händen eine kühle, klebrige Masse, die mich
berührte. Ich halte sie fest und führe sie vorsichtig aus dem
Kabinett heraus, ohne Evas Hand loszulassen. Die Masse
verlängert sich in meinen Fingern, hängt vor mir von der
Hand herunter, und ich konnte sie bis zu zwei Minuten
lang beobachten. Während ich nun fortfahre, dieselbe vorsichtig auseinanderzuziehen, zerfließt und verschwindet sie
unter meinen Händen. Es ist schwer, diese Masse zu beschreiben. Ich hatte den Eindruck wie von einer flachen, gestreiften, fadenartigen, klebrigen, kühlen, lebendigen Substanz. Sie besaß eine hellgraue bis weiße Farbe und
roch nicht. Meine Finger blieben von der Berührung
feucht. Das Phänomen wiederholte sich etwa achtmal. Viermal konnte ich die Masse ergreifen und Dr. B. zeigen.«

Diese »Substanz«, die vom Körper des Materialisationsmediums produziert, vielleicht auch unbewußt von den Sé-
anceteilnehmern zum Ausformen der Verkörperungen
von Jenseitswesen zur Verfügung gestellt wird, soll im-
stande sein, die verschiedensten Konfigurationen anzunehmen. Ektoplasma tritt in seiner Konsistenz recht unterschiedlich in Erscheinung: von nebel- oder wolkenförmig,
über papier- oder stoffartig bis hin zu schleimig-feucht
oder scheinbar fest. Spiritisten sind der Auffassung, daß
diese Pseudo-Substanz im Originalzustand unsichtbar ist.

Bei einer am 8. Mai 1912 mit Eva C. durchgeführten Séance

war an ihren Haaren am Hinterkopf, wie angeklebt, eine merkwürdige Gesichtsform zu erkennen. Sie schien aus einer halbweichen, gekneteten, mit weichen Stoffen durchsetzten Masse zu bestehen. Nur Augen und Stirn waren gut zu erkennen. Und diese Form ließ sich bald rechts, bald links vom Medium (auf ihren Schultern) sehen. Sie schien sich teilweise auch vom Körper der Versuchsperson loszulösen und frei zu schweben, während Evas Kopf und Hände sichtbar der Kontrolle unterlagen... Einmal senkte sich das Gesicht auf Evas Kopf. Während der untere Teil ihre Haare berührte, sank der obere langsam nach rückwärts, so als ob sich das Produkt abflachen und als Schleier den Kopf Evas bedecken würde.

Schrenck-Notzing gelang es, das eigenartige Produkt auf ihrer rechten Schulter zu fotografieren. Eine zerknitterte Maske hätte mehr ein »fertiges« Aussehen gehabt und wäre wohl kaum mit Stoff-Fetzen und Schleiern derart »organisch verwachsen« gewesen wie bei dem hier gezeigten Gebilde.

Bei einer anderen Sitzung am 8. September 1912 zeigte sich an Eva C. eine graue, bindfadendicke Schnur, die aus einer sehr feinen zusammengedrehten Haut zu bestehen schien. Sie nahm zwischen Daumen und Zeigefinger der linken Hand ihren Ausgang und verlief geradlinig zum Kopf des Mediums. Die Schnur verlor sich im Dunkel des Kabinetts, dessen Vorhänge etwa drei bis vier Zentimeter weit geöffnet waren. Nach Beendigung der Sitzung stellte Schrenck-Notzing am Brust- und Schoßteil des Kleides der Eva C. eine Anzahl unregelmäßiger, weißgrauer Flecken fest, die zuvor dort noch nicht zu sehen gewesen waren. Ihm fiel besonders ein 22 Zentimeter langer und etwa 5 bis 7,5 Zentimeter breiter Streifen unterhalb der Taille ins Auge, und zwar an der Stelle, wo er zuvor einen leuchtenden Streifen

verschwinden gesehen hatte. Er ließ von diesen Rückstän-
den einige mikroskopische Präparate herstellen, die er dem
chemischen Labor von *Schwalm,* München, zur Untersuchung aushändigte. Die dortigen Chemiker stellten fest,
daß die Proben reich an Albuminen (Eiweiße) und auch an
anderen, nicht im lebenden Körper vorkommenden Substanzen waren. Beim Veraschen dieser Substanz konnte
Stickstoff nachgewiesen werden.

Die Erwähnung des Formbildungsstoffes *Ektoplasma*
bringt uns zu Kapitel II zurück, in dem gleich zu Beginn
die *bioplasmatische Komponente* als Verbindungsglied zwischen unserem materiellen Leib (Physis) und dem (astralen)
Bewußtsein/Geist-Komplex erwähnt wird. Die Vermutung
liegt nahe, daß Ektoplasma und Bioplasma identisch sind.
Untersuchungen im Hochfrequenzfeld zeigen deutlich die
zwitterhafte Konsistenz dieses Materials. Bioplasmafelder
gehören ihrem Ursprung nach einer »höheren« Ordnung
oder Dimensionalität an und sind prinzipiell unsichtbar. Sie
können sich aber unter bestimmten Bedingungen – offenbar unter Einflußnahme des Bewußtseins – bis zu einer
Konsistenz materialisieren, die sich anfassen und fotografieren läßt.

Einige der hier erwähnten Wissenschaftler wollen während
Séancen sogar Herz- und Pulsschlag dieser quasi-materiellen Gestalten geprüft haben. Von manchen der vorübergehend verstofflichten Bewußtseinspersönlichkeiten wird behauptet, daß sie ihre Solidität durch Sprechen oder Trinken
eines Glases Wasser unter Beweis gestellt hätten.

Der berühmte amerikanische Seher Edgar Cayce (1877
bis 1945) – man nannte ihn den »schlafenden Propheten« –,
der sich in selbsterzeugter Trance auch als hervorragender
medizinischer Diagnostiker betätigte, soll einmal während
einer Sitzung geäußert haben, daß das endokrine System

(Drüsen) des menschlichen Körpers Gedanken in physikalische Objekte umzuwandeln vermag. Cayce, der diese Hypothese auf medialem Wege übermittelt bekam, hielt Materialisationen für *Energieprojektionen,* wie man sie von Poltergeistaktivitäten her kennt.

Der Erfinder des Bell-Hubschraubers, Arthur Young, sieht im Verhalten von Lichtteilchen (Photonen) Analogien zu dem hier erörterten Materialisationsphänomen. Photonen sind so etwas wie »Geisterteilchen«, denn sie verfügen über keine Masse und können dennoch Protonen und Elektronen hervorbringen, die Masse besitzen. Sie weisen keinerlei Ladung auf und können trotzdem Teilchen mit einer Ladung erzeugen. Für ein Photon ist *Zeit* nicht existent, denn Einstein hat nachgewiesen, daß Uhren beim Erreichen der Lichtgeschwindigkeit stehenbleiben. Sie sind praktisch »unsterblich«. Die Nullmasse des Photons entspricht somit allem denkbaren (und undenkbaren) Möglichen.

Demzufolge vermag unser Bewußtsein auch *ohne* die organische Gehirnmasse zu existieren. Letztere ist nur der materielle Umsetzer unserer offenbar holografisch angeordneten, höherdimensionalen Bewußtseinsaktivitäten, das ausführende »Organ« unserer geistigen Befehlszentrale.

Der zuvor zitierte amerikanische Transkommunikationsforscher George Meek sieht in den flüchtigen »geisterhaften« Elementarteilchen denn auch mehr »Traumgewebe« als echte Substanzen. Er bezeichnet die elusiven Photonen ohne Masse und elektrische Ladung als »Amphibien« zwischen Sein und Nichtsein. Sie stellen die Schwelle dar, an der *alles* zu einer unendlich kleinen Masse kompaktiert werden kann, wo, ähnlich wie bei einem Hologramm, jedes Partikel im Unbewußten die »Saat« für buchstäblich alles Existierende sein dürfte – auch für das menschliche Bewußtsein.

4 »Transcendentals« – Die Erschließung der Hyperwelt

> »Im dimensionslosen Raum des Nichts treffen sich
> unsere ›Geister‹ und entwickeln gemeinsam
> die Möglichkeiten für eine breitere Öffnung zwi-
> schen den Flüssen der unterschiedlichen Welten
> und Dimensionen. Es ist eine Entwicklung, die –
> einmal begonnen – immer weiterführen
> muß, bis eines Tages die… Metamorphose
> Wirklichkeit wird.«
>
> »Albert Einstein« in einer medialen Durchgabe.
> Aus: »Über andere Realitäten und Transkommunikation«
> von Dr. V. Delavre

Ed Dames, ein ehemaliger Geheimdienstmajor der US-Army, der mit seinem kleinen, effizienten Team PSI TECH mittels paranormaler Fernwahrnehmung für Industrie, Wissenschaft und Militär geheime Ausforschung betreibt (vgl. »Psi-Agenten«, Langen Müller, 1994), nennt *sie*, jene formlosen, schwer zu beschreibenden Wesenheiten, »Transcendentals« (Transzendentale). Er hält es für denkbar, daß es sich bei diesen »engelgleichen«, für uns normalerweise nicht sichtbaren Geistwesen um Abkömmlinge einer Hunderte von Millionen Jahre alten Zivilisation handelt, um »Psychonauten«, die nicht nur für manche Schlafzimmererscheinungen (engl. »Bedroom Visitors«), sondern mehr noch für einen Teil des Ufo-Abduktionsgeschehens verantwortlich sind.

Dames wörtlich: »Die Körper der betreffenden Personen (Abduzierten) liegen z. B. im Bett, aber ihr Unbewußtes ist irgendwo anders. Mehr noch: Jemand kann in New York oder Washington eine belebte Straße entlanggehen oder gar mit dem Auto mitten im Verkehrsgewühl stecken und dennoch abduziert werden. Plötzlich bemerken die hiervon Betroffenen zum ersten Mal in ihrem Leben, daß sie (gedankenverloren) an ihrem Büro vorbeigegangen oder -gefahren sind, und sie wissen noch nicht einmal, warum sie so reagierten. Sie wurden tatsächlich abduziert. Man hat ihr Unbewußtes programmiert. Es begab sich *irgendwohin*. Irgend etwas ist mit ihnen geschehen, und nur ihre tiefen Bewußtseinsschichten haben es wahrgenommen... Wir haben mehrfach versucht, solche Fälle zu verfolgen, aber selbst die Fernwahrnehmung stößt an Grenzen, da unser Wortschatz, die Summe unserer empirischen Daten beschränkt ist und wir mit dem, was wir sehen, nicht fertig werden.«

Dames' Team, das bei der telepathischen Erkundung des technologischen Standes fremder Planeten schon wiederholt mit Transcendentals Kontakt gehabt haben will, ist davon überzeugt, daß diese in alle Schichten unseres Bewußtseins einzudringen vermögen – tiefer noch, als dies mit Fernwahrnehmungstechniken und Hypnose möglich ist. Hierzu Dames: »Sie wissen alles über uns und kennen unsere Absichten.«

Sogenannte Abduktionen durch Transcendentals – deren Eindringen in unsere Intimsphäre – würden, so Dames, ausschließlich auf Bewußtseinsebene erfolgen, von Anwesenden völlig unbemerkt, was eine nicht zu leugnende Übereinstimmung mit dem »Ghost«-Szenarium erkennen läßt. Es erscheint geradezu widersinnig, für Abduktionen Außerirdische verantwortlich zu machen, zumal diese bei »Entführungen« sicher nicht den Umweg über die Ausforschung des Bewußtseins wählen, sondern mehr physisch handeln würden. Bleibt noch zu klären, warum einige der medizinisch/gynäkologisch untersuchten Abduzierten später über gewisse Folgeerscheinungen aufgrund von an ihnen vorgenommenen körperlichen Inspektionen oder Operationen klagen.

Hier wäre einzuwenden, daß sich z. B. auch an Besessenen häufig unerklärliche Verletzungen und Stigmata zeigten, obwohl diese zur eigenen Sicherheit gefesselt oder rund um die Uhr überwacht worden waren. Parapsychologen gehen in solchen Fällen davon aus, daß die Verletzungen in einem selbstzerstörerischen Akt auf psychokinetischem Wege vom Besessenen direkt verursacht wurden.

Beispiele hierfür gibt es zur Genüge. Tatsache ist, daß Psychokinesemedien und Schamanen durch bloße Handbewegungen auf Distanz Körperöffnungen bewirken können. Psychisch hochentwickelte Zivilisationen dürften noch ganz andere Fertigkeiten besitzen.

Kenner der Ufo-Szene sind heute mehr denn je davon überzeugt, daß es sich bei sogenannten Abduktionen keinesfalls um Aktivitäten Außerirdischer, sondern um etwas viel Komplexeres handelt. Der legendäre Herausgeber des englischen Ufo-Magazins »Flying Saucer Review« (fsr) Gordon Creighton, der Direktor des weltweit operierenden *Mutual Ufo Network (MUFON)* Walter Andrus, der bekannte Autor und ehemalige NASA-Mitarbeiter Dr. Jacques Vallee und selbst Budd Hopkins, der, wie kaum ein anderer, mit Abduktionen persönliche Erfahrungen sammeln konnte und diese publizierte (»Intruders«, »Missing Time«), versicherten mir gegenüber, daß sie in den »kleinen Grauen« *Interdimensionale* sähen – Wesen aus dimensional anders strukturierten Seinsbereichen, die es fertigbringen, sich zwischen den Dimensionen zu bewegen und somit auch in unsere 4D-Welt vorzudringen.

Da die moderne Physik die Existenz sogenannter Parallelwelten, Antimaterie- und Spiegeluniversen nicht länger ausschließt und die Möglichkeit zukünftiger *Zeitreisen*

Tabelle 2:
Das Spektrum paranormaler Transmanifestationen

Art der sich manifestierenden Strukturen

Bewußtseinspersönlichkeiten Verstorbener
Bewußtseinspersönlichkeiten Sterbender (im Koma)
Astralkörperprojektionen Lebender (AKE)
Erscheinung von Phantom- oder Fabelwesen
Erscheinung unbelebter, materieller Objekte
Erscheinung ganzer Landschaften
Andere:
»Transcendentals« (nach Ed Dames): Interdimensionale
(Ufo-Entitäten), Parallelweltler, Wesen aus Antimaterie- oder
Spiegelwelten
Zeitreisende
Besessenheits- und/oder Spaltpersönlichkeiten

Art der Transmanifestation

Präsenzen (subjektive Empfindungen; man glaubt die Anwe-
senheit einer psychischen Wesenheit zu spüren)
Paranormale akustische Halluzinationen (pseudo-akustische
Wahrnehmung)
Paranormale taktile Halluzinationen (Pseudo-Berührungen)
Paranormale olfaktorische Halluzinationen (Geruchshalluzi-
nationen)
Paranormale visuelle Halluzinationen (pseudo-visuelle Wahr-
nehmung von Toten, Sterbenden oder Lebenden usw., d. h.
Erscheinungen im engeren Sinne)
Materialisationen Verstorbener (Manifestation mittels Ekto-
plasma als Formbildungsmasse)
Elektronisch gestützte Transkommunikation (sogenannte
Tonbandstimmen, Telefonstimmen, Transvideo, Transkon-
takte über Computer, Faxgeräte)

sogar von renommierten Wissenschaftlern diskutiert wird, darf man vermuten, daß die Infiltration der geheimnisvollen »Entführer« nicht aus dem Weltraum, sondern aus Transbereichen, dem Kosmos der Dimensionen, erfolgt, dem wir mit unserem immateriellen Bewußtsein selbst angehören.

Dieses unserem materiellen Körper zeitlebens angelagerte Bewußtsein geht, wie zuvor bereits mehrfach angedeutet, beim Ableben als autonome Persönlichkeit voll und ganz in den Hyperraum über, von wo aus es in unsere Welt hineinwirken kann. Und genauso wie sich die Persönlichkeitsstrukturen unserer Verstorbenen auf unterschiedliche subjektive oder objektive Weise in unsere 4D-Welt hineinzuprojizieren vermögen, dürfte es auch anderen, fremdpsychischen, immateriellen Wesenheiten möglich sein, die dimensionalen Barrieren zu überspringen, um unter bestimmten Umständen in unserem Unbewußten Fuß zu fassen. Da sich unser Normal- oder Tagesbewußtsein der Infiltration von Transwesenheiten wegen ihres bizarren

Charakters widersetzen würde, kann deren Einflußnahme nur »vorbereitet«, d. h., in veränderten Bewußtseinszuständen erfolgen.

Die amerikanische Autorin Ann Druffel – sie untersuchte mehr als 1500 Ufo-Nahbegegnungen und Abduktionsfälle – will herausgefunden haben, daß es sich bei den von Abduzierten erwähnten Ufos und »Untersuchungsräumen« ebenfalls um »mentale Konstrukte« handelt, die in das Unbewußte der abduzierten Personen projiziert werden. Die meisten Berichte der Betroffenen stimmen – so Druffel – darin überein, daß sich die »Entführer« aus dem Nichts oder aus einer »Lichtkugel« materialisierten, daß sie aber auch aus »Gestaltveränderungen« hervorgingen.

Das Erscheinen dieser Fremden unterschiedlicher Gestalt könnte darauf hindeuten, daß wir es bei Abduktionen mit einem jahrtausendealten Phänomen zu tun haben, das im Glauben an Elfen, Feen, Sylphen, Kobolden, Inkubi und Sukkubi, an Naturgeister schlechthin, wurzelt. Sowohl in der Folklore als auch in modernen Beschreibungen der Ufo- und »Ghost«-Szene finden wir alle diese Wesen in Dimensionen außerhalb unserer Raumzeit angesiedelt, was einmal mehr für die interdimensionale Herkunft und Verkettung dieses Phänomens spricht, mit dem wir über den zeitfreien Hyperraum in Verbindung stehen.

Druffel sieht denn auch, genau wie Jacques Vallee und der amerikanische Autor Dr. Gregory L. Little, in den abduzierenden Ufo-Entitäten eine modifizierte und modernisierte Erscheinungsform des uralten Naturgeister-Szenariums. Ihrer Meinung nach erfolgen die Wahrnehmungen der Abduzierten auf einer anderen Realitätsebene, in einem fremddimensionalen Raum. Daher kann die von den Abduzierten beschriebene »Entführung« z. B. im Schlafzimmer der Betroffenen, in Anwesenheit Dritter oder im Großstadtgewühl »unter den Augen« Hunderter Passanten stattfinden. Es handelt sich hierbei allemal um reine Bewußtseinsvorgänge: Das veränderte, phasenverschobene Unbewußte des Abduzierten begegnet auf einer anderen Realitätsebene den Erscheinungsformen der Interdimensionalen, die hier und nirgendwo anders ihre Untersuchungen durchführen.

So gesehen, wären Abduktionen *sowohl subjektiver als auch objektiver Natur*, d. h., völlig reale Vorgänge, die dimensionsversetzt, eben nur in einer anderen Realität und daher für anwesende Dritte nicht wahrnehmbar stattfinden. Die Ähnlichkeit des Abduktionsphänomens mit Berichten über Erscheinungen Verstorbener und einschlägige Begleitmanifestationen ist frappierend. Beide spielen sich im oder zumindest über den Hyperraum ab – das ewige, unendliche Universum der Dimensionen –, von dem der Erzkritiker alles Paranormalen, der Wissenschaftsjournalist Martin Gardner einmal behauptete, daß er »als Möglichkeit des Überlebens der menschlichen Persönlichkeit nach dem Tode« in Betracht gezogen werden müsse.

Dr. Jeffrey Mishlove, klinischer Psychologe und Direktor des *Global Intuition Network* in Sacramento, Kalifornien, ist mit dem Autor einer Meinung, wenn er feststellt, daß wir schon während bestimmter (meist luzider) Träume mit unserem Bewußtsein Hyperraum-Erfahrungen sammeln. Er geht sogar noch einen Schritt weiter und sieht die systematische Erkundung der einzelnen »Landschaften« dieser Hyperwelt, des »inneren Kosmos«, voraus.

Vielleicht ist die hier erwähnte *Transkommunikation* der Beginn einer Entwicklung, die im nächsten Jahrtausend in einer Hyperraum-Technologie mündet, die der Menschheit zu einer neuen Weltsicht verhilft und das geistige Prinzip über den verderblichen, existenzvernichtenden Materialismus triumphieren läßt.

Nachgedanken

Das angesehene englische Wissenschaftsmagazin »New Scientist« widmete in seiner April-Ausgabe 1995 dem heiklen Thema »Überlichtgeschwindigkeit« sogar ein ganzes Editorial: »Faster than Einstein« (Schneller als Einstein). In dem sich anschließenden Beitrag »Schneller als die Lichtgeschwindigkeit« stand es schwarz auf weiß: Amerikanische und deutsche Wissenschaftler befassen sich schon seit geraumer Zeit mit der *superluminalen Tunnelgeschwindigkeit*, mit der Darstellung von Geschwindigkeiten, die deutlich über der des Lichtes liegen. Was bislang ausschließlich als eine Domäne der Science-fiction-Literatur angesehen wurde, scheint jetzt in den Blickwinkel der theoretischen Physik geraten zu sein.

Bei Experimenten, die an der Universität von Kalifornien, Berkeley, durchgeführt wurden, durchtunnelten Photonen (Lichtteilchen) eine materielle Barriere mit der 1,7fachen Lichtgeschwindigkeit. Bei dem Tunnelprozeß handelt es sich, vereinfacht ausgedrückt, um einen schon seit langem bekannten quantenmechanischen Effekt: Subatomare Teilchen können auch dann noch durch den sie umgebenden Energiewall hindurchtreten, wenn ihre Bewegungsenergie nach den Gesetzen der klassischen Mechanik hierzu eigentlich nicht ausreichen dürfte.

Erstaunlicher noch: Am II. Physikalischen Institut der Universität von Köln hat Professor Dr. Günter Nimtz unlängst auf einer Strecke von zwölf Zentimetern Mozarts 40. Symphonie mit der 4,7fachen Lichtgeschwindigkeit übertragen – ein Experiment, über das sogar ein Tonbandprotokoll vorliegt.

Auf den ersten Blick scheint Nimtz' Experiment mit musikmodulierten Mikrowellen Einsteins Postulat zu widersprechen, nach dem die Lichtgeschwindigkeit von (im Vakuum) annähernd 300 000 Kilometer pro Sekunde eine Naturkonstante, also unveränderlich, ist. Natürlich sind Einsteins Folgerungen aus der Speziellen Relativitätstheorie im relativistischen Bereich nach wie vor gültig. Nur: In mikrokosmischen Regionen, in denen sich für uns gedanklich nicht mehr nachvollziehbare quantenmechanische Tunnelprozesse abspielen, scheinen *Überlichtgeschwindigkeiten* nichts Ungewöhnliches zu sein, scheinen sich Lichtteilchen selbst überholen und damit in der Zeit rückwärts laufen zu können, was als *akausal* bezeichnet wird. Wir hätten es dann mit *Signalen aus der Zukunft* zu tun – unvorstellbar, aber dennoch physikalisch nachweisbar.

Noch streiten sich die mit den zuvor zitierten Experimenten befaßten Wissenschaftler darüber, ob sie die beobachteten Prozesse tatsächlich akausal interpretieren sollen. Vieles spricht dafür, daß das Quantentunneln ein akausaler Prozeß ist, daß sich Teilchen in der Zeit rückwärts bewegen können. Da die Signale beim Tunneln stark abgeschwächt werden, glaubt Nimtz, daß sie in der Alltagspraxis keine besondere Rolle spielen. Sie sind aber seiner Ansicht nach für die Physik *»von grundsätzlicher Bedeutung«* – ein außerordentlich wichtiges Statement.

Vielleicht lassen sich all die in diesem Buch aufgeführten ungewöhnlichen Vorkommnisse und die *instrumentelle Transkommunikation* letztlich mit Tunnelprozessen erklären. Dann aber wären wir der Lösung des ultimaten Menschheitsrätsel – der Unsterblichkeit unseres Bewußtseins – schon ein gutes Stück näher.

Begriffserläuterungen

Abduktionen: Behauptete kurzzeitige Entführungen von Personen durch hypothetische Ufo-Insassen, meist um an den Betroffenen medizinisch-biologische Untersuchungen oder Experimente vorzunehmen. Die »Abduktionen« scheinen auf Bewußtseinsebene in einer anderen Realität stattzufinden.

Apporte: Das psycho-physikalische Herbeischaffen von Gegenständen (ohne erkennbaren Kontakt zu diesen), die von anderen Orten oder evtl. auch aus anderen Zeiten stammen.

Astralkörper (Astralleib): Ein der Physis eines jeden Lebewesens zugeordneter hypothetischer feinstofflicher Körper. Da er offenbar höherdimensionaler Natur ist, gibt es für ihn kein materielles Hindernis. Für medial Veranlagte soll er gelegentlich sichtbar sein.

Astralkörperaustritte (auch *Astralkörperexkursionen,* *AKE*): Hierunter versteht man das Loslösen des hypothetischen feinstofflichen Körpers, des sogenannten Astralleibs, eines Lebewesens vom materiellen Körper (der Physis) und seine Aussendung. Der Vorgang darf nicht mit Wachtraumerlebnissen verwechselt werden.

Aura (parapsychologisch): Eine hypothetische feinstoffliche Ausstrahlung der Körper von Lebewesen. Sie wird vornehmlich von Sensitiven unter bestimmten, bislang ungeklärten Umständen wahrgenommen. Nach der Kabbalah, der jüdischen Geheimlehre, ist sie ein Bestandteil des Astralkörpers.

Autoskopie: Eine Art »Selbstschau«, entweder als Doppelgänger-vision (vgl. *Doppelgänger*) oder als Eigendiagnose, wenn ein Patient seine eigenen Organe wahrnimmt und Veränderungen an ihnen beschreibt.

Bereitschaftswelle: Terminus aus dem »Delpasse«-Experiment (vgl. *Delpasse-Experiment*), geprägt von dem Neurologen Dr. Grey Walter. Beim Aufzeichnen von Hirnstromkurven mit einem EEG-Gerät stellte er fest, daß, kurz *bevor* eine Versuchsperson einen Schalter betätigte, in deren Gehirn ein Stromstoß entstand. Die Bereitschaft, den Schalter zu drücken, löste im Gehirn einen Impuls aus – die *Bereitschaftswelle.*

Bewußtseinspersönlichkeiten: Das immaterielle körperunabhängige Bewußtsein des Menschen wird wegen seiner Fähigkeit, den Tod des materiellen Körpers zu überdauern, als eigenständige Persönlichkeit – als Bewußtseinspersönlichkeit – bezeichnet. Sie vermag, nach Auffassung zahlreicher Wissenschaftler, aus jenseitigen (höherdimensionalen) Bereichen in unsere Welt hineinzuwirken, was in diesem Buch anhand von Indizienbeweisen dargelegt wird.

Bilokation (Gleichörtlichkeit): Die angebliche Fähigkeit, an zwei oder mehreren Orten gleichzeitig zu weilen.

Bioplasmafeld, Bioplasmakörper: Ein dem physischen Körper entsprechendes, durch ionisierte Teilchen charakterisiertes Energiefeld (Energiekörper), erstmals von dem russischen Forscherehepaar S. und W. Kirlian, dem Moskauer Biophysiker V. Adamenko und dessen Fachkollegen durch Hochfrequenzfotografie nachgewiesen. Dieser »biologische Plasmakörper« könnte mit dem *Ektoplasma,* das bei *Materialisationen* freigesetzt wird, identisch sein (vgl. *Ektoplasma* und *Materialisationen*). Der Autor vermutet hinter der durch HF-Fotografie sichtbar gemachten *Aura* (vgl. *Aura*) organischer Objekte ein höherdimensionales

Ordnungsprinzip (feinstoffliche Matrix), das auf Fotos und Filmen *selbst* nicht erscheint. Er sieht hierin vielmehr eine Art »Grenzflächen«-Effekt zwischen Feldern unterschiedlich dimensionaler Beschaffenheit.

»Branching Universe Theory«: Theorie vom sich ständig verzweigenden (verästelnden) Universum. Vereinfacht ausgedrückt besagt sie, daß in jedem Augenblick zahllose neue Realitäten, mit allen möglichen neuen Situationen entstehen, also *Parallelwelten* (vgl. *Parallelwelten*), in denen auch wir, ohne, daß uns dies im Alltag bewußt wird, vertreten sind. *Erscheinungen* könnten Wesen aus diesen Parallelwelten sein, die wir im Traum oder in Trance wahrnehmen.

Delpasse-Experiment: Der Physiker und Kybernetiker Professor Jean Jacques Delpasse und der Neurologe William Jongh van Amsynck versuchten in einem gemeinsamen Forschungsprojekt den Beweis zu erbringen, daß sich Gedächtnisinhalte auch *ohne* Gehirnstrom abrufen lassen, daß eine bislang unbekannte Energie Träger der Gedächtnisinhalte ist. Diese Energie müßte, so die beiden Wissenschaftler, Träger eines den Tod überdauernden Bewußtseins sein.

Dematerialisationen (kurz: *Demat*): Die psychokinetische Fähigkeit, ein Objekt zu entstofflichen – ein Vorgang, der das Vorhandensein übergeordneter Dimensionen voraussetzt, wohin sich der Gegenstand »verflüchtigen« kann. Beim Verstofflichen oder Wiederverstofflichen spricht man von *Materialisation* bzw. *Rematerialisation*.

Direktstimmen (direkte Stimmen): Paranormale Manifestationen, bei denen während Séancen eine oder gleich mehrere »Jenseits«-Stimmen vernommen werden. Hören mehrere Personen diese Stimmen gleichzeitig, dürfte Halluzination ausgeschlossen werden.

DMMI: Abkürzung von »Direct Man/Machine Interaction«, d. h. unmittelbare Interaktion zwischen Mensch (dessen Bewußtsein – Gedanken, Willen, Absicht usw.) und Maschinen im weitesten Sinne (mechanische Vorrichtungen, elektrische und elektronische Geräte, Computer usw.). Die Einwirkung des menschlichen Bewußtseins auf technische Geräte wird an Hochschulen und Universitäten vorwiegend in den USA und in Japan untersucht.

Doppelgänger: »Sichtbares«, feinstoffliches Double einer Person, das vom materiellen Körper räumlich etwas versetzt bzw. an einem anderen Ort erscheint. D. h., eine Person wird von Zeugen an zwei oder mehr Orten gleichzeitig gesehen, entweder als scheinbare vollmaterialisierte Erscheinung oder nur schemenhaft (vgl. *Bilokation*).

Ektoplasma: Frühere Bezeichnung für Bioplasma(feld). Nach Professor A. Stelter: Bioplasma, das sich materialisiert hat (vgl. *Bioplasmafeld*).

Energiesatz (auch: Energieerhaltungssatz): Bei allen Energieumwandlungen bleibt der Betrag der Gesamtenergie erhalten. Ferner: In der Natur geht der unwahrscheinliche Zustand der Ordnung von selbst in den wahrscheinlichen der Unordnung über.

Explizite Ordnung: Entfaltete Ordnung; die für uns wahrnehmbare, materielle Welt in ihrer Gesamtheit. Im Gegensatz hierzu steht die *implizite Ordnung* (nach David Bohm †).

Exteriorisation: Aussenden oder Austritt des hypothetischen Astralkörpers (vgl. Astralkörperaustritte).

»Extras«: Paranormal entstandene Gesichter, Gestalten usw. auf Fotos; Objekte, die beim Aufnehmen nicht zu sehen waren.

Feinstoffkörper (Astralkörper): Hypothetischer, nichtphysikali-
scher und daher nicht sichtbarer Körper, der dem materiellen
Körper zeitlebens auf höherdimensionaler Ebene zugeordnet ist.
Er rangiert zwischen dem Bioplasmakörper und dem Bewußtsein.

Gedankenfotos (Psychofotos): Offenbar auf psychokinetischem
Wege mit oder ohne Kamera, auf Platten- oder Filmmaterial erzeugte Bilder.

»Grief Counseling«: Kurz: »Trauerarbeit«; ein neuer Service amerikanischer Psychologen und Psychiater, die in offenen Gesprächen mit Hinterbliebenen deren Schmerz zu lindern versuchen. Trost-Argumentation: Das Fortleben des Bewußtseins der
Verstorbenen in einer anderen Realität.

Halluzinationen, paranormale: Man unterscheidet bei den paranormalen oder Psi-Halluzinationen zwischen visuellen, Hör-, taktilen (Berührungs-), olfaktorischen (Geruchs-)Halluzinationen
und sogenannten Präsenzen (vgl. Kapitel IV/10).

Hellsehen (oder Fernwahrnehmung): Paranormales Erfahren von
Gegenständen bzw. Sachverhalten in Gegenwart, Zukunft *(Vorauswissen bzw. Präkognition)* oder Vergangenheit *(Rückerinne-
rung bzw. Retrokognition).*

Hellträume (luzide Träume): Träume, bei denen sich Träumer bewußt sind, daß sie träumen. Manche Parapsychologen glauben,
daß während des Hellträumens häufig zukünftige Ereignisse
wahrgenommen werden.

Hyperspektrum: Sämtliche »Universen« jenseits unserer vierdimensionalen Raumzeit-Welt, dem 3D-Raum in der Zeit (als 4. Dimension). Das Hyperspektrum beginnt mit einer hypothetischen
5. Dimension; ab dieser Koordinate spricht man von Transdimen-

sionen. Das Hyperspektrum von B. Heim umfaßt insgesamt 12 Dimensionen (vgl. Kapitel II/2).

Hyperwelt: Die Welt der Transdimensionen; alle Strukturen jenseits unserer vierdimensionalen Raumzeit-Welt, in der sich auch die Bewußtseinspersönlichkeiten Verstorbener aufhalten. Neuerdings halten es Wissenschaftler für denkbar, daß die Hyperwelt in Zukunft genauso erforscht werden wird wie der Weltraum.

Hypno-Regression: Rückführung von Personen in frühere Situationen mittels Hypnose zur Klärung bestimmter Sachverhalte.

Implizite Ordnung: Eingefaltete Ordnung. Alles für uns nicht unmittelbar Wahrnehmbare, Nichtmanifeste, d. h. alles Immaterielle (nach David Bohm †).

Interdimensionale: Hypothetische, aus dimensional anders beschaffenen Seinsbereichen stammende Wesen, die es fertigbringen, sich zwischen den Dimension – im Hyperspektrum – zu bewegen, also *Transwesenheiten.* Vielleicht sind es die Wesen, über die »Abduzierte« berichten – die »kleinen Grauen«.

»Kalte Stellen«: Die aus Spukhäusern bekannten »cold spots«, über die im Zusammenhang mit der Manifestation von Erscheinungen oder Poltergeist-Phänomenen häufig berichtet wird. Diese Stellen könnten »Grenzflächen« zwischen unserer Raumzeit-Welt und einer Hyperwelt sein.

Kristallomantie: Kristallsehen.

Levitationen: Das klassisch-physikalisch nicht erklärbare freie Schweben von Objekten und Personen. Der Autor vermutet hinter Levitationen das Wirken bioplasmatischer Stützfelder hoher Konzentration, die die Gravitation aufheben (antigravitative Wirkung).

Manifestationen, spektrale: Hier vorwiegend als »sichtbare Erscheinung« zu verstehen. Aus dem Englischen »spectral« –geisterhaft, gespenstisch – abgeleitet.

Materialisationen (Verstofflichung): Das Hervorbringen filmartiger, transparenter oder auch materiell wirkender Gebilde, die offenbar unter Einwirkung des Bewußtseins auf Bioplasmafelder zustande kommen (vgl. *Bioplasmafelder*). Spiritistisch: Manifestation Jenseitiger unter Inanspruchnahme körpereigenen oder freien Bioplasmas.

Nahtoderlebnisse: Paranormale Wahrnehmungen im Zustand des vorübergehenden klinischen Todes. Die Erlebnismuster ähneln einander, was für ihre Echtheit spricht. NTEs könnten ein Indiz für das Überleben des Bewußtseins sein.

Parallelwelten: »Parallel« zu unserem 4D-Universum existierende, für uns normalerweise nicht sichtbare Welten. Nach F. Wolf existieren sie in unendlich großer Zahl und ermöglichen dadurch auch Zeitreisen, ohne Paradoxa und Anachronismen heraufzubeschwören.

Paraphysik: Früher: Meta- oder Transzendentalphysik. Teilgebiet der Parapsychologie, das Psi-Effekte »physikalischer« Natur untersucht. Paraphysikalische Phänomene, wie z. B. die Psychokinese, lassen sich im Rahmen einer erweiterten, neuen Physik (Quantenphysik, Chaostheorie usw.) deuten.

Perzipient: Hier: Der Wahrnehmende eines paranormalen Vorgangs.

Phantom-Anhalter: Erscheinungen auf Landstraßen, die von Autofahrern mitgenommen werden und dann auf unerklärliche Weise verschwinden. Es handelt sich hierbei um Wahrnehmungen ausschließlich auf Bewußtseinsebene, die rein subjektiv zu bewerten sind.

Plasmakugeln: Freies Plasma in Kugelform, z. B. Kugelblitze.

Poltergeistaktivitäten: Spontane, wiederkehrende Psychokinese, gekennzeichnet durch unerklärliche Geräusche und physische Belästigungen (z. B. spontane Objektversetzungen, Levitationen, Verbiegungen, Herausreißen von Befestigungsvorrichtungen, Zerplatzen von Glas oder Glühbirnen, Auftreten von Wasserschwällen bzw. Bränden ohne erkennbare Ursache, Apporte usw.). Wird vorwiegend animistisch gedeutet; d. h., die Phänomene werden vom Bewußtsein Lebender ausgelöst.

Post-mortem-Kontakte: Psi-Halluzinationen vorwiegend bei Hinterbliebenen; sie werden von Psychologen und Psychiatern in die »Trauerarbeit« miteinbezogen und von diesen entsprechend interpretiert.

Präkognition: Das Vorauswissen um zukünftige, nicht erwartete, durch Trendverfolgung nicht abschätzbare Ereigniseintritte. Dieses Phänomen hebt die Kausalität scheinbar auf. Unter Einbeziehung einer erweiterten Realität (höherdimensionale Existenzebenen) wird die Präkognition jedoch verständlich; der Autor gebraucht den Terminus *Transkausalität* (vgl. sein Buch »Transwelt«, Langen Müller, 1992).

Präsenzen: Aus dem Englischen »presence« (eigentl. »Anwesenheit«) abgeleitet. Nicht sichtbare oder anderweitig sinnesmäßig erfaßbare jenseitige Wesenheiten. Sie werden nur gefühlsmäßig (also rein subjektiv) erfaßt; man glaubt ihre Anwesenheit zu spüren.

Projektor-Modell: Unter *Projektoren* versteht Dipl.-Ing. Illobrand v. Ludwiger Vorrichtungen zum zeitfreien Hineinprojizieren in andere Realitäten und Zeiten. Sie könnten Zeitreisen vom Labor aus ermöglichen. Objekte würden als »Hologramme« unterschiedlicher Stofflichkeit projiziert werden.

Psi-Halluzinationen: vgl. *Halluzinationen, paranormale.*

Psychokinese (PK): Bewegungen und/oder Veränderungen von Materialien und Körpern mittels Bewußtsein (Gedanken). Bewußtsein-/Maschine-Interaktionen (Psychokinese) werden unter anderem an der School of Engineering & Applied Science, Princeton University, Princeton (Professor Robert Jahn, Dr. Brenda Dunne) und im Consciousness Research Laboratory, University of Nevada, Las Vegas (Dr. Dean Radin), untersucht.

Psychomanteum: Eine Art schwarz drapiertes Spiegelkabinett, in dem Personen durch unentwegtes Starren in einen Spiegel bisweilen in einen veränderten Bewußtseinszustand gelangen, der ihnen Einblicke in andere Realitäten vermittelt und sie Erscheinungen Verstorbener wahrnehmen läßt.

Quantenvakuum: Leerer Raum zwischen den Materiepartikeln.

Raumzeit: Der dreidimensionale Raum, der sich in die vierte Dimension »Zeit« erstreckt, wird wegen Untrennbarkeit von Raum und Zeit als *Raumzeit* oder *Raum in der Zeit* bezeichnet.

Realität, virtuelle (VR): Ein gedachter oder *Informationsraum,* der, genau wie unser Bewußtsein (Gedankenwelt), jenseits unserer Raumzeit angesiedelt ist.

REM-Phase: Aus dem Englischen *Rapid Eye Movement* = Phase der raschen Augenbewegung. Hierunter versteht man den schnellen oder paradoxen Schlaf, begleitet von synchronen, ruckartigen Bewegungen der Augäpfel, die Traumerlebnisse signalisieren.

Rematerialisationen (Wiederverstofflichung): Rückführung eines dematerialisierten (unsichtbaren) Objekts in seinen ursprünglichen materiellen Zustand.

RSPK: Aus dem Englischen *Recurrent Spontaneous Psychokinesis* – wiederkehrende spontane Psychokinese. Hierunter versteht man Spuk- oder Poltergeistphänomene.

Sensitive: Personen mit Psi-Fähigkeiten (Medien).

Serialismus (Serialität): Gesetz der Serie. Ein von dem österreichischen Genetiker und Lamarckisten Paul Kammerer (1880–1926) eingeführter Begriff. Man versteht hierunter das räumliche Zusammentreffen oder die zeitliche Wiederholung von bedeutungsmäßig, aber nicht kausal verbundenen Ereignissen.

SLI (Street Lamp Interference): Straßenlaternen-Interferenz. Die Fähigkeit von Personen, unbeabsichtigt auf psychokinetischem Wege Straßenleuchten zum Verlöschen zu bringen, sobald sie sich diesen nähern. Wissenschaftler halten dies für eine besondere Spielart von *DMMI* (die unmittelbare Einwirkung des menschlichen Bewußtseins auf technische Einrichtungen).

Spektraler Körper: Feinstofflicher, geistiger Körper eines Lebewesens *(Bewußtseinspersönlichkeit).*

Spukphänomene: Andere Bezeichnung für *Poltergeistphänomene* oder *RSPK.*

»Subtile« Energien: Eine von Professor William A. Tiller, Stanford University (USA) postulierte hypothetische, quantenmechanisch durchaus vorstellbare »versteckte« Energieform – eine *Fünfte Kraft.* Tiller beschreibt diese »subtle energies« als ein im physikalischen Sinn ganz reales Quantenvakuum (vgl. *Quantenvakuum).* Magnetische Feldstrukturen sollen Mittler zwischen »subtilen

Energien« und den bekannten vier Naturkräften sein. Diese Energieform könnte in Zukunft ganz wesentlich zur Deutung paranormaler und paraphysikalischer Phänomene beitragen.

Syntropodenbrücken (auch: *Syntropodenrüssel*): Hypothetische, höherdimensionale Informationskanäle aus Transbereichen oder Parallelwelten, die Kontakte zu unserer Raumzeit-Welt ermöglichen (nach Dipl.-Physiker Illobrand v. Ludwiger; vgl. die Bücher »Zeittunnel« und »Zeitschock«, Langen Müller, 1991 und 1993).

»Telefonstimmen«: Transkontakte über Telefon. Wegen Manipulationsanfälligkeit sind die *Telefonstimmen* umstritten. In einigen Fällen will man die Echtheit dieser Kontakte indirekt bewiesen haben.

Teleportationen: Das auf paraphysikalischem Wege erfolgende Versetzen eines Gegenstandes oder einer Person an einen anderen Ort (unter Umständen auch in eine andere Zeitperiode).

Tonbandstimmen: Eine Form der instrumentellen Transkommunikation (*Transaudio* gem. Prof. Dr. E. Senkowski). Stimmen Verstorbener, die als Bewußtseinspersönlichkeiten in einer *Hyperwelt* fortexistieren, werden nach unterschiedlichen Techniken mittels Tonband oder Recorder aufgezeichnet. In einigen Fällen kam es bereits zur Zweiweg-Kommunikation.

»Transcendentals«: Aus dem Englischen: etwa »Transcendentale«. Aktuelle Wortprägung des ehemaligen amerikanischen Geheimdienst-Majors Ed Dames. Der Autor versteht unter diesem Sammelbegriff alle Wesenheiten, die jenseits unserer vierdimensionalen Raumzeit angesiedelt sind: hypothetische *Interdimensionale* (Ufo-Entitäten, die »kleinen Grauen«), *Parallelweltler, Antimaterie-* oder *Spiegelweltler, Bewußtseinspersönlichkeiten menschlicher Abkunft* (das hinübergegangene Bewußtsein Verstorbener) usw.

Transdimensionen: Alle Dimensionen oder Koordinaten jenseits unserer vierdimensionalen Raumzeit-Welt (vgl. *Hyperspektrum* und *Hyperwelt*).

Transjektoren: Vom Autor eingeführter Terminus; er bezeichnet Vorrichtungen für das »Hinein-Beamen« in andere Realitäten (nähere Erläuterung in »Zeitschock«, Langen Müller, 1993).

Transkommunikation, instrumentelle: Instrumentelle Kontakte mit hypothetischen »Jenseitigen«, d. h., mit Bewußtseinsinhalten Verstorbener. Professor Dr. E. Senkowski unterscheidet zwischen verschiedenen Erscheinungsformen der Transkommunikation: *Transaudio (TA),* das Erfassen jenseitiger Stimmen mittels Tonband oder Recorder bzw. Hören *direkter elektroakustischer Stimmen* im Radio, Fernseher oder Telefon; *Transtext (TX),* das Aufnehmen jenseitiger Texte per Computer bzw. Telefax und *Transvideo (TV),* das Erscheinen von Bildern aus Transbereichen auf dem Bildschirm und Aufzeichnen derselben mittels Videogeräten (vgl. aktualisierte und erweiterte Neuauflage von »Instrumentelle Transkommunikation«, von E. Senkowski, R. G. Fischer, Frankfurt, 1995).

Transkontakte: Kontakte mit »jenseitigen« Wesenheiten.

Transvideo: Siehe unter *Transkommunikation.*

Transwesenheiten: Bezeichnung für Wesen aus Bereichen jenseits unserer vierdimensionalen Raumzeit-Welt.

Tri-Field-Meter: Gerät zum Aufspüren lokaler Anomalien, d. h. zur Feststellung der Abweichungen von den Normalwerten bei magnetischen, elektromagnetischen und Mikrowellen-Feldern. Diese tragbaren Geräte werden häufig in Spukhäusern eingesetzt, um über die Registrierung von Feldanomalien auf die Anwesenheit jenseitiger Entitäten zu schließen. Tri-Field-Meter wurden

auch schon erfolgreich in Verbindung mit Fotoapparaten eingesetzt. Wird beim Auftreten von Feldanomalien fotografiert, erhält man häufig Bilder, auf denen neblige Gebilde oder Gestalten
(Erscheinungen) zu sehen sind. Es zeigen sich mitunter auch In-
terferenz-Reaktionen zwischen unserer Realität und der Hyperwelt.

Vardøger: Norwegische Bezeichnung für Doppelgängererschei-
nung, die nur zu hören ist. Sie geht der Ankunft einer Person voraus und nimmt die Geräusche dem tatsächlichen Eintreffen derselben als Mimikry-Laute vorweg. Ein in abgelegenen Gebieten nor-
discher Länder weitverbreitetes Phänomen.

Viele-Welten-Interpretation der Quantenmechanik: Von den
Princeton-Professoren Hugh Everett III und John A. Wheeler
1957 postulierte Theorie, die die Existenz praktisch unendlich vieler dimensional versetzter Welten (vgl. *Parallelwelten*) bestätigt.

Virtual-Reality-Computer: Computer zur Simulation einer virtuellen Realität. Sie werden auch als *Realitäts-Maschinen* bezeichnet.

Wurmlöcher: Grundeinheiten der Vernetzung, die im dreidimensionalen Raum zeit- und entfernungslos alles mit allem verbinden.
Sie sind dreidimensional nicht darstellbar. Durch die ständig auf-
tauchenden und wieder verschwindenden (virtuellen) Wurmloch-
verbindungen bewegen sich Signale, die eine *sofortige* (zeitfreie)
Kommunikation zwischen allen Teilen des Raums erlauben.

Zeitmaschinen (Zeitreisen): Einrichtungen zur Überbrückung
zeitlicher Abstände (z. B. *Projektoren* nach Illobrand v. Ludwiger). In den USA werden z. Zt. zahlreiche realistisch erscheinende
Theorien und Modelle für zukünftige *Zeitreisen* vorgestellt, die
sich ohne *Kausalitätsverletzungen* durchführen lassen sollen. Der
Autor hat hierüber die im In- und Ausland viel beachteten Bücher

»Zeittunnel« und »Zeitschock« (beide Langen Müller, 1991 bzw. 1993) verfaßt, die sich mit der technischen Realisierbarkeit von Zeitreisen befassen.

Zustand, hypnagoger: Ein Bewußtseinszustand, in dem man sich zwischen dem Einschlafen und dem Eingeschlafen-Sein bzw. zwischen dem Noch-Schlafen und Erwachen befindet. Es ist dies ein tranceartiger Zustand, in dem es häufig zu spontanen Astralkörperaustritten kommt.

Literatur

I Dinge gibt es ...

Boulay, R.: »Eternal Soldier«; »Fate« 12/1989; Korrespondenz mit dem Autor 1994
Jahn, R. G., Dunne, B. J.: »Margins of Reality«; Orlando 1987
Radin, D. I.: »On Complexity and Pragmatism«; »JSE« 4/1994
Resch, A. (Hrsg.): »Fortleben nach dem Tode«; »Imago Mundi« 7, Innsbruck 1981
Stevens, W. O.: »Unbidden Guests«; New York 1957

II Hologramm »Mensch« – Die Welt jenseits der fünf Sinne

Bischof, M.: »Biophotonen – Das Licht in unseren Zellen«, Frankfurt 1995
Dossey, L.: »Die Medizin von Raum und Zeit«; Basel 1984
Farkas, V.: »Unerklärliche Phänomene«; Frankfurt 1988
Fiore, E.: »The Unquiet Dead«; New York 1987
Guiley, E.: »The New Millenium«; »Fate« 6/1993
Harrison, M.: »Fire from Heaven«; New York 1976
Heim, B., Senkowski, E.: »Die nichtmaterielle Seite der Wirklichkeit«, Telefoninterview; »Transkommunikation« Nr. 2/93
Jahn, R. G., Dunne, B. J.: »On the Quantum Mechanics of Consciousness, Appendix B«; Princeton 1983
LeShan, L.: »Von Newton zu Psi«; Reinbek 1986
Ludwiger, I. v.: »Unerwünschte Entdeckungen im Luftraum«; Feldkirchen-Westerham 1989
Mackenzie, A.: »The Seen and the Unseen«; London 1987

Meek, G. W.: »After We Die, What Then?«; Columbus 1987

Moser, F.: »Bewußtsein in Raum und Zeit«; Graz 1989

Moody, R. A.: »Leben nach dem Tod«; Reinbek 1977

Peterson, T.: »Those Puzzling Spirit Voices«; »Fate« 12/1993

Roberts, J.: »Gespräche mit Seth«; Genf 1972

Ruyer, R.: »Jenseits der Erkenntnis«; Wien/Hamburg 1977

Schul, B.; Pettit, E.: »The Psychic Power of Pyramids«; Greenwich 1976

Smith, S.: »Astrale Psi-Geheimnisse«; München 1978

–: »We Are Multidimensional Beings«; »Fate« 1/1994

Steinhäuser, G.: »Der Tod und was dahinter ist«; Freiburg 1975

Toben, B.: »Raum-Zeit und erweitertes Bewußtsein«; Essen 1980

Waelti, E. R.: »Der dritte Kreis des Wissens«; Interlaken 1983

III Besucher aus dem Nichts – Die Konfrontation mit der anderen Realität

Ashby, R. H.: »Guidebook for the Study of Psychical Research«; London 1972

Dossey, L.: »Die Medizin von Raum und Zeit«; Basel 1984

Gaddis, V.: »Geisterschiffe«; München 1965

Gould, E.: Korrespondenz mit dem Autor; 1987

Green, C.: »Lucid Dreams«; London 1968

Holzer, H.: »Das Übersinnliche ist greifbar«; München 1966

–: »Psi-Kräfte«; München 1975

Hughes, E. A.: »The Phantom Car«; Brief an SPR, »Fate« 3/1989

Hyslop, J. H.: »Psychical Research and the Resurrection«; Boston 1908

Jacobson, N.-O.: »Leben nach dem Tod?«; Zug 1970

James, W.: »Principles of Psychology«; New York 1950

Kerska, J. W.: Korrespondenz mit dem Autor; Juni/Juli 1994

Mackenzie, A.: »The Seen and the Unseen«; London 1987

McCreery, Ch.: »Science, Philosophy, and ESP«; London 1972

Meckelburg, E.: »Zeittunnel«; München 1991

Moser, F.: »Bewußtsein in Raum und Zeit«; Graz 1989

Petersen, T.: »Those Puzzling Spirit Voices«; »Fate« 12/1993

Rogo, D. S.: »Der Sitz des Psi«; »esotera« 10/1984

–: »On the Psychic Frontier«; »Fate« 5/1990

Rýzl, M.: »Der Tod und was danach kommt«; Genf 1981

Sidgwick, E.; Johnson, A. et al: »Report on the Census of Hallucinations«; »Proc. of the SPR«, Vol. X, London 1894

Sidgwick, E.: »Phantasms of the Living«; New York 1975

Smith, S.: »Astrale Psi-Geheimnisse«; München 1978

Smyth/Stemman: »Leben, was kommt danach?«; Glarus 1978

Stein, G.: »Black Dogs: Fact or Fancy«, »Fate« 6/1990

Stevens, W. O.: »Unbidden Guests«; New York 1957

Stevenson, I.: »Do We Need a New Word to Supplement ›Hallucinations‹?«; »American Journal of Psychiatry«, 12. 12. 1983

Tylor, J.: »Superminds«; New York 1975

Thouless, R. H.: »Do We Survive Bodily Death?«; »Proc. SPR«,
Vol. 57, Nr. 213, 10/1984

Tyrrell, G. N. M.: »Apparitions«; London 1943

Waelti, E. R.: »Der dritte Kreis des Wissens«; Interlaken 1983

IV   Nahbegegnungen der spektralen Art – Erscheinungen und kein Ende

Alvarado, C. S.: »Paranormal Faces: The Bélmez Case«; »Theta«,
Vol. 11, Nr. 2, Sommer 1983

Betty, L. S.: »Journal of the SPR«, 10/1984

Blasi, J.: Korrespondenz mit dem Autor; 1995

Bonin, W. F.: »Lexikon der Parapsychologie«; Bern/München
1976

Busch, D.: Korrespondenz mit der Autorin; 1994/5

Casciato, W. W.: Korrespondenz mit dem Autor; 1994

Chorvinsky, M.: »Our Strange World«; »Fate« 10/1993

Cohen, D.: »The Encyclopedia of Ghosts«; New York 1984

Collins, B. A.: »The Cheltenham Ghost«; London 1948

Critchley, M.: »The Divine Banquet of the Brain«; New York 1979

Currie, I.: »Niemand stirbt für alle Zeiten«; München 1979

Dingwall, E. J.: »Ghosts and Spirits in the Ancient World«; London 1930

Fiore, E.: »The Unquiet Dead«; New York 1987

Goss, M.: »Poltergeist: An Annotated Bibliography«; Metuchen 1979

Gould, A.: »Mediumship and Survival«; London 1982

Hart, H.: »Six Theories about Apparitions«; »Proc. SPR«, Vol. 50, 1953–6

Hughes, B.: »Apparitions and Ghosts«; London 1971

»Journal of the S.P.R.«, Vol. VI, 1893–4, S. 13

»Journal of the S.P.R.«, Vol. III, 1887–8, S. 116

»Journal of the S.P.R.«, Vol. X, 1991–2, S. 309–10

Mackenzie, A.: »The Seen and the Unseen«; London 1987

–: »The Weeping Ghost of Cheltenham«; »Fate« 9/1988

Macklin, J.: »Other Dimensions«; New York 1972

McCreery, Ch.: »Psychical Phenomena and the Physical World«; London 1980

Meckelburg, E.: »Geheimnisse des Schlafes«; »esotera« 10/11/1976

–: »Der Ursprung des Bewußtseins«; »esotera« 3/1983

–: »Das zweite Ich«; »esotera« 12/1984, 1/1985

Melton, J. H.: Korrespondenz mit dem Autor, 1993

Moody, R. A.: »Leben nach dem Tod«; Reinbek 1977

–: »Nachgedanken über das Leben nach dem Tod«; Reinbek 1978

Perry, P.: »Reunions: Visionary Encounters with Departed Loved Ones«; New York 1993

Randles, J.: »Mind Monsters«; Wellingborough 1990

Reed, G.: »The Psychology of Anomalous Experience«; London 1972

Rees, W. D.: »British Medical Journal«, 2. 10. 1971

Roberts, J.: »Gespräche mit Seth«; Genf 1972

Roll, W. G.: »Encounters with a Talking Apparition«; »Fate« 11/1985

Salter, W. H.: »Ghosts and Apparitions«; London 1938

Smith, S.: »Astrale Psi-Geheimnisse«; München 1978

Smyth/Stemman: »Leben, was kommt danach?«; Glarus 1978

Stevens, W. O.: »Unbidden Guests«; New York 1957

Stevenson, I.: »Are Poltergeists Living or Dead?«; »Journal of the American Society for Psychical Research«, 66/1972

Thalbourne, M. A.: »Glossary of Terms Used in Parapsychology«; London 1982

Waelti, E. R.: »Der dritte Kreis des Wissens«; Interlaken 1983

Watson, L.: »Geheimes Wissen«; Frankfurt 1976

–: »Der unbewußte Mensch«; Frankfurt 1979

V Nicht von dieser Welt

Barbanell, S.: »When Your Animal Dies«; London 1955

Battersby, H. F. P.: »Man Outside Himself«; London 1942

Bedford/Kensington: »Das Delpasse-Experiment«; Düsseldorf/Wien 1975

Bennett, E.: »Apparitions and Haunted Houses«; London 1939

Breci, S. J.: Korrespondenz mit dem Autor; 1994/5

Butler, E. M.: »Ritual Magic«; Cambridge 1948

Ducasse, C. J.: »The Belief in a Life after Death«; Springfield 1960

Fox, O.: »Astral Projection«; New York 1962

–: »Geist im Cockpit«; »esotera« 1/1982

Gould, A.: »Mediumship and Survival«; London 1982

Green, C.; McCreery, Ch.: »Apparitions«; London 1975

Griffin, D. R.: »Wie Tiere denken«; München 1984

Imbrogno, P.: Korrespondenz mit dem Autor; 1994

»Journal of the S.P.R.«, Vol. III, 1887–8, S. 16

»Journal of the S.P.R.«, Vol. V, 1891–2, S. 305

»Journal of the S.P.R.«, Vol. VI, 1893–4, S. 149 pp.

»Journal of the S.P.R.«, Vol. XIV, 1919–20, S. 45–6

Lindsey, L.: »Undercover Lightwheel, Leserbrief«; »Fate« 1/1993

Ludwiger, I. v.: »Ungewöhnliche Eigenschaften nichtidentifizierbarer Lichterscheinungen«; Feldkirchen-Westerham 1979

Martin, P.: »British Medical Journal«, 22. Dezember 1973

Meckelburg, E.: »Das zweite Ich«; »esotera« 1/1985

Moody, R. A.: »Nachgedanken über das Leben nach dem Tod«; Reinbek 1978

Nichols, A.: Korrespondenz mit dem Autor; 1995

Parrot, J.: »The Spirit of the old B-29«; »Specula«, Vol.4, Nr. 2/3, 1981

Randles, J.: »Mind Monsters«; Wellingborough 1990

Resch, A. (Hrsg.): »Fortleben nach dem Tode«; »Imago Mundi« 7, Innsbruck 1981

Rhine, L. E.: »Hidden Channels of the Mind«; New York 1961

Rýzl, M.: »Parapsychologie«; Genf 1970

Sidgwick, E. et al: »Report on the Census of Hallucinations«; »Proc. SPR«, Vol. XIX, 1919–20, S. 45–6

Smyth/Stemman: »Leben, was kommt danach?«; Glarus 1978

Tweedale, Ch. L.: »Man's Survival after Death«; London 1909

Tyrrell, G. N. M.: »Apparitions«; London 1943

Vallee, J.: »Confrontations«; New York 1990

Watson, L.: »Der unbewußte Mensch«; Frankfurt 1979

Webster, K.: »The Vertical Plane«; London 1989

VI Der »Aladin«-Effekt – Dokumentierte Erscheinungen

Dames, E.: Korrespondenz mit dem Autor; 1994

Druffel, A.: Korrespondenz mit dem Autor; 1994

Fuller, J. G.: »The Ghost of 29 Megacycles«; London 1985

Gaddis, V.: »Geisterschiffe«; München 1976

Holzer, H.: »Psi-Kräfte«; München 1976

Little, G. L.: »Grand Illusions«; Memphis 1994

Ludwiger, I. v.: »Unerwünschte Entdeckungen im Luftraum«; Feldkirchen-Westerham 1989

Nichols, A.: Korrespondenz mit dem Autor; 1994

Permutt, C.: »Fotos aus der anderen Welt«; München 1990

Randles, J.: »Mind Monsters«; Wellingborough 1990

Rodeghier, M.: »Ufo Abductions and Abductees: More Questions than Answers«; »ISE« 4/1993

Rýzl, M.: »Der Tod und was danach kommt«; Genf 1981

Schiebeler, W.: »Das Fortleben nach dem Tode im Hinblick auf Naturwissenschaft und Parapsychologie; Fortleben nach dem Tode«; »Imago Mundi« 7, Innsbruck 1981

Senkowski, E. O.: »Instrumentelle Trans-Kommunikation«; Frankfurt 1995 (erweiterte Neuauflage)

Stevens, W. O.: »Unbidden Guests«; New York 1957

Register

Psychomanteum (kurz:
 Manteum) 173 f.
»Psychonauten« 309
Psycho-Zombies 282

Q

Quantentheorie 40
Quantentunneln 318
Quanten-Vakuum 86, 116
Queen's House 284 f.

R

Radin, D. 9, 288
Raps 207
Raudive, K. 273, 275
Raumzeit-Welt 87
Realität, virtuelle 170
Reed, G. 113 f.
Relativitätstheorie, Spezielle
 140, 247, 318
Rematerialisationen 201
REM-Phase 117, 121, 124
Rhine, L. E. 59
Richet, Ch. 297, 300 f.
Roberts, J. 25, 40
Rogo, S. 268, 274
Rohmer, S. 153
Roll, G. W. 202, 267
Romanes, G. J. 23
RSPK (Recurrent Spontaneous
 Psychokonesis) 199
Rýzl, M. 56

S

Scannerbilder 275
Seabrook, W. 153
Senkowski, E. 40, 78, 173,
 272, 277, 289, 291
Sensitive 87, 282
Serialismus 124
Serios, T. 280
Seth 40, 42
Shakleton, E. 115
Sherman, H. 219
Sherrington, Ch. 35
Sherwood, R. H. 96
Sidgwick, E. 195
»Silberschnur« 150
Smythe, F. 115
Society for Psychical Research
 (S.P.R.) 11, 22 f., 57, 97,
 132, 192, 200
Spaltpersönlichkeiten 54, 312
Spencer, H. 22
»Spiegel-Sehen« 173
Spiegeluniversen 311 f.
Spokane Flyer 100
Spuk 89, 92, 110, 117, 199 f.,
 275
Spukhäuser 115, 138, 208,
 225, 286
Spuk, ortsgebundener 83,
 129, 220, 237
Spukphänomene 112, 200,
 208, 222, 250
Subquantenbereich 202, 224
Suggestibilität 114

Unser
Bewußtsein
überlebt den
Körpertod

Ernst Meckelburg
Wir alle sind unsterblich
Langen Müller

Der Irrtum mit dem Tod

Mit dem Tag der Geburt ist
unser biologischer Tod vorprogrammiert. Das Bewußt-
sein aber bleibt davon völlig
unberührt und verlagert sich
in eine neue übergeordnete
Realität. Erstmals findet man
hier alle Beweise für ein reales
Überleben unserer Persönlichkeit. Fazit: Wir alle sind unsterblich!

LANGEN MÜLLER